Nicole Rechmann | Projekte für Mediengestalter/-innen

Übungen für einen erfolgreichen Abschluss

Nicole Rechmann | Projekte für Mediengestalter Digital & Print

Übungen für einen erfolgreichen Abschluss

4. Auflage 2025

Dr.-Ing. Paul Christiani GmbH & Co. KG

Alle Abbildungen dieses Titels wurden freundlicherweise von Fotografen und Fotoagenturen zur Verfügung gestellt. Die im Downloadbereich befindlichen Bilddaten befindlichen Bilddaten dürfen nur im Rahmen der Aufgaben dieses Buches eingesetzt werden. Jegliche Nutzung für andere Zwecke stellt eine Verletzung des Urheberrechts dar.
Genauere Hinweise zu den verwendeten Fotografien befinden sich im Kapitel „Fotonachweise" ab Seite 250.

Ab dieser Auflage finden Sie die benötigten Dateien in unserem Downloadbereich online. Bitte benutzen Sie den folgenden Link und geben dort das Passwort ein.

Link: lernen.christiani-digital.de/89415-2
Passwort: Ng_S79-c

Bestell-Nr. 89415
ISBN 978-3-95863-348-3

---

4. Auflage 2025 | Druck 2025
Alle Drucke derselben Auflage sind parallel verwendbar.

Vorwort

Das Berufsbild eines Mediengestalters und einer Mediengestalterin Digital & Print (im folgenden Mediengestalter oder Gestalter genannt was alle Geschlechter meint) mit den Fachrichtungen Printmedien und Designkonzeption ist spannend, sehr komplex und unterliegt immer dem aktuellen Zeitgeist. Moderne Trends gehören ebenso dazu wie mit der neusten Technik zu arbeiten. Die Arbeit eines Gestalters umfasst ein sehr weites Feld mit abwechslungsreichen Einsatzgebieten und Aufgaben, die während der Ausbildung passend zu den eigenen Interessen und Fähigkeiten gewichtet werden können. Um einen möglichst großen Bereich der täglichen Aufgaben des Mediengestalters abzubilden und Übungsaufgaben zusätzlich zum Tagesgeschäft zu bieten, wurde dieses Buch entwickelt. Angelehnt an die „Digital- und Print-Mediengestalter-Ausbildungsverordnung – DuPMedAusbV“ (Stand 15. Mai 2023) sind die Übungsaufgaben in vier Phasen, mit ihren zwei Meilensteinen Zwischen- und Abschlussprüfung, eingeteilt.

Aufbau und Handhabung des Buchs

Die erste Phase der Ausbildung und auch des Buchs befasst sich mit grundlegenden Fertigkeiten, die jeder Mediengestalter erlernen sollte. Es werden Übungen angeboten, die die Themen Gestaltungsgrundlagen, Typografie, Fotografie und Fotobearbeitung, Mediengestaltung und Druckdatenvorbereitung abdecken.

In der zweiten Phase werden die Fertigkeiten der ersten Phase vorausgesetzt, die zum erfolgreichen Abschluss einer Zwischenprüfung notwendig sind. In dieser Phase werden prüfungsähnliche Situationen simuliert. Dies soll in realen Zwischenprüfungen zu einem sicheren Gefühl verhelfen und Zeitmanagementprobleme verhindern.

Fortgeschrittene Fähigkeiten werden in der dritten Phase geübt. Diese bereiten auf das Verfassen von Konzeptionen, Präsentationen und kompliziertere Sachverhalte vor. Dabei werden mediengerechte Ausarbeitungen, Medienproduktion, Designkonzeption und die Gestaltung von Print- und Digitalmedien als Themenschwerpunkte berücksichtigt. In der vierten Phase werden Übungen in einem ähnlichen Umfang und mit ähnlichem Zeitaufwand wie in einer Abschlussprüfung durchgeführt. Hierbei werden komplexe Projekte von der Planung über Konzepterstellung bis zur Umsetzung und Präsentation unter Zeitdruck erarbeitet und präsentiert.

Erfolg und Sicherheit

Insgesamt lebt der Lernerfolg mit diesem Buch von der Eigeninitiative des Lernenden und der Kontrolle bzw. der Anwendung von bereits Gelerntem. Die Mediengestaltung bietet unterschiedlichste Wege zur Lösung einer Aufgabe zu gelangen, weshalb kein fester Lösungsweg vorgegeben ist. Aus diesem Grund wird auf notwendige Kenntnisse hingewiesen, die zu recherchieren sind und mit deren Hilfe die Aufgabe gelöst werden kann.

Es ist immer ein Endprodukt zu erstellen, das einem fiktiven Kunden zu einem Erfolg verhelfen kann.

Unterstützung bei der Lösungsfindung

Da eine Eigenbeurteilung oft schwierig ist, ist es notwendig, die Übung mit einem Ausbildenden oder Lehrenden zu besprechen und prüfen zu lassen. Mit dem speziell für dieses Buch entwickelten Bewertungsbogen (zu finden im Kapitel „Bewertungsbogen und Lösungshilfen“ ab Seite 197) können die Ergebnisse und Ausarbeitungen leicht geprüft und bewertet werden. Für vereinzelte Aufgaben, deren zu erwartende Resultate eindeutig festgelegt sind, sind Lösungshilfen vorhanden, die ebenfalls im Kapitel „Bewertungsbogen und Lösungshilfen“ ab Seite 197 zu finden sind.

Alle Aufgaben in diesem Buch behandeln fiktive Themen, teilweise mit speziellen Problemstellungen und Stolperfallen. Für diese müssen individuelle Lösungen gefunden werden, wobei darauf zu achten ist alle Übungen wie reale Projekte zu behandeln.

Soft- und Hardwareausstattung

Jede Übung muss äußerst sorgfältig ausgearbeitet werden und sauber aufbereitet sein, um ein gutes Gefühl für sinnvolle Arbeitsabläufe und Zeitplanungen zu bekommen. Dadurch werden Handfertigkeiten wie ein professioneller Umgang mit der benötigten Soft- und Hardware trainiert, was für das Berufsleben eine deutliche Zeitersparnis bedeutet. Beim Umgang mit Software ist es wichtig, dass diese möglichst aktuell ist und die eigenen Kenntnisse sich immer auf dem aktuellsten Stand befinden. Zur Lösung eines Problems ist ein passendes Programm in der vorgesehenen Art und Weise zu verwenden.

Die besten Ergebnisse für Aufgaben, die zum DTP-Bereich zählen, lassen sich mit Satzprogrammen wie „Adobe® InDesign", „Serif Affinity Publisher" oder „QuarkXPress" erzielen.

Zur Erstellung von Illustrationen und sonstigen Vektordateien bieten sich Programme wie „Adobe® Illustrator", „Serif Affinity Designer" oder „CorelDRAW Graphics Suite" an. Um Übungen zur Fotobearbeitung zu lösen, empfiehlt sich ein Programm wie „Adobe® Photoshop" oder „Serif Affinity Photo". Für alle Anwendungsbereiche werden OpenSource-Lösungen angeboten. Hierbei ist jedoch zu beachten, dass diese oft nicht den benötigten Umfang an Funktionen bieten und sie ggf. nicht mit Ausgabedateien arbeiten die für eine professionelle Produktion benötigt werden.

Neben den 2D-Programmen ist es zusätzlich sinnvoll Kenntnisse in der 3D-Welt zu erlangen. Diese sind für die Ausgabe an 3D-Druckern und auch 3D-Grafiken sowie Bewegtbildern notwendig. Auch in diesem Bereich gibt es zahlreiche Angebote die jede Fachkraft für sich selbst bestimmen muss. Beispiele hierfür sind: „Maxon Cinema 4D", „Autodesk 3Ds Max", „Autodesk Fusion 360" oder die Opensourcealternative „Blender 3D". Die Auswahl an Software in diesem Bereich ist schier unerschöpflich.

Auch im gestalterischen Bereich sind die Arbeitsplätze mobiler geworden. Mobiles Arbeiten ist an der Tagesordnung und Projekte werden zusätzlich im Homeoffice und unterwegs bearbeitet. So haben sich die Arbeitsmittel den Ansprüchen angepasst und es wird mit Laptops und Tablets gearbeitet die wiederum weitere eigenen Apps zu unterschiedlichen Themen anbieten. Diese erstrecken sich über Illustrations- und Präsentationstools, sowie Projektmanagement und Timeplaner.

Um eine sinnvolle Wahl für die persönliche Softwareausstattung zu treffen, ist es notwendig darauf zu achten, dass alle technischen Voraussetzungen für die Erarbeitung von Medien und die professionelle Ausgabe (Druck, digitale Veröffentlichung, Fertigung) erfüllt sind. Damit sind die Möglichkeiten einer professionellen Dateiausgabe (z. B. als PDF/X-4 für den Druck oder svg für Webseiten u.v.m.) gemeint. Die Möglichkeit ein umfangreiches Colormanagement durchzuführen unter Verwendung von aktuellen Farbprofilen (ICC) sollte ebenfalls in jeder Software gegeben sein.

Dieses Buch bietet eine gute Möglichkeit Wissen zwischen Auszubildenden, Ausbildenden und Lehrenden auszutauschen. Aufgaben können unter Berücksichtigung von zuvor Gelerntem gelöst werden, das Wissen durch neue Herausforderungen erweitert und abschließend ausführlich bewertet und besprochen werden, sodass sich ein guter Lernerfolg einstellen kann.

Was ist neu?

Die vierte Auflage dieses Titels legt den Schwerpunkt auf die Änderungen in der Neuordnung 2023 und enthält angepasste Übungen für die Fachrichtungen Printmedien und Designkonzeption.

Ich wünsche viel Spaß und Erfolg beim Lösen der Aufgaben.

Februar 2025, Nicole Rechmann

Inhaltsverzeichnis

Kapitel 2 Vorbereitung Zwischenprüfung

Kapitel 3 Fortgeschrittene Projekte

Kapitel 1
Erste Fingerübungen

Lösungen

Zu vereinzelten Übungen liegen Lösungsvorschläge am Ende des Buchs vor. Diese Aufgaben sind mit einem Symbol markiert.

Zu jeder gelösten Aufgabe ist neben den gefragten Medien ein Abgabebogen (zu finden in „Abgabebogen Kapitel 1–4“ auf Seite 217) einzureichen.

Des Weiteren liegen Bewertungsbogen ab Seite 198 vor.

Arbeitsdateien zu den Aufgaben finden Sie in unserem Downloadbereich online. Bitte benutzen Sie den folgenden Link und geben dort das Passwort (zu finden im Impressum) ein.

Link: lernen.christiani-digital.de/89415-2

Aufgabenübersicht Kapitel 1

Name: ....

Ausbildungsjahr: ....

Seite	Nr.	Titel	Datum	Rückgabe	Wertung	Themenbereich
12	1.01	Buchstabenanatomie				T
14	1.02	Farbwahrnehmung Plakat „Jahreszeiten“				G
16	1.03	Bildbeeinflussung durch die Berücksichtigung und Anwendung von Gestaltgesetzen				G
19	1.04	Scribble your day				G
20	1.05	Sportplakat Bewegung „40. Volkslauf“				G
22	1.06	Typografisches Plakat der VHS Meisterstadt „Antiaggressionstraining“				T
24	1.07	Ein optimierter Arbeitsplatz				T
26	1.08	Optimierung Zeitungsanzeige „Tag der offenen Tür“				T
28	1.09	Briefbogen nach DIN 5008:2020-03 „Justizvollzugsanstalt Meisterstadt“				T
29	1.10	Gestaltungsraster bzw. Satzspiegel anhand einer Vorlage erklären				G
30	1.11	Bedruckstoffe und Formate				G
32	1.12	Pflanzschild „Borretsch“				G
34	1.13	Schriftwahl für Wortmarken				T/G
36	1.14	Erstellung eines Briefmarkendesigns „Jahr der Geometrie“				G
38	1.15	Fotomontage „Aufhebung der Schwerkraft“				F
40	1.16	Erstellung eines Gestaltungsrasters für die Sportzeitschrift „Run On“				G
41	1.17	Flattersatzausgleich				T
42	1.18	Aufspüren mikrotypografischer Fehler				T
43	1.19	Motivationsstempel „Grundschule“				I
44	1.20	Erste Schritte im Colormanagement am Arbeitsplatz				U
46	1.21	Satz Packungsbeilage Medizinprodukt „Bronchial“				T
48	1.22	Piktogrammentwicklung „Mongolisches Restaurant“				I

Legende: G = Gestaltungsgrundlagen, I = Illustrative Aufgabe, T = Typografische Aufgabe, F = Fotobearbeitung, U = Technische Umsetzung

1.01 Buchstabenanatomie

Abgabe

> Zeichnung in DIN A3

Vorgegebene Hilfsmittel

> 1.01a_Texte_Buchstabenanatomie.txt

> 1.01b_Buchstabenanatomie.pdf

Notwendige Kenntnisse

Um den Aufbau von Buchstaben korrekt zu analysieren und zu benennen, sind zuvor Recherchen zur Buchstabenanatomie notwendig. Alle unten benannten Begriffe müssen dazu bekannt sein. Zudem sind Kenntnisse zu unterschiedlichen Schriftklassifikationen hilfreich.

Briefing

Es wird je eine Buchstabenreihe mit den Lettern „H“, „A“, „g“ und „b“ als Serifenschrift einer Renaissance Antiqua (z. B. Garamond) und einer serifenlosen Linear Antiqua (z. B. Helvetica) erstellt.

Material

- Bleistift (H)
- Schwarzer Fineliner
- Roter Farbstift
- Grüner Farbstift
- Blauer Farbstift
- Lineal
- DIN-A3-Papier

Aufgabe

Mit einem Bleistift wird eine saubere Skizze der acht Buchstaben vorbereitet. Hierzu wird ein DIN-A3-Blatt im Querformat mit Hilfslinien und einem Raster versehen, an dem die Buchstaben ausgerichtet werden. Dies dient dazu, die Lettern möglichst originalgetreu nachzuzeichnen. Die vier Buchstaben „H“, „A“, „g“ und „b“ stehen dabei nebeneinander auf einer Höhe. Als Vorlage können die Buchstaben zuvor ausgedruckt und ebenfalls mit einem Raster versehen und übertragen werden.

Ist die Bleistiftskizze vorbereitet, wird die Outline mit einem schwarzen Fineliner nachgezogen. Mit einem grünen Farbstift werden in dieser Zeichnung die folgenden Buchstabenelemente markiert und beschriftet:

- Grundstrich (auch Hauptstrich/Stamm)
- Balken (auch Querstrich)
- Haarlinie (auch Haarstrich)
- Serife bzw. einseitige Serife
- Scheitel
- Verdickung (auch Bogen)
- Bauch
- Punze

Zeitrahmen: 2 h
Schwierigkeit: *

- Abstrich (auch Endstrich) und Anstrich
- Symmetrieachse
- Sporn
- Schenkel
- Steg

Mit einem blauen Farbstift sind die nun folgenden Bezeichnungen zu markieren:

- Grundlinie/Schriftlinie
- Gesamthöhe
- Oberlänge und Unterlänge
- x-Höhe (auch Höhe der Gemeine)
- Versalhöhe

Für alle markierten Elemente gibt es auch englische Bezeichnungen. Diese sollen ebenfalls ergänzt werden, da diese bei Webrecherchen häufig statt der deutschen zu finden sind und so die Informationsbeschaffung zu verschiedenen typografischen Themen erleichtert wird.

Für unterschiedliche Schriftklassen ist es typisch, dass die Buchstaben einzelne der oben genannten Elemente nicht enthalten. Diese Merkmale sind notwendig, um die Schriften zu unterscheiden. Die Merkmale, die in der Zeichnung nur bei einer Schrift oder bei beiden in unterschiedlicher Form vertreten sind, sind rot zu markieren und zu beschreiben.

Es ist auf absolute Sauberkeit bei der Ausarbeitung dieser Aufgabe zu achten.

Zusatzaufgabe Schriften erkennen

Die PDF-Datei „1.01b_Buchstabenanatomie.pdf“ im Downloadbereich enthält einen Schriftzug, der mithilfe der gelernten Informationen identifiziert werden soll. Hierzu werden die Besonderheiten der einzelnen Buchstabenelemente hervorgehoben und den unterschiedlichen Schrifttypen zugeordnet.

Hilfsmittel können hierzu beispielsweise verschiedene Fontidentifier sein, die im WWW zu finden sind. Bildbasierte Fontidentifier sind in diesem Fall nicht zielführend und deshalb nicht erlaubt.

DIN A3

Ein Blick auf einzelne Buchstabenelemente hilft, Schriften voneinander zu unterscheiden und sie einzugruppieren. Hier sind ein paar Beispiele:

> M: die Tiefe der Diagonalen sowie die Neigung des Grundstrichs
> G: die Ausprägung von Spur/Sporn
> U: Ausprägung eines Abstrichs
> K: Ausrichtung/Neigung der Schenkel
> R: Ansatz und Neigung des Schenkels/Beins
> 3: Ausprägung der Oberlänge
> &: Gesamtaufbau und Stil
> g: Ausprägung von Steg, Unterlänge und Fähnchen
> P: Geschlossenheit der Punze
> J: Möglichkeit einer waagerechten Linie oben
> 7: Ausprägung des Mittelbalkens
> 1: Möglichkeit einer Serife als Basis
> i: Form des i-Punkts
> und vieles mehr

1.02

Farbwahrnehmung Plakat „Jahreszeiten“

Abgabe

Print

> Ausarbeitung DIN A4
> Plakatausdruck DIN A3

Notwendige Kenntnisse

Die Farbwahrnehmung beim Menschen wird durch unterschiedliche Faktoren wie Farbton, Umgebung/Hintergrund, Helligkeit, Beleuchtungssituation und Kontrast beeinflusst. Die Wechselwirkung dieser Gegebenheiten verändert den visuellen Eindruck einer Farbe und somit deren Aussage und Wirkung immens.

Um die anschließende Aufgabe lösen zu können, müssen folgende Wechselwirkungen bekannt sein:

- Komplementärkontrast
- Simultankontrast
- Quantitätskontrast
- Kalt-Warm-Kontrast
- Hell-Dunkel-Kontrast
- Qualitätskontrast (Farbsättigung, Leuchtkraft)

Ebenso müssen folgende Einflüsse bekannt sein und entsprechend angewandt werden:

- psychologische
- symbolische
- kulturelle
- politische
- traditionelle
- kreative
- erlernte Wirkung von Farben
- Assoziationen zu bestimmten Farben

Des Weiteren sind Kenntnisse darüber notwendig, welche Farben in Medien eher hintergründig und welche vordergründig erscheinen.

Um den praktischen Teil dieser Aufgabe vorzubereiten, sind die einzelnen Einflussmöglichkeiten zu recherchieren und schriftlich in einer Übersicht festzuhalten (siehe „Aufgabe Teil 1“).

Zeitrahmen: 8 h
Schwierigkeit: *

Briefing

Die vier Jahreszeiten der Nordhalbkugel in Deutschland sollen in einem Grafikprogramm als Plakat dargestellt werden. Dabei ist darauf zu achten, dass die Elemente auf dem Plakat nur aus einfachen geometrischen Grundformen (wie Rechteck, Kreis, Dreieck) bestehen. Die Darstellung der Jahreszeiten muss einzig durch den Einsatz von Farbe unter Berücksichtigung der links erwähnten Wechselwirkungen und Einflüsse erfolgen. Im Endergebnis soll ein spannendes und harmonisches Gesamtbild entstehen.

Aufgabe Teil 1

Vor der Erstellung des Plakates muss eine schriftliche Ausarbeitung zu den zuvor genannten Kontrasten erfolgen. Hierzu werden zu jedem Begriff ein kurzer Text (ca. fünf Sätze) und ein einfaches Beispiel erwartet.

Danach wird eine Farbplanung für das Plakat vorgenommen. Die gewählten Farben für die unterschiedlichen Jahreszeiten werden anhand der zuvor genannten Wirkungen und Einflüsse geprüft. Hierbei können sowohl reine Farben als auch Halb- und Mischtöne berücksichtigt werden.

Aufgabe Teil 2

Das Plakat wird im DIN-A3-Format erstellt. Dort werden anhand geometrischer Formen die vier Jahreszeiten abgebildet. Die Positionierung im Format sowie die quantitative Verteilung sind frei zu wählen. Der Betrachter des Plakats sollte auch ohne die Aufgabe zu kennen sofort erkennen können, was das Thema ist und in welchem Bereich sich welche Jahreszeit befindet.

Zur Abgabe wird das Plakat ausgedruckt und mündlich präsentiert, wobei Begründungen zur Gestaltung und Farbwahl formuliert werden müssen.

DIN A3-Plakat

Bildbeeinflussung durch die Berücksichtigung und Anwendung von Gestaltgesetzen

Abgabe

> Alle geänderten Fotografien werden im passenden Seitenverhältnis auf einem DIN-A4-Bogen in der optischen Mitte ausgerichtet und ausgedruckt abgegeben.

Ziel der Aufgabe

> Diese Aufgabe soll den Blick für die wesentlichen Motiveigenschaften schulen, um eine zielgerichtete Einsetzbarkeit zu gewährleisten. Hierzu müssen Fotografien anhand der Eigenschaften, wie z. B. dem Aufbau und der Farbigkeit des dargestellten Motivs, beurteilt werden.

1. Artikel: „Großmutters Rosengärten"

2. Artikel: „Der Sturz des Königs"

Notwendige Kenntnisse

Die visuelle Wahrnehmung wird von unterschiedlichen Faktoren beeinflusst, die gezielt in der Werbung eingesetzt werden können. Je nach Wahl des Bildausschnitts, der Farben oder Kontraste wird eine Grafik oder eine Fotografie in ihrer Wirkung verändert und kann somit die Aussage verstärken.

Um die folgenden Aufgaben lösen zu können, sind Kenntnisse im Bereich der visuellen Wahrnehmung, Farben und Gestaltgesetze erforderlich.

Briefing

Für diverse Artikel eines Magazins sind Bilder auszuwählen und so zu verändern, dass die Bildaussage zur Aussage des jeweiligen Artikels passt bzw. die Aussage des Artikels durch das Bild optimal visualisiert wird.

Aufgabe

Alle Fotografien, die auf den Seiten 16 – 19 in der grauen Spalte als Vorschau dargestellt sind, sollen entsprechend ihrer Aussage überarbeitet werden. Die passenden Dateien sind unter dem Link: www.christiani.de im Ordner „Kapitel 1\1.03\Bilder" zu finden und können beispielsweise mit Adobe Photoshop angepasst werden. Hierzu sind Gestaltgesetze zu berücksichtigen.

1. Optische Mitte (1.03_foto1.tif)

Um in einem Buch mit dem Titel „Großmutters Rosengärten" hervorzuheben, dass die Brombeere zur Familie der Rosengewächse gehört, ist ein Bildausschnitt zu wählen, der die Brombeerblüte in die optische Mitte des gesamten Motivs rückt. Bei der Betrachtung des Fotos muss die Blüte sofort den Blick auf sich ziehen.

2. Goldener Schnitt (1.03_foto2.jpg)

Um die Aussage eines historischen Zeitungsartikels mit dem Titel „Der Sturz des Königs" durch ein Bild zu visualisieren, muss das Foto „1.03_foto2.jpg" so verändert werden, dass der liegende weiße König in das Zentrum der Aufmerksamkeit rückt.

Dies soll unter Verwendung der Regeln des

Zeitrahmen: 4 h
Schwierigkeit: *

Goldenen Schnitts erfolgen. Das bedeutet der Bildausschnitt wird so angepasst, dass der weiße König als Hauptmerkmal hervortritt.

Das Endformat soll 80 x 130 mm betragen. Des Weiteren ist es erforderlich, Schachfiguren mehr vom Hintergrund abzuheben.

3. Farbkontraste, Simultankontraste und deren Wirkung (1.03_foto3a.jpg, 1.03_foto3b.jpg, 1.03_foto3c.tif)

Ein farbiges Umfeld nimmt starken Einfluss auf die Farbwirkung einer Grafik oder eines Motivs (Simultankontrast).

Um die Aussage der Fotoüberschriften bei 3a, 3b und 3c durch Bilder zu unterstreichen, muss eine passende Hintergrundfarbe definiert werden, die die Aussage bekräftigt und die visuelle Wirkung des Fotos beeinflusst.

Hierzu werden vier DIN-A4-Seiten in einem zur Aussage passenden farbigen Hintergrund erzeugt, auf dem das entsprechende Foto in der optischen Mitte platziert wird.

4. Quantitäts- und Simultankontrast (1.03_foto4.jpg)

Ist die Person auf diesem Bild krank, traurig oder musste sie niesen, weil es in der Nase kitzelte? Das Bild allein lässt keine genaue Aussage zu: Die Hautfarbe wirkt rosig und suggeriert folglich, dass die Person gesund ist. Der Schal, der für eine Grippe sprechen könnte, ist kaum wahrnehmbar.

Durch Beeinflussung der Wandfarbe im Hintergrund kann jedoch beim Betrachter der Eindruck erweckt werden, dass die abgebildete Person tatsächlich sehr krank ist und sich matt fühlt. Deshalb muss dafür eine Farbe gefunden werden, die mittels Quantitäts- bzw. Simultankontrast die Gesichtsfarbe blasser und kränklicher erscheinen lässt, ohne das Motiv selbst zu verändern.

3a. „Der kalte Sommer lockt nur wenige Badegäste ins erfrischende Nass“

3b. „Mutige Gleiter landen auch in der Wüste“

3c. „Biogemüse bleibt länger frisch“ und „Pestizide im Gemüse sind gesundheitsschädlich“

4. Artikel: „Die nächste Grippe-Welle kommt bestimmt“

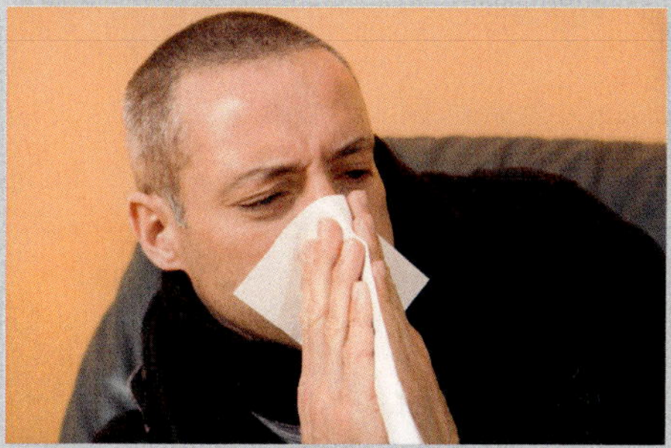

5a. Artikel: „Kuscheltier zu Hause vergessen? Was nun?“

5b. Artikel: „Unterwegs nach London“

6a. Artikel: „Neid in der Weihnachtszeit“

6b. Artikel: „Gruppendynamisches Arbeiten“

5. Bewegung, Perspektive und Richtung (1.03_foto5a.jpg, 1.03_foto5b.tif)

Für das Bild mit dem kleinen Mädchen auf dem Fahrrad („Kuscheltier zu Hause vergessen? Was nun?“) muss die Bildaussage durch Änderung des Ausschnitts und der Orientierung so verändert werden, dass das Mädchen schnell zurück nach Hause zu fahren und schon fast am Ziel zu sein scheint.

Das Bild zum Artikel „Unterwegs nach London“ zeigt einen parkenden Bus, es soll aber den Eindruck eines fahrenden Busses erwecken. Auch dies kann durch eine Änderung des Ausschnitts bewirkt werden.

6. Der Einfluss eines Anschnitts (1.03_foto6a.jpg, 1.03_foto6b.tif)

Im Bild zum Artikel „Neid in der Weihnachtszeit“ soll der Eindruck erweckt werden, dass der Junge mit dem grünen Pullover sich einsam und ausgeschlossen fühlt. Er möchte zur Gruppe dazugehören. Durch Änderung des Bildausschnitts kann dieser Eindruck noch verstärkt werden.

Beim Bild zum Artikel „Gruppendynamisches Arbeiten“ ist die rote Spielfigur ein Außenseiter. Wie lässt sich trotz der roten Farbe durch Änderung des Bildausschnitts der Eindruck erwecken, dass die Figur zur Gruppe dazugehört?

7. Perspektive und Bildausschnitt

Um die Gefühle von Personen zu verdeutlichen, die auf Barrierefreiheit z. B. auf öffentlichen Parkplätzen angewiesen sind, sollen die Missstände mit Hilfe von Fotografien dargestellt werden.

Finden oder produzieren Sie Fotos, die unter Verwendung von Stilmitteln und unter Beachtung der Perspektive (Normal-, Frosch- und Vogelperspektive) und des Bildauschnitts folgende Empfindungen aus Sicht einer betroffenen Person darstellen, ohne diese selbst abzubilden.

- Nähe
- Ferne
- Unerreichbarkeit
- Hilflosigkeit/Sinnlosigkeit
- Hilfreich/sinnvoll/praktisch

Scribble your day

Zeitrahmen: 8 h
Schwierigkeit: *

Notwendige Kenntnisse

Spezielle Kenntnisse sind nicht notwendig. In dieser Aufgabe geht es um das Ausprobieren verschiedener Techniken und das Kennenlernen der eigenen Fähigkeiten. Alle Hilfsmittel abgesehen von einem Computer sind erlaubt.

Aufgabe

Der heutige Tag soll in einer Skizze oder Collage grafisch auf Papier ohne digitale Hilfsmittel festgehalten werden. Hierzu sollen anhand von drei Tagesetappen (Morgen, Mittag, Nachmittag) grafisch die Highlights und Erlebnisse im Laufe des Tages dargestellt werden. Dies kann in Form eines gezeichneten Bullet Journal, mit einfachen Scribbles, als Collage, typografisch (z. B. Handlettering), angelehnt an ein Moodboard oder als Mischung aus allen Techniken geschehen. Die Wahl der Hilfsmittel ist freigestellt, empfehlenswert sind aber: Fineliner, Alkoholmarker oder Aquarellfarbe, Blei- oder Buntstifte, Schere, Klebstoff und ein großer Bogen Zeichenpapier.

Ziel der Aufgabe

Auf kreative Art und Weise soll gezeigt werden, was den Tag über passiert ist, was erlebt wurde und wie die Stimmung war. Hierbei ist die Qualität der Zeichnungen unerheblich – wer von sich glaubt, nicht gut zeichnen zu können, kann die Aufgabe trotzdem lösen. Einfache Skizzen reichen aus, da es sich bei dieser Aufgabe um einen ersten Schritt zum Erlernen von Scribbletechniken handelt. Die Möglichkeiten sind vielfältig. Es kann sich um einfache Schwarz-Weiß-Skizzen ohne konkrete Formen handeln oder um colorierte einfache Zeichnungen, aber auch um Zeichnungen, die einen strukturierten Aufbau oder Ablauf darstellen.

Sich mit Scribbles auszudrücken, hilft Gestaltern, Ideen festzuhalten, zu konkretisieren und weiterzuentwickeln. Sie sind frei von einschränkender Technik und können spontane Geistesblitze ohne großen Aufwand konservieren.

Abgabe

Handzeichnung auf Papier

1.05 Sportplakat Bewegung „40. Volkslauf“

Notwendige Kenntnisse

Für diese Aufgabe sind Kenntnisse im Bereich der Wahrnehmung und Auswirkung des bewussten Einsatzes der Gestaltungsmittel Gleichgewicht/Ungleichgewicht sowie von Größe und Positionierung von Bildelementen im Medium hilfreich.

Briefing

Für den 40. Volkslauf in Meisterstadt soll ein Plakat mit einfachen grafischen Mitteln erstellt werden, das erfahrene Läufer, aber auch Neulinge zu der Veranstaltung einlädt.

Da das Budget allerdings gering ist, bittet der Kunde um eine kostensparende, künstlerische Lösung: einfarbige Gestaltung und Verzicht auf Fotografien.

Bei diesem Volkslauf handelt es sich um eine Großveranstaltung, an der in der Regel um die 1500 Läufer teilnehmen, die großen Spaß an Bewegung und Sport haben.

Stadtläufe gibt es in der Umgebung viele, weshalb der Kunde für das eigene Werbeplakat eine starke, ansprechende und dynamische Werbewirkung wünscht, die sich von anderen Plakaten abhebt.

Die folgenden Gestaltgesetze sollen in ihrer einfachsten Form Anwendung finden:

das Gesetz

- der einfachen Gestalt,
- der Nähe,
- der Erfahrung,
- der Gleichheit,
- der Geschlossenheit,

sowie Gestaltungselemente wie

- Dynamik,
- Spannung,
- Bewegung,
- Größe,
- Lage im Format

Abgabe

Print

> Ausdruck des Plakats in DIN A3

Digital

> Präsentationsfähige PDF-Datei
> Offene Vektordatei

Vorgegebene Hilfsmittel

> 1.05_text_volkslauf.txt

Zeitrahmen: 2 h
Schwierigkeit: *

Aufgabe

Zu entwickeln ist ein einfarbiges Plakat in DIN A3, dessen Gestaltung sich nur auf die Nutzung einer einzelnen geometrischen Form (Rechteck, Kreis oder Dreieck) beschränkt. Diese Form kann unter Berücksichtigung der im Briefing genannten Gestaltgesetze vervielfältigt und vergrößert werden und wird durch den Text aus „1.05_text_volkslauf.txt“ ergänzt. Dabei ist darauf zu achten, dass die Werbebotschaft deutlich wird.

So könnte beispielsweise aus Kreisen eine dynamische Gesamtgrafik für das Sportplakat entstehen.

Es ist zu beachten, dass neben dem Text und der gewählten geometrischen Form keine zusätzlichen Elemente verwendet werden dürfen.

Technische Vorgaben

Plakat: DIN A3, einfarbig (1 C)

Herausforderung/Ziel der Aufgabe

In dieser Aufgabe ist die Herausforderung, darin zu sehen, die Schlichtheit der Gestaltung ausschließlich mit einfachen geometrischen Formen zu meistern. Auf Formen, mit denen optisch Bewegung und Geschwindigkeit sowie Freude darzustellen und auf interessante gestalterische Weise eine Werbebotschaft zu transportieren ist, die sich dem Betrachter sofort erschließt, liegt der Fokus in dieser Übung.

DIN A3

1.06 Typografisches Plakat der VHS Meisterstadt „Antiaggressionstraining“

Notwendige Kenntnisse

Fundierte Kenntnisse über Typografie im Allgemeinen, Buchstaben im Detail und Eigenschaften von Schriftarten und deren Wirkung sind erforderlich, um dieses Plakat rein typografisch ohne weitere grafische Elemente erstellen zu können.

Briefing

In den vergangenen Jahren hat sich gezeigt, dass die Zahl sozialer Konflikte in Schulen stetig zunimmt. Besonders bedenklich stimmt in diesem Zusammenhang, dass in diesen Konfliktsituationen oft ein erhöhtes Aggressionspotenzial zum Tragen kommt.

Die „VHS Meisterstadt“ hat sich deshalb entschlossen, für Schüler zwischen 10 und 18 Jahren soziale Trainingseinheiten (Antiaggressionsseminare) anzubieten, welche sie in Zusammenarbeit mit verschiedenen Schulen durchführt. Ziel der Antiaggressionsseminare ist es, Konflikte schon im Keim zu erfassen und negative Energien in positive umzuwandeln. Die Schüler sollen den Umgang mit brenzligen Situationen lernen und ihre eigene Wut unter Kontrolle bringen.

Dieses Angebot ist noch nicht sehr bekannt und soll an allen Schulen in der Umgebung beworben werden. Die VHS sowie die Schulen sind städtische Einrichtungen und bieten die Seminare kostenfrei an. Deshalb ist das zur Verfügung stehende Budget gering und der Kunde bittet um eine kostensparende, künstlerische Lösung, die einfarbig, rein typografisch umgesetzt werden soll und auf Fotografien verzichtet. Sie soll dem Betrachter das Thema deutlich vor Augen führen und die oben genannte Aussage unterstreichen.

Ziel der Kommunikation

Insbesondere Schüler sollen auf das Angebot aufmerksam gemacht werden, um ihr Interesse an der Thematik und den Seminaren zu wecken. Möglichst viele Schülergruppen fühlen sich angesprochen und erlernen die Techniken. So werden die Schüler zu sogenannten „Streitschlichtern“ ausgebildet.

Abgabe

Print

> Verkleinerter Ausdruck in DIN A3

Digital

> Druckfähige PDF/X-4-Datei als Farbauszug (Separation der gewählten Sonderfarbe)

Zeitrahmen: 2 h
Schwierigkeit: **

Zielgruppen

Hauptzielgruppe sind Schüler zwischen 10 und 18 Jahren sowie deren Lehrer. Das Training ist für alle Schülergruppen gedacht.

Aufgabe

Es ist je ein Plakat zu den Themen

- „Wut“,
- „Gewalt“
- und „Einsamkeit“

zu entwickeln.

Die Umsetzung der Plakate muss rein typografisch erfolgen und mithilfe von Buchstaben die oben genannten Gefühlszustände darstellen. Dabei soll das Ziel der Seminare und somit der Kommunikation visuell transportiert werden. Für jedes Plakat ist eine geeignete Sonderfarbe zu wählen.

Technische Vorgaben

1 C, DIN A2

Druck im Offsetverfahren auf gestrichenem Kunstdruckpapier.

Herausforderung/Ziel der Aufgabe

Die Gestaltung soll rein typografisch unter Verwendung nur einer einzelnen Farbe erfolgen. Ein kompletter Verzicht auf grafische Elemente stellt oft eine Herausforderung dar.

DIN A2

1.07 Ein optimierter Arbeitsplatz

Es wird immer wieder deutlich, dass die Ausstattung des Arbeitsplatzes, an dem man immerhin 1/3 des Tages verbringt, starke Auswirkungen auf die körperliche und geistige Gesundheit hat. Rückenprobleme, Probleme mit den Augen und Auswirkungen von Stress sind häufige Folgen, wenn auf das Arbeitsumfeld nicht ausreichend geachtet wird.

Um für die Herausforderungen eines Mediengestalters optimal gewappnet zu sein und seine Fähigkeiten optimal zu entwickeln, ist ein gut ausgestatteter Arbeitsplatz und die Sicherheit in der Handhabung von verschiedenen Werkzeugen hilfreich und wichtig, um gesund zu bleiben und den Spaß am Beruf zu erhalten.

Die Anforderungen an einen Arbeitsplatz sind von Person zu Person und je nach Fachrichtung sehr unterschiedlich, aber wenn man sich einen optimalen Arbeitsplatz wünschen dürfte, dann könnte dieser beispielsweise so aussehen:

- ein ergonomisch geprüfter und eingerichteter Schreibtisch mit genügend Platz und einem Bürostuhl der Rollen hat, drehbar ist, gut schwingen kann und flexibel auf die eigene Körpergröße einstellbar ist
- eine gute Arbeitsplatzbeleuchtung mit möglichst neutralem und blendungsfreiem Licht
- ein leistungsstarker Arbeitsplatzrechner mit ein oder mehreren hardwarekalibrierbaren Bildschirmen, die eine gute Farbtreue, einen großen Farbraum und eine hohe Auflösung besitzen; Bildschirmdiagonalen mit mindestens 24 Zoll oder ein Widescreen sollten Standard sein; ein Pen-Display mit Touchfunktion wird für Fotobearbeitung und Illustration benötigt; Lautsprecher oder Kopfhörer gehören ebenfalls zur Grundausstattung; ergänzend sind Bildschirmreiniger und ein Colormanagementtool sinnvoll
- eine an die Fachrichtung angepasste Softwareausstattung mit aktuellen branchenüblichen Programmen; Tools für die Selbst-/Arbeitsorganisation als Software oder Notizbuch; eventuell Shortcut-Übersichten
- ein Drucker, der gut abgestimmt auf das Colormanagement realistische Farbausdrucke auch in großen Formaten produzieren kann

Abgabe

> Verwenden Sie die „Lösungshilfe Aufgabe 1.07 (Ein optimierter Arbeitsplatz)“ auf Seite 231 zum Arbeitsplatz und überprüfen Sie anhand der Liste die Einrichtung, Werkzeuge und Hard- und Software

Zeitrahmen: frei
Schwierigkeit: *

- Scanner sind etwas aus der Mode gekommen, sind aber weiterhin sinnvoll, um angefertigte Skizzen 1:1 digitalisieren zu können
- Blei- und Farbstifte unterschiedlicher Stärken, Alkoholmarker oder Aquarellfarbe, Fineliner unterschiedlicher Stärke, Schneidematte, Cutter, diverse Lineale (zum Zeichnen und Schneiden), Scheren, ggf. Schneidemaschine, Bindegerät
- für den Printbereich: Metameriekarte, Farbfächer, Fadenzähler, ggf. Buchbindematerial, Papier-/Materialmusterbücher
- Fachliteratur zu unterschiedlichen Gestaltungstechniken, Nachschlagewerke mit Infos zu Satzregeln in der deutschen und englischen Sprache, Formatgrößen, Brainstormingtechniken, Typografie
- digitale Fotokamera mit zusätzlichem Equipment; Hohlkehle
- Präsentationswand oder Whiteboard
- Verschiedene Papiere zum Drucken und Zeichnen, Skizzenbuch, unterschiedliche Klebstoffe, Präsentationskarton
- für das eigene Wohlbefinden: Ventilator, Kaffeetasse, Glücksbringer

Diese Aufzählung ließe sich noch unendlich erweitern und manches sicherlich durch anderes ersetzen, aber ein gut organisierter Arbeitsplatz, an dem alle Werkzeuge einen festen Platz haben, an den sie nach Gebrauch wieder gelegt werden, macht Spaß, spart Zeit und erfreut auch das Kollegen-Team!

Aufgabe

Überprüfen Sie Ihren Arbeitsbereich auf die oben genannten Punkte anhand der „Lösungshilfe Aufgabe 1.07 (Ein optimierter Arbeitsplatz)“ auf Seite 231. Kontrollieren Sie, ob alle Geräte und Handwerkzeuge vorhanden, funktionstüchtig, auf einem aktuellen Stand und sauber sind. Lässt sich in Ihrem Bereich leicht Ordnung halten? Finden Sie Erste-Hilfe-Kästen und kontrollieren Sie sie auf Vollständigkeit. Informieren Sie sich über alle notwendigen Maßnahmen im Brandfall.

Denken Sie an Ihre Gesundheit und überlegen Sie sich Rituale, um sich im Laufe des Tages an ausreichendes Trinken, Augenentspannung und genügend Bewegung zu erinnern. Halten Sie ihre vorgeschriebenen Pausenzeiten ein.

1.08

Optimierung Zeitungsanzeige „Tag der offenen Tür“

Notwendige Kenntnisse

Mit dieser Aufgabe wird der richtige Umgang mit Schrift unter Berücksichtigung von Kontrasten geschult. Dazu ist eine konzeptionelle Betrachtung der vorhandenen Inhalte notwendig, sodass mit der Umgestaltung eine optimale Werbewirkung im vorgegebenen Rahmen erzielt wird.

Kenntnisse in der Vorlagenerstellung für Zeitungsdruck sind für die Lösung der Aufgabe von Vorteil. Erste typografische Grundregeln müssen beherrscht werden.

Briefing

Der „Holzmichel“ Holzmarkt lädt jedes Jahr im April mit einer Anzeige in der örtlichen Tageszeitung zum Frühlingsfest ein. Bisher wurde diese Anzeige von der Marktleitung selbst erstellt. Für das kommende Fest soll nun eine typografisch aufbereitete Anzeige in einem neuen, ansprechenden Design entstehen. Diese – so die Vorgabe der Marktleitung – soll lediglich ein Redesign der vorhandenen Anzeige darstellen, um eine Wiedererkennung der Anzeige des beliebten Frühlingsfests zu gewährleisten. Es darf also kein neues Anzeigenkonzept entwickelt werden und es müssen alle bereits vorhandenen Elemente wiederverwendet und neu aufbereitet werden. Dies bedeutet, dass unter sehr schwierigen ästhetischen Umständen das Optimum für ein Anzeigenredesign herausgeholt werden muss.

Abgabe

Print

> Präsentationsfähiger Ausdruck in Originalgröße

Digital

> Druck-PDF für den Zeitungsdruck (passendes ICC-Profil wählen) mit allen relevanten Marken und Informationen

Vorgegebene Hilfsmittel

> 1.08_text_holzmichel.txt
> 1.08_vorlage_anzeige.pdf
> 1.08_foto_holz.jpg

Zeitrahmen: 2 h
Schwierigkeit: *

Aufgabe

Für die Anzeige zum kommenden Frühlingsfest des „Holzmichel“ Holzmarkts ist ein professionelles Redesign der bereits vorhandenen und wenig ansprechenden Anzeige durchzuführen. Die Anzeige ist als Druckdatei (PDF) für den Zeitungsdruck mit allen relevanten Marken aufzubereiten.

Bei der bereits vorhandenen Anzeige zum Frühlingsfest handelt es sich um ein reines Graustufen-Medium. Den Hintergrund der Anzeige bildet das Bild „1.08_vorlage_anzeige.pdf“, auf welchem verschiedene Texte aus „1.08_text_holzmichel.txt“ platziert sind. Sämtliche Gestaltungselemente (Einfarbigkeit, Texte und Hintergrundbild) sind auch für das Redesign zu verwenden, aber in eine gut lesbare und ansprechende Form zu setzen.

Um diesem Anspruch gerecht zu werden, ist es erforderlich, dass eine sinnvolle Raumaufteilung entsteht, nur die wichtigen Informationen hervorgehoben und typografische Regeln berücksichtigt werden.

Technische Vorgaben

Maß der Anzeige: 148 x 190 mm

Farbvorgabe: 1 C (Graustufen)

Herausforderung bei dieser Aufgabe

Die Besonderheit in dieser Aufgabe liegt darin, dass der Handlungsspielraum stark dadurch eingeschränkt ist, dass ausschließlich in Graustufen also einfarbig gestaltet werden kann.

Die Lebendigkeit und Natürlichkeit der Werbeaussage in der Anzeige muss trotz der eingeschränkten Möglichkeiten erkennbar sein. Zudem müssen Auszeichnungen für die wichtigen und relevanten Informationen geplant werden, um eine optimale Werbewirkung zu erzielen.

148 x 190 mm

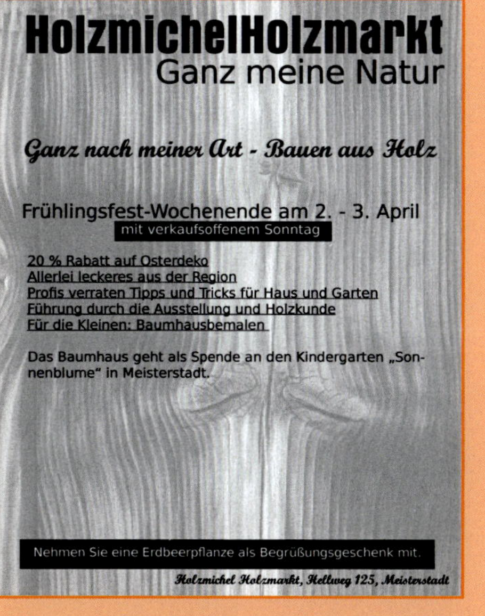

1.09

Briefbogen nach DIN 5008:2020-03 „Justizvollzugsanstalt Meisterstadt“

Zeitrahmen: 2 h
Schwierigkeit: *

Abgabe

Print

> Handmuster eines Briefbogens und Zweitblatt in Originalgröße

Vorgegebene Hilfsmittel

> 1.09_text_justizvollzugsanstalt.txt

DIN A4

Notwendige Kenntnisse

Neben mikrotypografischen Kenntnissen im Bereich Buchstaben, Ziffern, Zeichen, Laufweite und Zeilenabstand werden gute Kenntnisse im Umgang mit Satzprogrammen sowie Vorgaben nach DIN 5008:2020-03, Form A für Geschäftspapiere vorausgesetzt.

Des Weiteren erweist sich die Kenntnis über kritische Buchstaben- und Zahlenpaare (siehe Aufgabe 1.06) als hilfreich.

Diese Aufgabenstellung ermöglicht es, den Umgang mit Kerning, Unterschneidung und Monospaceschriften zu üben.

Des Weiteren ist es notwendig, den Font „LinLibertine“ auf dem Computer zu installieren.

Briefing

Die Justizvollzugsanstalt Meisterstadt möchte sämtliche Geschäftspapiere neu gestalten lassen und benötigt als Entscheidungsgrundlage einen Entwurf für einen Briefbogen nach DIN 5008:2020-03, Form A. Dieser soll übersichtlich und ansprechend gestaltet sein.

Aufgabe

Ein DIN-A4-Briefbogen ist entsprechend den Vorgaben der DIN 5008:2020-03, Form A zu erstellen.

Alle Texte aus „1.09_text_justizvollzugsanstalt.txt“ müssen hierzu verwendet werden. Die einzusetzende Schrift ist die „LinLibertine“ (zu finden unter: https://libertine-fonts.org), ein Freefont, bei dem es eventuell erforderlich ist, mikrotypografisch einzugreifen, um Zeichenabstände auszugleichen oder Zahlenreihen übersichtlich zu gestalten. Ein Platzhaltertext für ein Anschreiben ist ebenfalls zu platzieren und mit einer gängigen Korrespondenzschrift (z. B. einer Systemschrift) zu versehen, bei der die Buchstabenabstände schon von vornherein gut ausgeglichen sind. Die Korrespondenzschrift muss für gute Lesbarkeit bei Mengentexten geeignet sein.

Herausforderung/Ziel der Aufgabe

Da Satzspiegel für die Briefbögen nicht frei gestaltet werden kann, sondern sich an einer DIN-Norm orientieren muss, liegt die Herausforderung darin den Briefbogen unter diesen Bedingungen dennoch individuell und ansprechend zu gestalten.

Gestaltungsraster bzw. Satzspiegel anhand einer Vorlage erklären

Zeitrahmen: 4 h
Schwierigkeit: **

Notwendige Kenntnisse

Um Gestaltungsraster zu analysieren oder selbst zu erstellen, ist es notwendig sich mit Regeln und Möglichkeiten bei: der Wahl von Seitenformaten, Seiteneinteilungen und Mikro- und Makrotypografie vertraut zu machen. Die verschiedenen Möglichkeiten zur Rastereinteilung mit ihren Vor- und Nachteilen müssen bekannt sein.

Briefing

Anhand zweier vorliegender Zeitschriftenseiten sollen Rückschlüsse auf das vorliegende Gestaltungsraster gezogen werden. Alle wichtigen Bestandteile müssen markiert, benannt und die Seiten in einem Satzprogramm nachgesetzt werden. Hier sollten folgende Begriffe Anwendung finden: Produktformat, vorherrschende Proportionsregel/Einteilungsregel, Satzspiegel, Spaltenzahl, Seitenränder (Bund-, Kopf-, Außen- und Fußsteg). Zusätzliche hier nicht erwähnte Fachbegriffe sollen ergänzt werden.

Aufgabe

Die Datei „1.10_vorlage_zeitschrift.pdf“ ist auf einem DIN-A3-Bogen in 1:1-Skalierung, zentriert und mit einem Rahmen versehen, auszudrucken. Der äußere Weißraum auf dem Bogen dient zur Beschriftung.

Anhand des Ausdrucks müssen der Satzspiegel und das Gestaltungsraster, die in der Vorlage Anwendung finden, identifiziert, farbig markiert und mit allen Fachbegriffen beschriftet werden.

Bestandteil der Aufgabe ist es, die wichtigen Regeln für Satzspiegel und Gestaltungsraster in der Fachliteratur eigenständig zu recherchieren und richtig anzuwenden. Zudem sind alle Elemente zu analysieren, die im Format zu finden sind, sodass nach der erfolgten Analyse die Seiten in einem Satzprogramm nachgesetzt werden können.

Besonderheiten/Ziel der Aufgabe

Eine Zeitschriftenvorlage zu analysieren, ist oft nicht ganz einfach, da die Raster dort sehr komplex und somit lebendig gehalten werden. Das vorliegende Raster ist sehr einfach gehalten, um grundlegende Kenntnisse für spätere Übungen zu erlangen. Gestaltungsraster finden in jedem Medium Anwendung, auch wenn sie in manchen Medien strenger und manchmal weniger streng eingehalten werden.

380 x 250 mm

Abgabe

Print

- Mit Fachbegriffen beschrifteter Ausdruck in DIN A3
- Handmuster der nachgesetzten Seiten
- Ausdruck dieser inklusive aller Hilfslinien und relevanten Marken

Digital

- Nachgestellte Datei in InDesign, QuarkXPress oder einem ähnlichen Satzprogramm mit allen wichtigen Hilfslinien, Grundlinienraster und sonstigen relevanten Marken

Vorgegebene Hilfsmittel

- 1.10_vorlage_zeitschrift.pdf
- 1.10_foto1_zeitschrift.jpg
- 1.10_foto2_zeitschrift.jpg

1.11 Bedruckstoffe und Formate

Abgabe

Print

> Schriftliche Ausarbeitung mit Empfehlungen zur Wahl des Bedruckstoffs und des Seitenformats
> Papiermuster

Notwendige Kenntnisse

Bedruckstoffe, wie Papier, sind ein wichtiger Bestandteil in der Markenkommunikation. Sie können Ausdruck der Individualität einer Marke sein und dessen Charakter widerspiegeln. Aus diesem Grund sind Kenntnisse in diesem Bereich wichtig, um eine Marke optimal vertreten zu können. Papiere können sinnlich, warm, kalt, modern, altbacken wirken. Manches Papier fühlt sich angenehm an, anderes eher weniger. Die Haptik und Farbe eines solchen Bedruckstoffs sollte also mit Bedacht gewählt werden. Diese müssen zur Zielgruppe sowie zum Thema der Gestaltung passen und sich für die technische Umsetzung eignen.

Auch die Wahl der Seitenformate und -orientierung spielt eine wichtige Rolle, um einem Medium einen aussagekräftigen Charakter zu verleihen. Auch hier kann Ruhe oder Aktivität vermittelt werden.

Briefing

Die Kleinstadt Meisterstadt möchte ihr Sport- und Wellnessangebot stärker bewerben. Hierfür sollen u. a. eine Broschüre für das städtische Wellness- und Saunabad sowie eine Broschüre für die „Minikicker“ des Fußballvereins entstehen.

Zielgruppe für die Broschüre des Wellness- und Saunabads ist die „bürgerliche Mitte“, berufstätige Menschen beider Geschlechter mit einem Bedürfnis nach Entspannung am Ende eines anstrengenden Arbeitstags. Die Broschüre selbst soll für Entspannung, Ruhe und Wärme stehen.

Die Broschüre der „Minikicker“ des Fußballvereins Meisterstadt soll junge Familien, also Eltern und Kinder gleichermaßen, ansprechen sowie Dynamik und Jugend ausstrahlen. Sie soll dazu anregen, aktiv zu werden.

Beide Male sind die Formate unter Berücksichtigung der Zielgruppe und der Aussage zu wählen.

Für diesen Zweck wird vom Kunden ein Vorschlag für ein passendes Papierformat und ein Papiermuster erwartet. Beides soll entsprechend begründet werden.

Zeitrahmen: 2 h
Schwierigkeit: *

Aufgabe

Es ist eine ausführliche Übersicht über 1. das gewählte Seitenformat und 2. den Bedruckstoff zu erstellen, die deren Charaktereigenschaften und deren besondere Eignung für die beiden Broschüren hervorhebt.

Hand- und Papiermuster sowie grafische Darstellungen sind hilfreich bei der Begründung und um den Kunden vom Konzept zu überzeugen.

Die Ausarbeitung sollte in einem Satzprogramm erfolgen und übersichtlich, modern und ansprechend gestaltet sein. Es handelt sich dabei um eine vorbereitende Übung zur späteren Ausarbeitung von Gestaltungskonzepten.

Herausforderung bei dieser Aufgabe

Die Sorten und Eigenschaften von Papier sind sehr vielfältig. Hierzu gehören beispielsweise das Aussehen, die Form, Beständigkeit und Veredelung. Es gibt sehr unterschiedliche Oberflächen, die gerippt, glatt, matt, glänzend, satiniert, gestrichen und ungestrichen sein können. Des Weiteren gibt es holzfreie, holzhaltige, Recycling- und Zeitungspapiere. Manche Papiere besitzen optische Aufheller, um sie noch weißer erscheinen zu lassen.

Dazu kommen noch weitere Eigenschaften, die konkret das Aussehen beeinflussen und für die Qualität und Verwendbarkeit entscheidend sind. Man beurteilt hierbei nach Weiße, Opazität, Wolkigkeit, Saugfähigkeit, Dimensionsstabilität, Zweiseitigkeit, Beständigkeit bei unterschiedlichen Licht- und Feuchtigkeitsverhältnissen sowie der Laufrichtung. Einige dieser Eigenschaften entscheiden darüber, für welche Druckverfahren ein Papier geeignet ist.

Eine eigenständige Recherche zu Formaten und Bedruckstoffen ist notwendig. Haptik und Farbe können nur an realen Handmustern beurteilt werden. Bei der Papierwahl sind eine Beurteilung unter Normlicht, Kenntnisse zur Druckbarkeit und Farbwirkung der Druckfarben auf dem gewählten Untergrund unter Berücksichtigung der Haltbarkeit, Umweltverträglichkeit und Kosten hilfreich.

Die Herausforderung in dieser Aufgabe liegt darin, die relevanten Eigenschaften hervorzuheben und den passenden Bedruckstoff für den Druck der beiden Broschüren im Offsetdruck auszuwählen.

freies Seitenformat

Es empfiehlt sich, im Laufe der Zeit, ein Archiv mit Papiermustern anzulegen.
Einem Kunden Papiere bzw. Bedruckstoffe vorzustellen gehört zu den Standard-Beratungsaufgaben eines Mediengestalters.

1.12 Pflanzschild „Borretsch“

Abgabe

Print

> Handmuster des Schilds

Digital

> PDF-Datei als Druckdatei unter Berücksichtigung aller wichtigen Merkmale
> Stanzform

Vorgegebene Hilfsmittel

> 1.12_text_pflanzschild.txt
> 1.12_stanzform_pflanzschild.pdf
> 1.12_Foto1_pflanzschild.jpg
> 1.12_Foto2_pflanzschild.jpg
> 1.12_Foto3_pflanzschild.jpg
> 1.12_Foto4_pflanzschild.jpg

Notwendige Kenntnisse

Für die Realisierung des Pflanzschilds sind gute Kenntnisse der Typografie sowie Grundkenntnisse der Mikrotypografie erforderlich. Ein sicherer Umgang mit Satz-/Layoutprogrammen sowie die Anwendung von Absatz- und Zeichenformaten sind von Vorteil.

Briefing

Der Saatguthersteller „Gelbmann Saat“ gestaltet sein Angebot neu und wird unter anderem hochwertiges Saatgut blühender Heilkräuter anbieten. Dabei plant Gelbmann, neue Pflanzschilder für seine Sämereien fertigen zu lassen. Diese attraktiv gestalteten Pflanzschilder soll der Kunde beim Kauf eines Saatgutpakets als Beigabe erhalten, um einen zusätzlichen Kaufanreiz zu haben. Sie sind als bedruckte Steckschilder aus Kunststoff geplant, die in Blumentöpfe oder direkt ins Beet gesteckt werden können.

„Gelbmann Saat“ wird in Gartencentern angeboten und ist im Hochpreissegment angesiedelt.

Aufgabe

Für die gewünschten Steckschilder ist ein Grunddesign zu entwickeln, das stellvertretend für die unterschiedlichen Pflanzen das Heilkraut „Borretsch“ darstellt. Dieses muss auf das Hochpreissegment abgestimmt sowie übersichtlich, ansprechend und modern gestaltet sein.

Als Stanz- und Grundform dient die Datei „1.12_stanzform_pflanzschild.pdf“ mit dem Kantenmaß 60 x 136 mm.

Das untere Drittel des Steckschilds wird in die Erde eines Blumentopfs oder in Gartenerde gesteckt, nur die oberen zwei Drittel sind sichtbar.

Drei Millimeter des umlaufenden Rands müssen aus technischen Gründen weiß bleiben. Der innere Bereich des Schilds ist frei gestaltbar, wobei der Herstellername im unteren Drittel, also auf dem Bereich, der in der Erde steckt, untergebracht werden kann. Der komplette Text aus „1.12_text_pflanzschild.txt“ ist zu übernehmen und so anzuordnen, dass er optimal lesbar bleibt und nicht von Blumenerde verdeckt wird.

Zeitrahmen: 8 h
Schwierigkeit: **

Es ist möglich, das Pflanzschild zweiseitig zu bedrucken. In diesem Fall sollte die Rückseite für die Pflegehinweise der Pflanze genutzt werden. Bestandteil der Pflegehinweise ist eine Übersicht der Wachstumsphasen der Pflanze. Diese ist als Informationsdiagramm grafisch aufzubereiten.

Technische Vorgaben

4 C, Außenmaß: 60 mm x 136 mm

Herausforderung/Ziel der Aufgabe

Der Reiz bei dieser Aufgabe liegt im Satz von verhältnismäßig großen Textmengen auf kleinem Raum, die in einem ungewöhnlichen Format unter Berücksichtigung der Funktion und Übersichtlichkeit untergebracht werden müssen. Zudem ist Freiraum für eine Infografik zu schaffen und diese übersichtlich und ansprechend zu gestalten.

1.13 Schriftwahl für Wortmarken

Notwendige Kenntnisse

Es sind typografische Grundkenntnisse sowie die Einordnung von Schriften in einen geschichtlichen Kontext (Schriftklassifikation) erforderlich.

Briefing

Ein Medienverlag plant die Gestaltung von vier verschiedenen Wortmarken, die auf Buchcovern bzw. im Fernsehen Verwendung finden sollen:

- „Caravaggio von Rom bis Sizilien“ lautet die Wortmarke für einen Kunstkatalog, welcher ausschließlich barocke Kunstwerke einer Ausstellung listet. Die Schrift für diese Wortmarke soll passend zur Epoche gewählt werden und alle nötigen Zeichen, inklusive der Umlaute, enthalten.
- „Heilung des Risses“ ist der Titel eines romantisch historischen Romans, der in der Zeit 1804–1815 spielt. Die zu entwickelnde Gestaltung der Wortmarke muss zur Zeit der Romantik passen.
- „Türkischer Hausfreund – Türk aş ıklar“ lautet der Titel eines Gedichtbands aus der türkischen Literatur. In diesem Gedichtband werden türkische Gedichte der Moderne in die deutsche Sprache übersetzt. Der Titel soll in beiden Sprachen zu einer Wortmarke geformt werden und die zu wählende Schrift muss sowohl alle türkischen als auch alle deutschen Schriftzeichen enthalten.
- „Zimmer mit Aussicht“ ist der Titel einer Fernsehsendung, die dokumentiert, wie junge Menschen, welche sich an einem Wendepunkt in ihrem Leben befinden (Beginn einer Ausbildung oder eines Studiums in der Ferne), sich in einer neuen Heimat einrichten. Für die Gestaltung dieser Wortmarke ist eine sehr moderne Schrift gefragt, die nicht älter als fünf Jahre sein sollte.

Abgabe

Print

> Je eine konzeptionelle Ausarbeitung der einzelnen Schriftvorschläge in DIN A4 mit allen wichtigen Informationen zu Schrift und Schriftgeschichte, einer Begründung der Wahl sowie ein Schriftmuster mit allen Zeichen und einer Abbildung der Wortmarke

Vorgegebene Hilfsmittel

> 1.13_text_wortmarken.txt oder 1.13_text_wortmarken.docx

Zeitrahmen: 3 h
Schwierigkeit: **

Aufgabe

Für die vier Produkte des Verlags müssen vier verschiedene Fonts gefunden werden, die auf das jeweilige Produkt abgestimmt sind. Die gestaltete Wortmarke ist mit einem Schriftmuster abzubilden. Das Schriftmuster sollte auf einem DIN-A4-Bogen dargestellt werden, Informationen zur Schrift, wie Schriftgestalter, Anbieter, Entstehungszeit, Preis und Lizenzart, enthalten sowie eine Begründung dazu, warum die Schrift gewählt wurde und warum sie optimal zum Titel passt.

Technische Vorgaben

- Plattformübergreifendes Dateiformat der Schrift

Herausforderung/Ziel der Aufgabe

Im Rahmen dieser Aufgabe werden Schriften bestimmten Themen zugeordnet und übersichtlich aufbereitet. Ziel ist es, den Charakter der jeweiligen Schrift aufzuzeigen und zu bewerten. Da dies konzeptionell erfolgt, dient die Aufgabe als Vorbereitung auf typografische Aufgabenstellungen der Abschlussprüfung und zur Verwendung in Styleguides.

Die Auswahl der Schrift muss viele Aspekte sowohl gestalterischer als auch technischer Art berücksichtigen, was aufgrund der Fülle des Angebots an Fonts zeitintensiv sein kann.

DIN A4

1.14

Erstellung eines Briefmarkendesigns „Jahr der Geometrie“

Notwendige Kenntnisse

Bei der Erstellung von Postwertzeichen sind spezielle Gestaltungsregeln und technische Vorgaben zu beachten. Es müssen bestimmte Voraussetzungen gegeben sein, damit Postagenturen die Briefe inklusive Marke sowohl elektronisch als auch händisch verarbeiten können.

Um diese Aufgabe zu lösen, ist es erforderlich, den Umgang mit Satzprogrammen zu beherrschen und Kenntnisse über den Einsatz sehr kleiner typografischer Elemente sowie über die Gestaltungsregeln bei Postwertzeichen zu besitzen. Des Weiteren sind Kenntnisse über die Anlage von Perforationsmarken für den Druck notwendig.

Briefing

In jedem Jahr werden vom Bundesministerium der Finanzen neue Themen für Postwertzeichen gesucht. Für das kommende Jahr wurde das Thema „Jahr der Geometrie“ gewählt, da seit dem Jahr 2000 im Rahmen der Initiative „Wissenschaft im Dialog“ sogenannte Wissenschaftsjahre ausgerichtet werden, an denen sich aktiv diverse Veranstalter wie Schulen und Universitäten mit Workshops und Seminaren sowie verschiedenen Wettbewerben beteiligen.

Geometrie ist eine weit umfassende Wissenschaft, die uns im alltäglichen Leben ständig und unbewusst begegnet. Im weitesten Sinne beschäftigt sie sich mit der „Vermessung“, worauf schon die Übersetzung aus dem Altgriechischen mit „Erdmaß“ bzw. „Landmessung“ schließen lässt. Bekannt ist die Geometrie aus dem Schulunterricht, aber auch in der höheren Mathematik spielt sie eine fundamentale Rolle. In der modernen Astronomie wird und z. B. im alten Griechenland (um 550 v. Chr. von Pythagoras) wurde sie angewandt.

Das Bundesministerium für Finanzen erwartet bei der Gestaltung der Jubiläums-Briefmarke „Jahr der Geometrie“ eine moderne und wissenschaftlich korrekte Ausarbeitung des Designs. Die Briefmarke soll einen Überraschungseffekt haben und zeigen, dass Geometrie nicht nur aus Geraden, Punkten und Winkeln besteht. Bei der Ausarbeitung sind alle Regeln der Gestaltung von Briefmarken zu befolgen.

Abgabe

Print

> Briefmarkenblock in Originalgröße, präsentiert auf neutralgrauem Untergrund

Digital

> Druck-Datei für Briefmarkenblock mit Vorschau für Perforation, Schnittmarken und Farbkontrollstreifen

Vorgegebene Hilfsmittel

> 1.14_text_gestaltungsvorgaben_briefmarken.rtf

Zeitrahmen: 16 h
Schwierigkeit: **

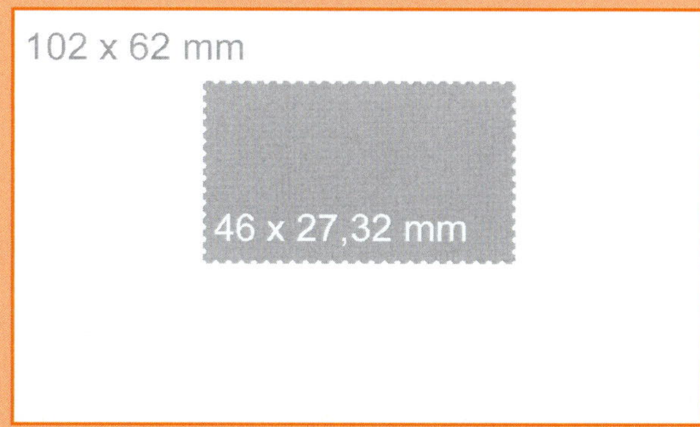

Aufgabe

Zu entwickeln ist eine Sondermarke für das kommende Jahr, die einen Wert von 275 Cent aufweist und mit Zähnung auf einem Briefmarkenblock zu platzieren ist. Die Größe des Blocks beträgt 102 x 62 mm. Die Größe der Marke entspricht 46 x 27,32 mm. Alle geltenden Regeln (siehe „1.14_text_gestaltungsvorgaben_briefmarken.rtf") für den Satz von Briefmarken müssen eingehalten werden.

Technische Vorgaben

Farbprofil:	ECI CMYK
Farben:	4 C bzw. 4/0
Ausgabedatei:	Druckreife PDF-Dateien nach PDF/X-4-Standard,
Bedruckstoff:	Briefmarkenpapier (reinweiß mit optischen Aufhellern)
Weiterverarbeitung:	Perforation, Gummierung auf der Rückseite

Herausforderung bei dieser Aufgabe

Bei Kleinformaten liegt die Herausforderung darin, mikrotypografisch präzise zu arbeiten, alle Informationen übersichtlich und ansprechend zu platzieren sowie die technischen Vorgaben einzuhalten, wie z. B. Druckvorgaben bzgl. Weißraum, Randabständen und Anschnitteinstellungen.

1.15

Fotomontage „Aufhebung der Schwerkraft“

Abgabe

Print

> Ausdruck der Grafik in Originalgröße, möglichst farbgetreu

Digital

> Abzugeben ist ein den Vorgaben entsprechendes PDF sowie sämtliche Einzelfotos, aus denen die Collage entstanden ist

> Das PDF muss darüber hinaus einem Standard für den Zeitungsdruck entsprechen und alle relevanten Marken enthalten

Vorgegebene Hilfsmittel

> 1.15_text_schwerkraft.txt

Notwendige Kenntnisse

Für Fotomontagen oder Fotocollagen ist ein sicherer Umgang mit einem Bildbearbeitungsprogramm Voraussetzung. Es muss sauber, ordentlich und übersichtlich gearbeitet werden. Dabei sind Kenntnisse zu Ebenen, Ebeneneffekten und verschiedenen Filtern hilfreich. Zudem ist Erfahrung in der Durchführung von Fotorecherchen und Wissen über Bildrechte erforderlich. In dieser Aufgabe soll möglichst nondestruktiv gearbeitet werden, das heißt alle Bearbeitungsschritte können im Nachhinein nachvollzogen und wieder verändert werden. Hierzu müssen Ebenen, Ebenenmasken und Einstellungsebenen verwendet werden.

Briefing

Die Kunstausstellung „Schwerkraft im Alltag“ zeigt verschiedene Ausarbeitungen, die sich künstlerisch mit der Gravitation befassen.

Um diese Ausstellung zu bewerben, wird eine Anzeige konzipiert, die unter dem Titel „Aufhebung der Schwerkraft“ steht.

Aufgabe

Der Auftraggeber wünscht für die Anzeige als Hintergrundmotiv eine Fotomontage, die mit unterschiedlichen Techniken ausgearbeitet wird. Die Ausarbeitung soll kreativ sein und sich kritisch mit dem Thema „Schwerkraft“ auseinandersetzen.

Das Ergebnis dieser Aufgabe soll eine digitale Grafik sein, die mit einem professionellen Bildbearbeitungsprogramm erstellt und aufgearbeitet wurde, sodass sie für den Druck der Anzeige in einer Tageszeitung verwendet werden kann.

Das Format der Grafik beträgt 310 x 350 mm.

Motive und Fotos sind frei wählbar und werden bei der Bewertung der Aufgabe hinzugezogen. Es ist demnach notwendig, das Material sehr sorgfältig auszuwählen und schon bei der Wahl ein ungefähres Gestaltungskonzept (z. B. aus einem Brainstorming) berücksichtigt zu haben. Es ist nicht erlaubt Artificial Intelligence (AI) oder andere künstliche Intelligenz (KI) für diese Aufgabe einzusetzen.

Zeitrahmen: 4 h
Schwierigkeit: **

Technische Vorgaben

Anzeigenformat:	310 x 350 mm
Farben:	4 C bzw. 4/0
Ausgabedatei:	Druckreife PDF-Datei
Bedruckstoff:	Zeitungspapier

Besonderheiten bei dieser Aufgabe

Die kreative Ideenfindung und Ausarbeitung eines Themas sowie dessen digitale Umsetzung sollen geschult werden. Dabei ist es wichtig, den Unterschied zwischen der Vorstellung und dem wirklich Machbaren zu erkennen.

Eine Herausforderung stellt die Erstellung einer druckfähigen Vorlage für Tageszeitungen unter Berücksichtigung der Papierfarbe dar. Hierfür müssen Standards und ICC-Profile recherchiert werden.

310 x 350 mm

Nondestruktives Arbeiten in Adobe Photoshop spart viel Zeit. In der Ebenenpalette lassen sich mithilfe von Ebenenmasken und Einstellungsebenen viele Bearbeitungsschritte erledigen, die später immer wieder korrigiert werden können.

1.16 Erstellung eines Gestaltungsrasters für die Sportzeitschrift „Run On“

Zeitrahmen: 4 h
Schwierigkeit: **

Notwendige Kenntnisse

Zum Lösen dieser Aufgabe ist es erforderlich, in einem Satz- bzw. Layoutprogramm einen Satzspiegel mit Musterseiten, Hilfslinien und Rändern erstellen zu können. Darüber hinaus werden Kenntnisse im Bereich Typografie und Mengensatz vorausgesetzt.

Briefing

Der „Sportiv-Verlag“ erweitert seine Zeitschriftensparte um ein neues Magazin. Die neue Zeitschrift mit dem Titel „Run On“ zielt auf die deutsche Parcours- und Freerunner-Szene ab. Diese Zielgruppe gilt als extrem sportlich, jung, dynamisch, mit einem leichten Hang zur Überschreitung von Grenzen. Das Design der Zeitschrift muss diesem Anspruch gerecht werden.

Aufgabe

Für die neue und junge Zeitschrift soll ein Gestaltungsraster und Designvorschlag für das Titelblatt sowie für die Inhaltsseiten ausschließlich ein Gestaltungsraster entworfen werden. Zudem muss ein Vorschlag zu möglichen Schriften in Form eines Schriftmusters (ähnlich Styleguide) erstellt werden.

Zu entwickeln ist das Gestaltungsraster mit allen notwendigen Elementen (Satzspiegel, Seitenformat, Randabstände, Stege, Rastereinteilung, Spalten, Paginierung, Kolumnentitel, Grundschrift, Headlines, Grundlinienraster etc.), das sich für die gesamte Zeitschrift verwenden lässt.

Herausforderung bei dieser Aufgabe

Die Herausforderung bei dieser Aufgabe liegt darin, dass für die Innenseiten des Magazins ohne grafische Elemente, nur mit Blindtext gearbeitet werden muss und sich somit das Gestaltungsraster nicht an einem schon vorhandenen Inhalt orientieren kann. Bei dieser Aufgabe geht es ausschließlich um die Grundeinteilung des Mediums und nicht um das Design. Dies ist ein gängiges Vorgehen, um beispielsweise einen Satzspiegel zu erstellen, der auch Vorgaben zu festen Zeilen- und Zeichenzahlen für spätere redaktionelle Arbeiten beinhalten kann.

Abgabe

Print

- Ausdruck der Musterseiten inklusive aller Hilfslinien
- Ausdruck Schriftmuster

Digital

- Satzdatei inklusive Gestaltungsraster und aller Absatzformate

Vorgegebene Hilfsmittel

- 1.16_text_cover_runon.txt

freies Seitenformat

Flattersatzausgleich

Zeitrahmen: 1 h
Schwierigkeit: *

Notwendige Kenntnisse

Um einen gut aussehenden Flattersatz zu erstellen, kann man sich nicht allein auf eine Software verlassen. Jeder Flattersatz muss händisch nachgearbeitet und alle Silbentrennungen müssen kontrolliert werden. Deshalb ist es notwendig, die verschiedenen Tastenkombinationen und Sonderzeichen für die unterschiedlichen Umbrucharten und Trennzeichen zu kennen. Zudem müssen Techniken bekannt sein, um in Absatzformaten Einfluss auf die Ausführung des Flattersatzes nehmen zu können.

Briefing

Bei den unterschiedlichen Textsatzarten unterscheidet der Gestalter zwischen Block- und Flatter- bzw. Rausatz. Diese lassen sich in den entsprechenden Satzprogrammen leicht erzeugen. Das Ergebnis kann oftmals aber sehr unterschiedlich ausfallen, je nachdem, welche Voreinstellungen gewählt und ob eine Silbentrennung aktiviert wurde. Um aus einem Standardtextsatz einen professionellen Satz zu erstellen, muss in der Regel bei jedem Text händisch eingegriffen und ausgeglichen werden. Hierbei werden beim Blocksatz Lücken korrigiert, Silbentrennungen vorgenommen und Einzüge angepasst. Beim linksbündigen, rechtsbündigen oder zentrierten Satz können Flatter- oder Rausatz Anwendung finden, die sich größtenteils in der Flatterzone (den variablen Zeilenbreiten) und der Anzahl der Trennungen unterscheiden. Beide können jeweils manuell nachgearbeitet werden, um ein unschönes oder schlecht lesbares Schriftbild zu verbessern.

Aufgabe

Aus „1.17_text_flattersatz.txt" soll ein zweispaltiger Text auf einem DIN-A5-Bogen erstellt werden. Hierbei ist darauf zu achten, dass ein angenehmes und gut ausgeglichenes Schriftbild mit linksbündig ausgerichteten Zeilen entsteht. Die Schriftgröße sollte zwischen 10 und 12 pt liegen. Es ist darauf zu achten, dass „Schriftbilder" sowie „Treppenbildung" oder „Bäuche" vermieden werden, um einen ästhetischen Zeilenfall und einen optimalen Leserhythmus zu garantieren. Hierzu ist es notwendig, manuelle Silbentrennungen („bedingte" Trennungen) nach den Regeln der vorherrschenden Textsprache vorzunehmen. Eine optimal lesbare Zeilenbreite ist ebenfalls zu bestimmen.

Abgabe

Print

- > Ausdruck DIN-A5-Bogen
- > in Originalgröße

Vorgegebene Hilfsmittel

- > 1.17_text_flattersatz.txt

DIN A5

1.18

Aufspüren mikrotypografischer Fehler

Zeitrahmen: 2 h
Schwierigkeit: *

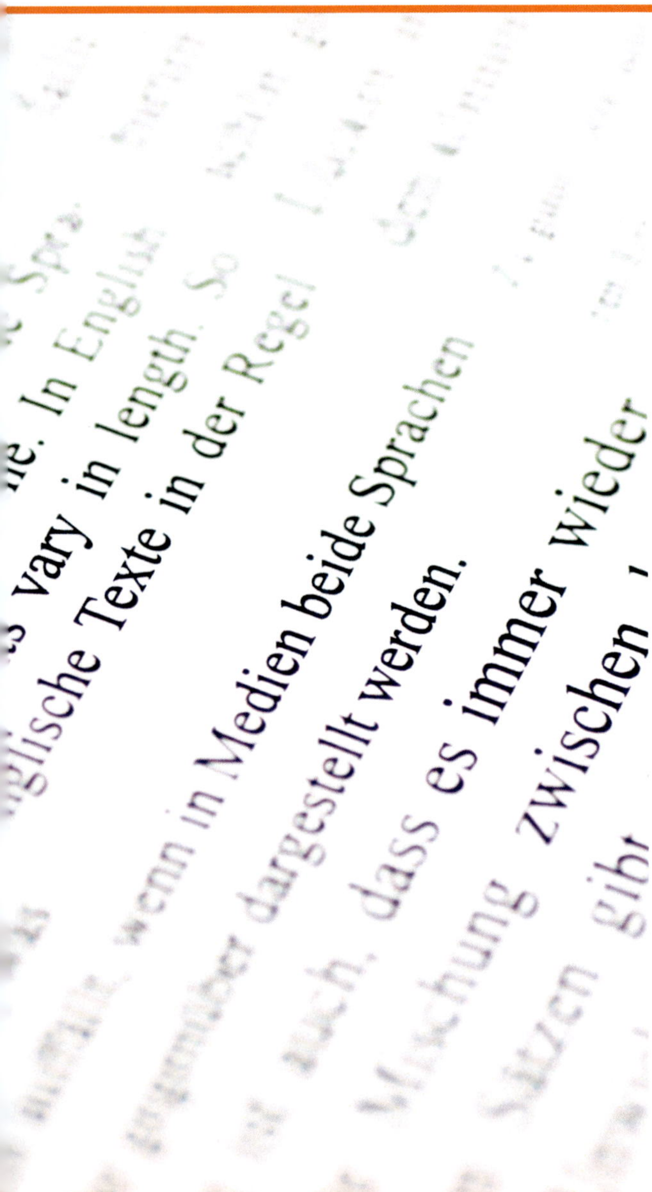

Notwendige Kenntnisse

Um mikrotypografische Besonderheiten bzw. Fehler aufspüren zu können, ist ein geübter Blick erforderlich, der mit dieser Aufgabe geschult werden soll. Hilfreich sind Grundkenntnisse in der Mikrotypografie und den dazugehörigen Fachbegriffen.

Aufgabe

Das PDF „1.18_vorlage_mikrotypografie.pdf" beinhaltet einen Text, der sehr unruhig wirkt und schlecht lesbar ist, obwohl nur eine Schriftart verwendet wurde. Es gilt, die Ursachen für die schlechte Lesbarkeit und die unruhige Wirkung zu finden.

Hierzu ist zunächst das PDF auszudrucken und es sind Textstellen zu markieren, welche ursächlich für die unruhige Wirkung und schlechte Lesbarkeit sind. Der Text enthält mindestens 23 mikrotypografische Fehler.

Neben den markierten Stellen sind auf dem Ausdruck entsprechende Methoden zur Verbesserung der Typografie sowie typografische Regeln zu notieren.

Im Anschluss ist der gesamte Text in einem Satzprogramm neu zu setzen. Für diesen ist ein Blocksatz und eine optimale Schriftgröße zu wählen sowie die Spaltenbreite passend einzurichten.

Ziel hierbei ist es, den Text optimal mikrotypografisch auszugleichen, also Lücken zwischen Wörtern zu vermeiden sowie Zeichen-, Zeilen- und Absatzabstände zu verbessern. Des Weiteren können Textteile, die hervorgehoben sind, optimaler gestaltet werden und es sind alle Trennungen zu prüfen und zu korrigieren.

Technische Vorgaben

Das Format der neuen Ausarbeitung ist aus den Eigenschaften des „1.18_vorlage_mikrotypografie.pdf" abzulesen.

Herausforderung bei dieser Aufgabe

In vielen Medien mit Mengentext werden schnell die weniger offensichtlichen mikrotypografischen Fehler übersehen, insbesondere, wenn das Auge noch ungeübt in dieser Beziehung ist. Alle Fehler oder unschönen Stellen trotzdem zu identifizieren und zu beheben, stellt die Herausforderung bei dieser Aufgabe dar.

Abgabe

Print

> Korrekturbogen
> Ausdruck der optimierten Datei

Vorgegebene Hilfsmittel

> 1.18_text_mikrotypografische_fehler.txt
> 1.18_vorlage_mikrotypografie.pdf

TIPP

Wenn ein Ausdruck aus verschiedenen Blickwinkeln betrachtet wird, hilft dies oft Textlücken und Ähnliches, besser zu identifizieren. Dabei kann das Medium auch kopfüber oder mit zusammengekniffenen Augen betrachtet werden.

1.19

Motivationsstempel „Grundschule“

Zeitrahmen: 8 h
Schwierigkeit: *

Notwendige Kenntnisse

Erforderlich sind Kenntnisse im Umgang mit einem Illustrationsprogramm sowie Grundkenntnisse der Stempelherstellung.

Briefing

Die Schillergrundschule möchte für die Lehrer aller Klassen „Motivationsstempel“ einführen. Besonders gute Hausaufgaben und Leistungen werden mit diesen Stempeln gewürdigt und sollen die Schüler und Schülerinnen zu weiterhin guten Leistungen motivieren.

Aufgabe

Zu gestalten sind Stempelvorlagen, die folgende Aussagen grafisch untermauern sollen:

- „Sehr fleißig“
- „Gut gemacht“
- „Das kannst Du besser“

Hierzu ist jeweils ein kleines Symbol zu entwickeln und mit dem Text zu kombinieren. Es muss eine runde Stempelvorlage mit einem Durchmesser von 28 mm erstellt werden. Dabei ist darauf zu achten, dass alle vier Stempel nach dem gleichen Prinzip und im gleichen Zeichenstil gestaltet werden und somit eine harmonische Reihe ergeben.

Herausforderung bei dieser Aufgabe

Bei Stempeln ist darauf zu achten, dass alle Linien gut stempelbar sind, das gilt insbesondere für Texte. Die Buchstaben einer Schrift dürfen beim Stempeln weder zulaufen noch Lücken bilden. Es ist also eine passende Schriftart und eine optimale Schriftgröße zu wählen.

Abgabe

Print

> Ausdruck der Stempelvorlage in Schwarz und Originalgröße

Digital

> PDF- und TIFF-Datei

Vorgegebene Hilfsmittel

> 1.19_text_motivationsstempel.txt

TIPP

Für Stempel bieten sich vorzugsweise serifenlose Schriften an, mit einem klaren Schriftbild. Die Schriftgröße sollte nicht unter 7 pt und die Linie nicht dünner als 0,4 mm (1 pt) sein.
Als Farbe sollte ein Vollton verwendet werden und die Auflösung bei ca. 600 dpi liegen oder eine Vektorgrafik erstellt werden.

1.20 Erste Schritte im Colormanagement am Arbeitsplatz

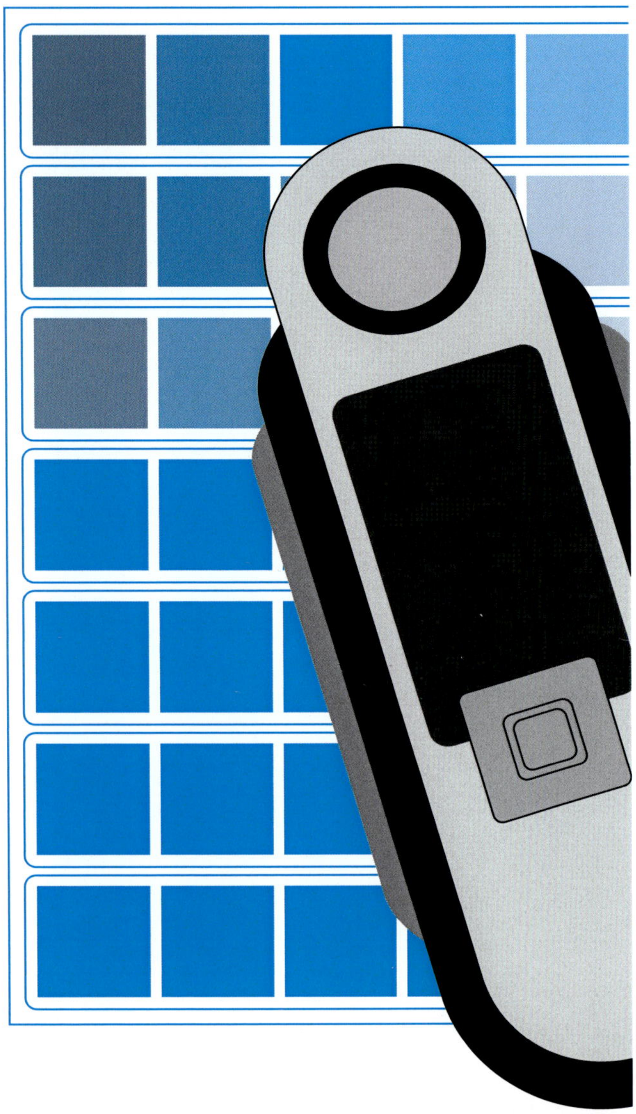

Da in einer einzelnen Aufgabe nicht alle Themengebiete des Colormanagements behandelt werden können, empfiehlt es sich, einschlägige Fachliteratur zurate zu ziehen. Einen sehr guten und verständlichen Einstieg bietet das kostenlose digitale Handbuch von „cleverprinting.de".

Technische Voraussetzungen

Um Kunden keine Wundertüte, sondern eine professionelle Arbeit abliefern zu können, ist es notwendig, nicht nur die Software für Gestalter zu beherrschen, sondern auch seinen Computer und Arbeitsplatz gut zu kennen und optimal einzurichten.

Das Colormanagement am Arbeitsplatz zu beherrschen, ist das A und O zur Erstellung für möglichst sichere Dateien. Beim Colormanagement handelt es sich um einen sehr weitreichenden Bereich vom Eingabemedium über die Verarbeitung bis zum Ausgabemedium. Die gesamte Arbeitsumgebung muss aufeinander abgestimmt sein, damit die Druckerei ein Printmedium genau so ausgeben kann, wie es von Gestalter und Kunde geplant wurde. Auch für die Fotobearbeitung und Webseitenerstellung ist es wichtig, mit konsequenten Farbeinstellungen zu arbeiten, damit diese immer identisch umgesetzt bzw. bearbeitet werden können. Für einen optimalen Workflow wird daher oft mit festen Vorgaben und Normen gearbeitet. So ist sichergestellt, dass ein Medium am Bildschirm dem im Ausdruck möglichst ähnlich sieht.

Voraussetzung zur Lösung dieser Aufgabe ist es, dass der Computer, an dem gearbeitet wird, einen Bildschirm besitzt, der mit einem großen Farbraum ausgestattet ist und die Möglichkeit bietet, mit einem Spektralfotometer kalibriert zu werden. Es muss ein Zugang zum Internet bestehen und ein entsprechendes Spektralfotometer zur Verfügung stehen. Des Weiteren müssen Adobe Photoshop und Adobe Bridge auf dem Computer vorhanden und das Betriebssystem ebenso wie die Grafikkarte auf einem aktuellen Stand und mit den aktuellsten Treibern ausgestattet sein.

Aufgabe 1: Überprüfen des Ist-Zustands

1. Erstellung einer Liste aller am Arbeitsplatz vorhandener Geräte, die von einem Colormanagement profitieren können (Eingabegeräte wie Digitalkamera, Scanner, Zeichentabletts; verarbeitende Geräte wie Computer, Grafikkarte und Ausgabegeräte wie Bildschirme und Drucker).
2. Überprüfung der Geräte auf der Liste und der vorhandenen Software auf Aktualität. Besitzen sie nicht die aktuellste Software und den aktuellsten Treiber oder sind die Geräte veraltet, sollten sie auf den aktuellsten Stand gebracht

oder ggf. ausgetauscht werden.

3. Diese Liste wird nun Schritt für Schritt mit Informationen zu bereits voreingestellten Farbinformationen, wie z. B. bereits vorhandenen Farbprofilen und Farbräumen ergänzt. Diese können in der Regel im Handbuch nachgelesen oder in einer entsprechenden Treibersoftware gefunden werden. Falls beispielsweise die Farbprofile nicht konsequent verwendet werden, führt dies dazu, dass Dateien oft umgerechnet werden müssen, was zu Qualitätsverlusten führen kann.
4. Zusammenfassung aller technischen Informationen zu den verwendeten Bildschirmen: Alter, Typ, eingestellte Auflösung, Hardwareeinstellung des Geräts (Farbe [Temperatur und -ton]), Kontrast, Helligkeit, Gamma, Sättigung – falls über die Hardware verfügbar), aktuell verwendetes Colormanagementwerkzeug, Laufzeit (Wie lang ist der Bildschirm heute bereits eingeschaltet?)

- Ein Monitortest (z. B. von eci.org) dient der Qualitätsüberprüfung von Monitoren. Die Datei muss entsprechend der Bildschirmauflösung gespeichert und als Bildschirmhintergrund eingerichtet werden. Anhand der Anweisungen des Herstellers kann damit der Monitor beurteilt werden. Es empfiehlt sich, einen Vorher- und einen Nachhertest durchzuführen, um Unterschiede erkennen zu können.

Für eine Überprüfung bietet es sich an, eine Testform (beispielsweise Altona Test Suite bestehend aus Testdateien, Testdrucken und Kontrollmitteln) zu verwenden, um die Ergebnisse des Colormanagements auch visuell nachvollziehen zu können. Die Testdateien können am Computer geöffnet und gedruckt werden. Ein Vergleich der Testdateien am Bildschirm und im Druck, sowie der im Paket vorhandenen Referenzdrucke, liefern Informationen dazu, wie gut das Colormanagement eingerichtet ist. Auffälligkeiten werden in der Liste notiert.

Aufgabe 2: Kleines Colormanagement am Bildschirm

Wenn der Ist-Zustand am Arbeitsplatz bekannt ist, dann gilt es, diesen zu optimieren.

Die Optimierung kann beispielsweise mit dem Bildschirm beginnen. Hierfür müssen die Bildschirmeinstellungen zuerst auf den Werkszustand zurückgestellt und der Bildschirm gereinigt werden. Der Bildschirm muss bereits mindestens 60 Minuten eingeschaltet und alle Programme, die eventuell ein eigenes Colormanagement durchführen müssen, deaktiviert sein. Nun sollte eine Software installiert werden, die das Spektralfotometer unterstützt. Das kann entweder die des Geräteherstellers oder aber auch eine Software des Bildschirmherstellers sein. Danach wird nach Anweisung der Software vorgegangen: Das Kalibrationsgerät wird angeschlossen und am Bildschirm befestigt. Wichtig ist, dass die Messung bei typischen Umgebungsbedingungen durchgeführt wird. So sollten beispielsweise die Lichtverhältnisse des Raums so sein wie im normalen Arbeitsalltag.

Zu Beginn der Messung müssen in der Software Voreinstellungen getroffen werden, welche je nach Arbeitsbereich variieren. Für den Bereich der Druckdateierstellung sind folgende Werte empfehlenswert: Farbtemperatur: D50 (Druckvorstufe oder 5000 – 5800 Kelvin), Gamma: 1,8 (je nach Monitormodell auch 2,2 – bitte hierzu das Handbuch lesen), Luminanz: wird angepasst an das Umgebungslicht; bei einem gut ausgeleuchteten Büro bietet sich hier ein Wert von 120 cd/m^2 an.
Im nächsten Schritt misst das Spektralfotometer die Farben des Bildschirms und erstellt ein neues Monitorfarbprofil. Die Voreinstellungen sind das A & O für ein optimiertes Colormanagement. Zu Beginn kann es sein, dass die neuen Einstellungen ungewohnt wirken. Eine Bildschirmkalibration ist regelmäßig (mindestens einmal im Monat) durchzuführen, da Bildschirme altern und sich die Farben verändern.

5. Im letzten Schritt werden aktuelle ICC-Profile für den Offsetdruck bei ECI.org heruntergeladen und auf dem PC installiert. Manche Druckereien bieten eigene Profile an, die installiert werden können. Siehe auch „Erstellung von PDF-Daten für Prüfungsaufgaben (Zwischenprüfung und Abschlussprüfung)“ auf Seite 60.

1.21

Satz Packungsbeilage Medizinprodukt „Bronchial“

Notwendige Kenntnisse

Für die Bearbeitung dieser Aufgabe wird ein sicherer Umgang mit einem Satzprogramm vorausgesetzt, mit dessen Hilfe die Erstellung eines Satzspiegels – unter Einsatz eines Grundlinienrasters und Verwendung von Mengentext – vorgenommen wird. Hierbei müssen optimale Einstellungen für eine gute Lesbarkeit gefunden werden. Auch muss ein passender Schriftcharakter und eine angemessene Schriftmischung gewählt werden.

Briefing

Die Firma „Mezidpharm“ stellt seit 1976 verschiedene Medizinprodukte her. Unter anderem ist die Firma bekannt für ihr Asthmamedikament „Bronchial“.

Die Packungsbeilage des Medikaments soll überarbeitet werden, da diese bislang wenig lesefreundlich und unübersichtlich gestaltet war. Die Beilage ist nach den Regeln für optimale Lesbarkeit möglichst übersichtlich zu gestalten.

Eine gut lesbare und übersichtliche Gestaltung ist in diesem Fall von großer Bedeutung, da Asthmaanfälle lebensbedrohlich verlaufen können, insbesondere, wenn das lebensrettende Medikament nicht richtig verabreicht wird oder Wechsel- und Nebenwirkungen nicht bekannt sind.

Die Packungsbeilage des Medikaments „Bronchial“ enthält all diese erforderlichen Informationen, jedoch müssen sie im Fall eines Asthmaanfalls auch sofort der Packungsbeilage entnommen und von medizinischen Laien schnell erfasst werden können.

Abgabe

Print

> Handmuster in Originalgröße (162 x 420 mm), Falzung auf 12 Seiten

Digital

> Abzugeben ist ein PDF/X-3:2002, das den oben genannten Angaben entspricht

Vorgegebene Hilfsmittel

> 1.21_text_packungsbeilage.txt

> 1.21_logo_mezidpharm.eps

Zeitrahmen: 4 h
Schwierigkeit: **

Aufgabe

Der gesamte Text aus „1.21_text_packungsbeilage.txt“ ist vollständig unter Berücksichtigung aller gängigen und aktuellen Satzregeln in eine neue Gestaltung für die Packungsbeilage zu übernehmen. Neben dem Text müssen ein Barcode sowie das Logo von „1.21_logo_mezidpharm.eps“ platziert werden.

Der vorgegebene Text „1.21_text_packungsbeilage.txt“ ist ein Fließtext für den optimierte Umbrüche, Trennungen und Absätze notwendig sind, um diesen möglichst übersichtlichen darzustellen. Teilweise kann der Einsatz von Tabellen hilfreich sein.

Technische Vorgaben

Gedruckt wird auf einem 70-g-Papier im Format 162 x 420 mm (Orientierung ist frei wählbar). Das Medium kann doppelseitig einfarbig bedruckt werden.

Herausforderung/Ziel der Aufgabe

Ein Mengentext muss gut lesbar, in diesem Fall auf stark beschränktem Raum platziert werden. Dabei gilt es, wichtige Sachverhalte des Texts deutlich hervorzuheben, ohne dass diese Hervorhebungen den restlichen Text zu stark überstrahlen. Da es sich hierbei um ein Informationsdesign zu wichtigen Fakten über Risiken, die Einfluss auf die Lebensqualität haben können, handelt, muss der Fokus auf Übersichtlichkeit, gute Lesbarkeit (Mikrotypografie) und einfache Sprache gelegt werden.

162 x 420 mm

mezidpharm

TIPP

Für den Satz des Texts in einem Satzprogramm empfiehlt es sich, in jedem Fall Absatzformate unter Berücksichtigung des Abstandes zwischen Absätzen zu verwenden. So lässt sich mit wenigen Klicks der gesamte Text jederzeit verändern, bis alles optimal ins Format passt.

1.22 Piktogrammentwicklung „Mongolisches Restaurant“

Abgabe

Print

> Ausdruck der Piktogramme in Originalgröße der Beschilderung und der weiteren Medien
> Ausdruck des Styleguides

Digital

> Alle Daten in Originalgröße als vektorbasiertes EPS
> Styleguide als PDF

Vorgegebene Hilfsmittel

> Es gibt keine Text- oder Bildvorgaben. Die Entwürfe können frei erstellt werden.

Notwendige Kenntnisse

Zum Lösen dieser Aufgabe ist es notwendig, in einem vektorbasierten Grafikprogramm Symbole zu erstellen. Deshalb sind gute Programmkenntnisse erforderlich. Der Einsatz von Farbe und die Erzeugung von Spannung, unter Berücksichtigung von Farbbedeutung, psychologischer Wirkung und verschiedener Grafikstile, sollen bewusst und professionell eingesetzt werden.

Briefing

Der Betreiber einer mongolischen Restaurantkette, die in ganz Europa vertreten ist, benötigt ein Wegeleitsystem, das aus Piktogrammen besteht. Diese Piktogramme sollen die einzelnen Bereiche im Restaurant markieren und erklären.

Das Angebot der Restaurants erstreckt sich auf ein sehr abwechslungsreiches Buffet, dessen Speisen roh vom Kunden zusammengestellt, gemischt und dann vor seinen Augen von einem Koch frisch zubereitet werden. Das Ganze nennt sich dann „Mongolian BBQ“.

Der Ablauf des Besuchs ist immer gleich: Zuerst wird der Kunde vom Servicepersonal zum Tisch geleitet und dort über seine Tischnummer informiert. Jeder Tisch bietet Platz für sechs Personen, von denen jede eine Farbe wählen kann. Die jeweilige Farbe und die Tischnummer finden sich auf Klammern wieder, die an den eigenen Teller geklemmt werden. So ausgestattet, kann sich der Restaurantbesucher an das Buffet begeben. Dort befüllt er seinen Teller mit einzelnen Zutaten, kombiniert diese mit einer Sauce seiner Wahl und trägt ihn zur Zubereitungsstation, einer Theke, hinter der die Zutaten von einem Koch auf einer Edelstahlplatte gegart werden. Sofern der Gast nicht warten und zusehen möchte, bringt ein Kellner oder eine Kellnerin die fertig gegarte Speise zurück zum Tisch, der anhand der Klammer am Teller erkannt werden kann.

Da der Kunde selbstständig seine Speisen vorbereitet, muss er sich im Restaurant zurechtfinden, wozu die Piktogramme benötigt werden.

Zeitrahmen: 16 h
Schwierigkeit: **

Zielgruppe

In einem Restaurant dieser Art ist jeder Gast jeglicher Altersklasse willkommen. Der Preis für das Buffet liegt bei 15,80 Euro. Je nach Tageszeit besuchen Geschäftsleute, junge Paare, Familien und Gruppen aller Altersklassen das Restaurant.

Aufgabe

Zu entwickeln sind zehn verschiedene Piktogramme, die die einzelnen Restaurantbereiche bezeichnen. Dafür wird keine Schrift, sondern nur jeweils ein eindeutiges Symbol benötigt.

Die einzelnen Restaurantbereiche sind folgende:

- Empfang/Eingang (hier wartet der Kunde direkt nach dem Betreten des Restaurants darauf, an einen Tisch geführt zu werden)
- Fischbuffet
- Fleischbuffet
- Vegetarisches Buffet
- Beilagen (Nudeln, Reis)
- Sushi & Maki
- Suppe
- Nachspeisen
- Soßen
- Zubereitung (Theke, an der Köche die Speisen garen)

Der gleiche Piktogrammstil soll ebenfalls in der Tischnummerierung und bei den Tellerklammern Verwendung finden.

Wichtig für die Piktogramme ist, dass diese sowohl als hängende Schilder (Restauranteingangsbereich und Buffet) als auch als kleine Symbole in Speisekarten und für Webseiten geeignet sind. Zudem müssen die Piktogramme international verständlich sein und auch von Kindern „gelesen" werden können.

Ein Vorschlag für die Größen der Piktogramme in den verschiedenen Medien ist ebenfalls Bestandteil des Auftrags.

Alle Piktogramme sind in einem kurzen Styleguide zusammenzufassen.

Technische Vorgaben

- Hängende Schilder: 400 x 400 mm
- Speisekarten-Symbole: maximale Höhe 14 mm
- Webseitensymbole: maximale Höhe 40 px
- Größe der bedruckbaren Fläche Tischklammern: 34 x 34 mm
- Größe der bedruckbaren Fläche Tischnummern: 58 x 110 mm

Besonderheiten bei dieser Aufgabe

Der besondere Reiz in dieser Aufgabe liegt darin, Symbole zu entwerfen, die von Personen mit unterschiedlichem kulturellen Hintergrund und Bildungsstand eindeutig verstanden werden. Zudem wird eine Symbolreihe entstehen, die sich auf ganz unterschiedliche Themenbereiche bezieht und skalierbar ist, in kleinen und auch in sehr großen Formaten die gleiche Wirkung erzielt und erkennbar bleibt.

1.23 Logo und Geschäftspapiere „Lochfras" und „Formbau"

Notwendige Kenntnisse

Zum Lösen dieser Aufgabe ist es notwendig, in einem vektorbasierten Grafikprogramm Symbole zu erstellen. Deshalb sind Programmkenntnisse sowie Kenntnisse des Einsatzes von Farben und Grafikstilen erforderlich. Zudem erweist sich der Einsatz der „Checkliste Logobewertung/-kontrolle" auf Seite 186 als nützlich.

Briefing

Frank Salzheim, Inhaber zweier unabhängig voneinander agierender Unternehmen, welche ihre Produkte ausschließlich im Direktvertrieb online anbieten, beauftragt die Entwicklung von Logos und Geschäftspapieren für beide Unternehmen.

Bei der ersten Firma „Lochfras" handelt es sich um eine Firma aus dem Bereich Maschinenbau, die CNC-Fräsen und Vakuumtische herstellt. „Lochfras" bietet diese Maschinen zu besonders günstigen Konditionen an, sodass sie auch für Privatleute interessant sind.

Die zweite Firma „Formbau" vertreibt Modellbausätze von Segelflugzeugen, die mit einer CNC-Maschine der Firma „Lochfras" hergestellt werden. Diese Modellbausätze sind voll funktionsfähig, d. h., sie sind flugfähig und verfügen über Spannweiten von bis zu drei Metern.

Die zu entwickelnden Logos müssen zwei Anforderungen erfüllen: Einerseits müssen die Logos die Unabhängigkeit der Firmen demonstrieren, anderseits soll für den Außenstehenden die Verbundenheit der Firmen erkennbar sein. Zudem müssen sich die Logos für den Einsatz im Rahmen eines Webshops sowie für Geschäftspapiere (Briefbogen und Visitenkarten) eignen.

Des Weiteren fordert der Inhaber der Firmen, dass sowohl das Logo als auch die Gestaltung der Geschäftspapiere das Image der Firmen widerspiegeln: Beide Firmen gelten als modern, kreativ sowie innovativ und die Technik, welche angeboten wird, befindet sich immer auf dem neuesten Stand.

Die Zielgruppe der Webshops besteht überwiegend aus männlichen Bastlern und Heimwerkern.

Abgabe

Print

> Präsentationskarton in DIN A4, Logodarstellung farbig und schwarz-weiß je mit einer Höhe von 9 mm und 40 mm
> Ein Ausdruck der Geschäftspapiere in Originalgröße
> Styleguide mit mindestens 10 Seiten

Digital

> Jedes Logo farbig und schwarz-weiß als PDF (vektorisiert), TIFF (LZW-komprimiert, 300 dpi, CMYK), JPG (72 dpi, RGB)

Vorgegebene Hilfsmittel

> 1.23_text_Lochfras_Formbau.txt

Zeitrahmen: 16 h
Schwierigkeit: **

Aufgabe

Für jedes der Unternehmen – „Lochfras“ (CNC-Fräsen, Frank Salzheim) und „Formbau“ (Modellbautechnik, Frank Salzheim) – sind ein Logo sowie Geschäftspapiere (Briefbogen, Zweitbogen und Visitenkarten) zu entwickeln. Diese sind in einem Styleguide zu erklären. Um die Ideenfindung zu erleichtern, sollen für diese Aufgabe zwei Kreativtechniken angewandt werden. Die erste Technik ist die Moodboard-Technik. Hierbei werden in einer Art Collage Fotos, Bilder, Materialien und Farbharmonien eventuell auch Texte auf einen großen Karton aufgebracht, um die „Atmosphäre“ des Betriebs und des Themas einzufangen und sich hiermit vertraut zu machen. Im nächsten Schritt wird eine Morphologische Matrix angefertigt. Diese hilft die zuvor gesammelten Eindrücke, in konkrete Ideen zu verwandeln. Anhand einer Tabelle können hierbei Ideen für Schrifttypen und grafische Zeichen als Scribble gesammelt werden.

Beide Logos sollen sich für den Einsatz auf der Webseite sowie in Geschäftspapieren eignen.

Das Design soll präsentationsreif auf einen Präsentationskarton gezogen und entsprechend vorbereitet werden.

Technische Vorgaben

Logoentwurf in einem Vektorprogramm
Logohöhe: 40 mm
Brief- und Faxbogen: DIN A4
Visitenkarte: 55 x 85 mm
Styleguide: mindestens 10 Seiten

Besonderheiten bei dieser Aufgabe

Der Fokus bei dieser Aufgabe liegt darauf, zwei unterschiedliche Logos zu entwerfen, die eine klare Zusammengehörigkeit demonstrieren und sowohl in digitalen als auch in Printmedien gleichermaßen optisch und technisch nach festen Stylevorgaben eingesetzt werden können. Informationen zu CNC-Fräsmaschinen und Segelflugmodellbausätzen stehen im Briefing nicht zur Verfügung und müssen selbstständig recherchiert werden, damit die Gestaltung sich immer an dem neusten Stand der Technik orientieren kann.

Logohöhe 40 mm

Briefbogen
DIN A4

Visitenkarte
55 x 85 mm

TIPP

Ein Präsentationskarton sollte immer in einem neutralen Grauton gehalten sein, damit die dargestellten Logofarben nicht durch den Quantitätskontrast beeinflusst bzw. verfälscht werden.

Anzeigenserie Tierbund

Notwendige Kenntnisse

Perspektive als gestalterisches Element ist der Schlüssel zur Lösung dieser Aufgabe. Deshalb sind Kenntnisse über den Einfluss perspektivischer Betrachtung auf die Wahrnehmung von Medien notwendig. Zudem sind Kenntnisse in der Anwendung eines Vektorprogramms sowie erste illustrative Fähigkeiten erforderlich.

Briefing

Der Tierschutzbund „Tibu“ möchte mit einer Anzeigenserie auf vom Menschen verursachte Gefahren für Tiere aufmerksam machen. Die Anzeigenserie soll aus drei aufeinanderfolgenden Anzeigen bestehen, welche im Abstand von zwei Doppelseiten abgedruckt werden. Platziert wird die Serie in einem Hochglanz-Modemagazin.

Ziel der Anzeigenserie ist es, die Hilflosigkeit von Tieren in verschiedenen Situationen aufzuzeigen, den Blickwinkel des Betrachters und seine Einstellung zu beeinflussen sowie eine Verhaltensänderung zu bewirken.

Als Stilmittel für diese Anzeigen werden drei verschiedene perspektivische Sichten auf ein Tier eingesetzt. Dies ermöglicht es, unterschiedliche Eindrücke beim Betrachter auszulösen und die „Gefühle“ des Tiers zu vermitteln.

Zielgruppe

Da es sich bei dem Magazin um ein Modemagazin handelt, werden größtenteils Frauen angesprochen. Die Leserschaft bewegt sich in einem Alter zwischen 18 und 35 Jahren.

Abgabe

Print

> Ausdruck der Anzeigen in Originalgröße

Digital

> PDF-Datei als Druckdatei für den Offsetdruck unter Berücksichtigung aller wichtigen Merkmale
> PDF-Standard: PDF/X-4:2008

Vorgegebene Hilfsmittel

> 1.24_text_tibu.txt

Zeitrahmen: 8 h
Schwierigkeit: **

Aufgabe

Ein aus drei Perspektiven (Augenhöhe, Vogelperspektive und Froschperspektive) betrachteter Frosch ist als Illustration zu erstellen. Jede dieser erstellten Grafiken ist als ein Anzeigenmotiv der Reihe geplant. Es sind die Texte aus „1.24_text_tibu.txt“ zu verwenden.

Bei der Erstellung der Illustrationen ist insbesondere darauf zu achten, dass durch die unterschiedlichen Perspektiven die Aussage unterstützt wird. Impliziert eine Perspektive eine Bedrohung des Froschs, so muss die Illustration dies aufgreifen. Gleiches gilt, wenn die Perspektive vermuten lässt, dass sich der Frosch eher sicher fühlt. Im Ganzen betrachtet, soll die Reihe eine Steigerung der Bedrohung des Froschs ausdrücken.

Alle drei Grafiken sind modern zu gestalten. Dabei ist darauf zu achten, dass die Darstellung nicht komisch oder humorvoll wirkt, sondern der Aussage entsprechend gezeichnet ist und auch ohne Worte funktioniert.

Technische Vorgaben

Anzeigenformat: 140 mm x 200 mm (Hochformat)
Satzspiegel: 124 mm x 184 mm
ICC-Profil: PSO coated v3

Ziel der Aufgabe

Ziel der Aufgabe ist es, zu erkennen, wie stark die Perspektive einer Darstellung die Werbeaussage hervorheben kann.

140 x 200 mm

1.25

Einsatz von Künstlicher Intelligenz (KI/AI) in der Mediengestaltung

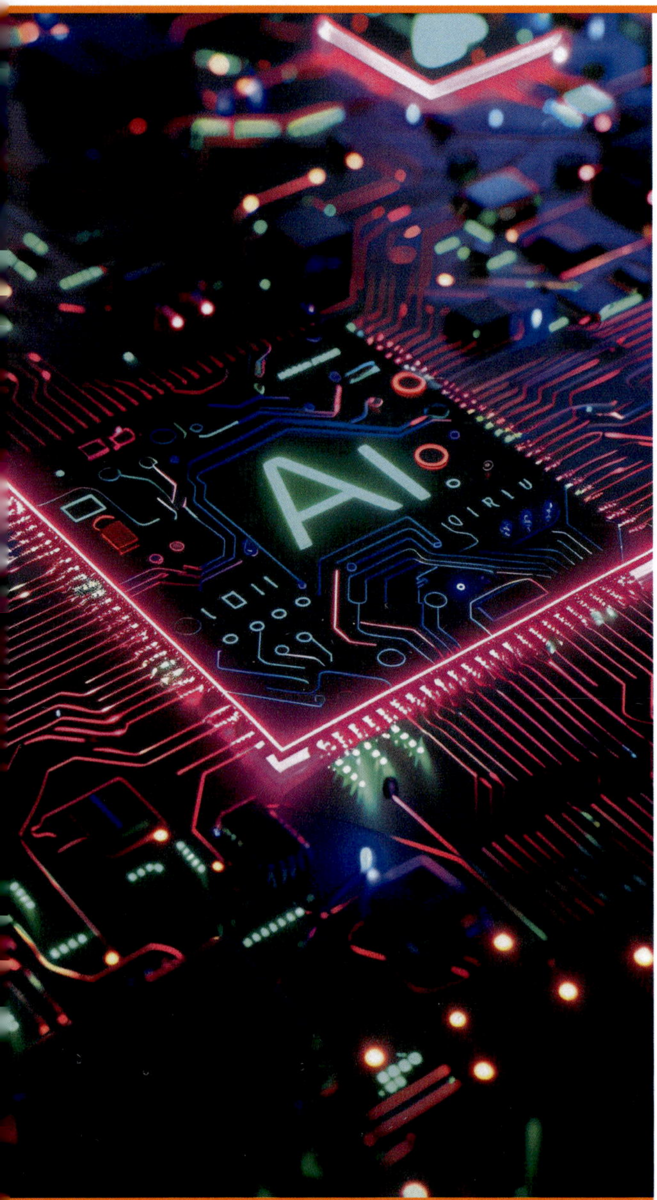

Abgabe

Print

> Erwartet wird eine übersichtlich ausgearbeitete Abhandlung des Themas die selbstverständlich nicht mit Hilfe einer KI erstellt sein darf, sondern in eigenen Worten ausformuliert wird. Die Recherche muss auf unterschiedlichen zuverlässigen Quellen (unter Angabe des Datums) beruhen die auch in der Abhandlung benannt werden. Zur verständlicheren Darstellung sind Grafiken hilfreich.

KI (Künstliche Intelligenz) ist bereits ein recht altes Themenfeld in verschiedenen Berufszweigen und wird durch neue einfach zu bedienende Tools nun einer größeren Nutzergruppe zur Verfügung stehen und ist in den letzten Jahren immer beliebter geworden. Mittlerweile gibt es die Möglichkeit KI sowohl im privaten als auch im dienstlichen Umfeld kostengünstig und ohne große Vorkenntnisse einzusetzen. Verschiedene Tools erleichtern Routineaufgaben, bergen aber auch verschiedene Stolpersteine und sogar Risiken die zu unsicheren oder beliebig ersetzbaren, verallgemeinerten bis hin zu rechtlichen und moralischen bedenklichen Ergebnissen führen können. Auch im Marketingbereich sowie in der Mediengestaltung gewinnt KI einen immer größeren Stellenwert. Es bedarf guter Fachkenntnisse und einer kritischen Betrachtung der Ergebnisse, um einem KI-Tool Ergebnisse zu entlocken, die der Qualität eines Mediengestalters ebenbürtig sind und deren Qualitätsansprüchen genügen. In dieser Aufgabe geht es darum, verschiedene KI-Tools zu identifizieren, sie zu testen und sich kritisch mit der Handhabung und den Ergebnissen zu befassen.

Notwendige Kenntnisse

Es sind keine besonderen technischen Kenntnisse notwendig, allerdings ist Fachwissen im Bereich der Beurteilung von gestalteten Medien und Marketingmaßnahmen hilfreich.

Briefing

Zwei sehr konträre Usergruppen nutzen die KI-Tools: Die einen sind maßlos begeistert über die neuen und zeitsparenden Möglichkeiten, die zweite sieht zusätzlich eine Gefahr in den Werkzeugen. Unumstritten ist, dass zukünftig künstliche Intelligenz einige der Tätigkeiten, die zuvor nur durch den Menschen erledigt und bewertet werden konnten, in die Hand der Tools übergehen werden. Doch wie bei jedem Werkzeug gilt auch hier: Es ist nur so intelligent wie der User, der es bedient und seine Anfragen formuliert. Es soll sich kritisch mit den verschiedenen Möglichkeiten, KI im Berufsalltag einzusetzen, auseinandergesetzt, verschiedene Tools getestet und deren Bedienerfreundlichkeit, notwendigen Vorkenntnisse, Ergebnisse und Sicherheits- sowie Nachhaltigkeitsaspekte bewertet werden. Eine kritische Betrachtung

Zeitrahmen: 8 h
Schwierigkeit: **

des Themas, bei der alle Vor- und Nachteile identifiziert und einander gegenübergestellt werden ist hier gefragt.

Aufgabe

Die für den Bereich der Mediengestaltung interessanten Tools unterscheidet man in Text-to-Text (Erzeugung von Texten, Hilfsmittel für die Recherche von Informationen), Text-to-Speech (Erzeugung von gesprochenen Texten oder Übersetzungen), Text-to-Video (Erzeugung von Videodaten) und Text-to-Image (Erzeugung von Grafiken und Bildern auch genannt: AI oder artificial intelligence). Insgesamt gibt es eine Vielzahl an weiteren Varianten. Teilweise werden sie schon seit Jahrzehnten eingesetzt und erforscht.

Es sollen die typischen Tools herausgesucht werden, die üblicherweise in der Mediengestaltung Anwendung finden könnten. Sie müssen ausgiebig getestet und unter Zuhilfenahme der folgenden Fragen kritisch überprüft werden:

- Welche Entwicklungen hat es im Bereich der KI in den letzten Jahren gegeben?
- Worin unterscheiden sich verschiedene Tools?
- In welchen Bereichen kann KI die Arbeit sinnvoll erleichtern? (Beispiele: Automatisierung, generative Gestaltung, Contenterstellung, Bildbearbeitung, Analyse von (Nutzer)Daten und vielem mehr)
- Für welche Bereiche ist sie keinesfalls oder nur bedingt einsetzbar?
- Welche Nutzen und Risiken können durch den Einsatz entstehen?
- Wo liegen die Schwachstellen in den Tools?
- Welche Entwicklung in der Mediengestaltung ist zukünftig zu erwarten?
- Wie kann mich und meine Arbeit die Nutzung von KI persönlich betreffen? Wie kann ich meine Arbeit schützen oder rechtssicher Fremddaten verwenden?
- Persönliches Fazit: Was halte ich von dem Einsatz der Tools?

Eine Ergänzung des Fragenkatalogs ist erwünscht.

Es soll eine Übersicht über alle Erkenntnisse, die aus der Überprüfung gewonnen werden konnten, erstellt werden. Diese Übersicht soll gut strukturiert sein und alle Aspekte des Themas beleuchten.

Herausforderung bei dieser Aufgabe

Eine kritische Auseinandersetzung mit einem neuen Werkzeug birgt die Herausforderung sich einerseits neu in die Materie einzuarbeiten und gleichzeitig die Vorteile und Schwachstellen zu identifizieren und diese neutral zu bewerten.

Hinweise

Die KI Tools werden immer einem aktuellen Trend unterliegen, weshalb es sinnvoll ist, fortwährend die aktuellsten Informationen zu recherchieren und dabei auf das Erstellungsdatum eines Artikels oder von Videos zu achten. Auch lernen die Tools selbstständig durch die User neue Informationen zu verarbeiten, sodass ein Tool, das vor ein paar Wochen noch nicht gut funktionierte sich im Laufe der Zeit verbessert haben kann. Auch die Nutzungsart und Preispolitik kann sich gewandelt haben. Deshalb ist es notwendig, sich hier immer selbst up to date zu halten.

1.26 Messepräsentation Testkaufagentur „Clientcheck“

Abgabe

Digital

> Eine Datei, die auf jedem Laptop gestartet werden kann und selbstablaufend (in einer Schleife) ist

Vorgegebene Hilfsmittel

> 1.26_text_clientcheck.txt
> 1.26_foto1_clientcheck.tif
> 1.26_foto2_clientcheck.jpg
> 1.26_foto3_clientcheck.jpg
> 1.26_foto4_clientcheck.jpg
> 1.26_foto5_clientcheck.jpg

Notwendige Kenntnisse

Neben Kenntnissen über Bildschirmauflösungen wird der sichere Umgang mit einem Präsentationsprogramm vorausgesetzt.

Briefing

Bei der Testkaufagentur „Clientcheck“ handelt es sich um einen Dienstleister, der kaufmännischen Unternehmen eine Überprüfung ihres Services anbietet. Diese Überprüfung geschieht mittels Testkäufern, die in die Ladenlokale des Auftraggebers geschickt werden und vor Ort die Qualität des Services sowie das Verhalten der Mitarbeitenden beobachten und dokumentieren. Darüber hinaus halten die Testkäufer auch das Warenangebot fest.

Die Testkäufe werden inkognito durchgeführt, die Mitarbeitenden des Auftraggebers sind also nicht über die Testkäufe informiert, sodass die Ergebnisse authentisch sind. In der Agentur werden diese Ergebnisse ausgewertet und daraus Strategien zur Verbesserung des Services abgeleitet.

Die „Clientcheck“ möchte sich und dieses Angebot auf einer Einzelhandelsmesse präsentieren. Als Zielsetzung des Messeauftritts nennt die „Clientcheck“ die Ausweitung ihres Kundenstamms auf Unternehmen der Lebensmittelbranche sowie das Erreichen eines höheren Bekanntheitsgrads. Zu diesem Zweck wird eine Bildschirmpräsentation benötigt, die auf einem LCD-Bildschirm, der in einer Höhe von drei Metern befestigt ist, gezeigt wird.

Die Messe spricht ein spezielles Fachpublikum aus der Lebensmittelbranche an, was sich aus Zulieferern, Einkäufern und Dienstleistern der Branche zusammensetzt.

Zeitrahmen: 12 h
Schwierigkeit: ***

Aufgabe

Mit einem Präsentationsprogramm ist eine Präsentation zu erstellen, die automatisch in einer Schleife abläuft.

Für die Präsentation sind alle Texte aus „1.25_text_clientcheck.txt“ einzusetzen. Die Abfolge muss dabei in sich schlüssig und sowohl interessant als auch informativ sein. Die Gestaltung ist ansprechend und zielgruppengerecht zu erstellen. Die wichtigsten Inhalte sollten im Rahmen der Präsentation hervorgehoben werden. Zudem ist zu beachten, dass die Präsentation über einen erhöht angebrachten Bildschirm abgespielt wird und die Zielgruppe die Präsentation aus der Froschperspektive betrachtet.

Technische Vorgaben

- Bildschirm: 55´´, 1920 x 1080 px (HD)
- Bildformat: 16:9
- Farbtiefe: 10 bit
- RGB-Farbmodus
- Anschluss und Vorführung über einen Laptop

Herausforderung/Ziel der Aufgabe

In dieser Aufgabe ist eine spannende Präsentation zu gestalten, die an die räumlichen Gegebenheiten angepasst ist. Hierbei ist die Herausforderung anhand der Vorgaben aus dem Briefing ein Drehbuch für den Ablauf zu entwickeln, das alle technischen Voraussetzung erfüllt, wie z. B. die Wahl eines passenden Farbprofils, Festlegung angemessener Schriftgrößen und zeitlich gut getaktete Animationen/Automatisierungen.

1920 x 1080 dpi

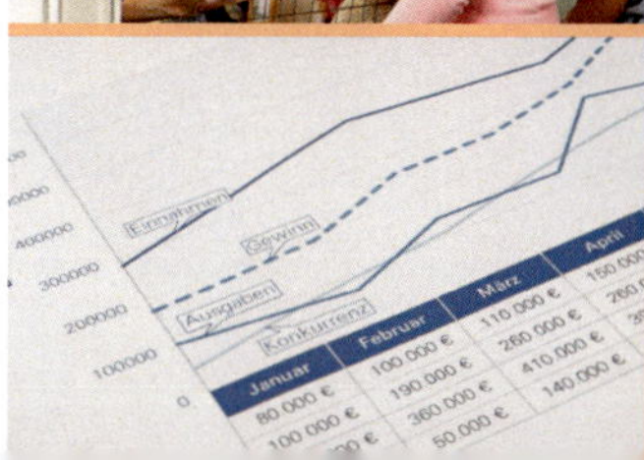

1.27 Entwurf eines mobilen Messestandes für Testkaufagentur „Clientcheck“

Abgabe

Print

> Ein Kurzkonzept inklusive kurzem Styleguide, 3D-Darstellung und druckfertigen PDF-Dateien für einen potenziellen Hersteller.

Notwendige Kenntnisse

Für diese Aufgabe soll ein Messestand, bestehend aus verschiedenen Elementen, entwickelt werden. Hierfür werden Produktionsdateien im 2D-Format benötigt, die auf dreidimensionale Objekte montiert werden. Ein gutes räumliches Vorstellungsvermögen ist essenziell, um diese Aufgabe erfolgreich zu bewältigen. Es ist von Vorteil, Handskizzen anzufertigen und die verschiedenen Elemente als MockUp für eine Kundenpräsentation zu gestalten. Beispielelemente bei einem Hersteller (freie Wahl eines realen Produzenten) sind zu recherchieren und dienen in der Aufgabe als Grundlage.

Briefing

Die Testkaufagentur „Clientcheck“ (bereits bekannt aus Aufgabe 1.25) präsentiert sich auf verschiedenen Einzelhandelsmessen mit einem neuen, modernen Messestand. Bisher bestand der Stand nur aus einem Tisch mit einigen Informationsmaterialien. Zukünftig möchte die Agentur jedoch mit einem kleinen, mobilen Stand auftreten.

Die verfügbare Standfläche beträgt etwa 6 x 6 Meter und soll folgende Elemente enthalten:

- Eine Rückwand
- Eine kleine Theke
- Einen Ständer für Infomaterialien
- Eine kleine Sitzecke für 2 – 4 Personen

Der gesamte Stand soll mobil und leicht zu transportieren sein und durch modulare Elemente eine flexible Gestaltung ermöglichen. Das Ziel dieser Messebesuche ist es, die Marke zu präsentieren, die Bekanntheit zu steigern und potenzielle neue Kunden zu beraten.

Zeitrahmen: 24 h
Schwierigkeit: ***

Aufgabe

Für den mobilen Messestand ist ein Konzept sowie ein Design für die verschiedenen Elemente zu entwickeln. Die Planung der Aufbauten ist relativ frei und es gibt Möglichkeiten für kreative Vorschläge.

Folgende Elemente sind fest einzuplanen und gestalten:

- Einrichtung der Standfläche
  - Rückwand
  - Präsentationsbildschirm
  - Theke
  - Sitzgelegenheit
- Recherche passender Anbieter für die Produktion des mobilen Messestandes
- Design aller gestaltbaren Flächen; da bisher kein Corporate Design für „Clientcheck" bekannt ist, sollte der Messestand aber dennoch eine klare Linie im Design verfolgen und auch das Design aus Aufgabe 1.25 berücksichtigen
- Erstellung druckbarere Dateien
- 3D-Darstellung des Standes beispielsweise als MockUp, ein kurzer Styleguide
- Kostenaufstellung/Budgetplanung/Preisvergleich

Weitere Elemente (optional):

- Einrichtung der Standfläche
  - Ständer für Infomaterial (Regale, Vitrinen…)
  - Dekoration und Pflanzen
  - multifunktionale Möbel
  - RollUps oder ähnliche Elemente
- Planung von Technik und Beleuchtung
- Ggf. Ergänzung interaktiver Ideen und Aktivitäten, um den Messestand attraktiv für einen Besuch zu gestalten und aktiv auf potenzielle Interessenten einzugehen.

freies Format

1.28 Erstellung von PDF-Daten für Prüfungsaufgaben (Zwischenprüfung und Abschlussprüfung)

Abgabe

Digital

- > Druck-PDF/X-4
- > Separationen
- > Übersicht der Voreinstellungen

Vorgegebene Hilfsmittel

- > 1.28_text_pdf-daten.txt
- > 1.28_vorlage_copycenter.pdf oder 1.26_vorlage_copycenter.idml

Notwendige Kenntnisse

Um Druckdateien zu erstellen, sind unterschiedliche technische Kenntnisse notwendig. Häufig sind die Vorgaben abhängig von den Druckereien und können dort erfragt werden. Für Mediengestalter-Prüfungen hingegen wird ein PDF-Standard bevorzugt, der eine ISO-Norm (aktuelle Norm zum Zeitpunkt der Drucklegung dieses Buchs: ISO 12647-2:2013, Prozess Standard Offsetdruck [PSO], unter Berücksichtigung des Farbprofils PSO coated v3.icc [für gestrichene Papiere]) berücksichtigt.

Recherchen zum aktuellsten Druckstandard für den Offsetdruck sind zur Lösung dieser Aufgabe notwendig. Programmkenntnisse in Satzprogrammen und Wissen über Farbprofile und deren Besonderheiten sind hilfreich. Adobe Acrobat Professional oder ein entsprechendes Programm ist notwendig zur Überprüfung der endgültigen Produktionsdateien (Preflight).

Aufgabe 1: Farbprofile verwenden

Nachdem in „Erste Schritte im Colormanagement am Arbeitsplatz“ auf Seite 44 bereits ein erster Schritt im Colormanagement mit der Kalibrierung eines Bildschirms gegangen wurde, muss nun das Management der Farben in einer Software und für die Ausgabegeräte in Angriff genommen werden. Bei der Neuinstallation einer Satzsoftware werden Farbprofile vorinstalliert. Diese sind aber nicht notwendigerweise die, die auch optimal für eine Druckvorstufe hierzulande sind. Die Organisation ECI beschäftigt sich mit der Vereinheitlichung des Farbmanagements in Europa und gibt Farbprofile heraus, die so optimiert wurden, dass sie für viele Druckereien zertifiziert sind. Für diese Aufgabe müssen bei ECI.org die aktuellen Farbprofile für den Offsetdruck auf gestrichenem (coated) Papier (PSO Coated V3) heruntergeladen und installiert werden.

Aufgabe 2: Druckbares PDF erstellen

Das vierseitige Faltblatt „Mediendienste Copycenter Meisterstadt“ muss für den Offsetdruck aufbereitet werden. Dabei soll ein Faltblatt mit den Maßen 210 x 148 mm (Querformat, geschlossen) entstehen. Das geöffnete Format beträgt 420 x 148 mm.

Zeitrahmen: 1 h
Schwierigkeit: **

Grundlage hierfür ist die Datei „1.26_vorlage_copycenter.pdf“, aus welcher ein druckfähiges PDF mit 3 mm Anschnitt erstellt werden soll.

Gedruckt wird im Offsetverfahren auf gestrichenem Kunstdruckpapier. Das PDF muss fehlerfrei druckbar sein, was bedeutet, dass schon in der Ausgangsdatei eventuelle Fehlerquellen behoben werden müssen.

Abschließend wird ein Preflight sowohl im Satzprogramm als auch in Adobe Acrobat Professional durchgeführt. Hierzu müssen die notwendigen Voreinstellungen in den entsprechenden Programmen recherchiert und vorgenommen werden.

Die Ausgabe der Druckdatei erfolgt als PDF/X-4:2008 und zusätzlich wird eine PDF-Datei mit separierten Farbauszügen zur Kontrolle erstellt.

Aus den folgenden Punkten wird zusätzlich eine Liste erstellt, in der die entsprechenden Voreinstellungen vermerkt werden:

- Farbprofil (ICC-Profil) bzw. Farbraum in den Ausgangsdaten und der Ausgabedatei
- Seitenformat, Anschnitt-/Beschnitteinstellungen
- Lizenzinformationen zur verwendeten Schrift (Grundsätzliche Informationen bzgl. der vorhandenen Schriften und Einbettungsmöglichkeiten)
- Druckauflösung und Einstellungen bezüglich Auflösung in den Ausgangsdaten
- Farbinformationen: Verwendung von Sonderfarben, Kontrolle des Farbauftrags
- Kontrolle der Überdruckeneinstellungen
- Überprüfung von Druckbarkeit bei Transparenzen
- Kontrolle der Strichstärken

Information zur Aufgabe

In Abhängigkeit von der Druckart, dem Bedruckstoff und den Farbprofil sowie den Druckmaschinen haben viele Druckereien einen eigenen Standard bzw. eigene Vorgaben für die PDF-Erstellung. Die Empfehlung in dieser Aufgabe gilt als Standard für die Lösung von Übungs- und Prüfungsaufgaben.

In realen Projekten empfiehlt es sich, bei der entsprechenden Druckerei die Vorgaben für das Druck-PDF zu erfragen, um möglichst farbverbindlich arbeiten zu können.

210 x 148 mm

TIPP

In einem Programm wie Adobe InDesign lassen sich eigene „PDF-Standards“ definieren und speichern. Diese können selbst erstellt werden oder von einem Dienstleister stammen.
Für die vorliegende Aufgabe ließe sich optimalerweise ein „geändertes“ PDF/X-4 mit folgenden Einstellungen verwenden:

- ICC-Profil: PSO Coated V3.icc (nach ISO 12647-2:2013; FOGRA51) „In Zielprofil konvertieren (Werte beibehalten)“
- 3 mm Anschnitt
- keine Schnitt- oder Passermarken (es sei denn sie werden explizit gefordert)

1.29

Web-Icon-Entwürfe „Druckhaus“

Notwendige Kenntnisse

Kenntnisse der Gestaltungsgrundlagen für Icons sind ebenso erforderlich wie Programmkenntnisse in einem oder verschiedenen Vektorprogrammen.

Briefing

Das „Druckhaus Meisterstadt“ möchte künftig seinen Kunden Web2Print-Lösungen anbieten. Dieses Angebot ermöglicht es, im Internet, also online, Druckdaten zu erstellen. Diese werden nach dem eigenen Corporate Design gestaltet, online mit Daten gefüllt, für den Druck vorbereitet und bestellt.

Um diesen Dienst möglichst kundenfreundlich zu gestalten, sollen für die Benutzeroberfläche verschiedene Icons erstellt werden die die Orientierung im Shop erleichtern.

Hinsichtlich der Gestaltung sind folgende Anforderungen umzusetzen:

- Die Funktionen, welche sich hinter den Icons verbergen, müssen sofort und eindeutig ersichtlich sowie sprachen- und kulturkreisunabhängig verständlich sein.
- Die Icons müssen unverwechselbar sein und einen eigenen durchgehend erkennbaren Stil haben.
- Die Bildsprache der Icons muss zeitlos sein.

Abgabe

Digital

> Neun Icons in der entsprechenden Größe als PNG und SVG

Vorgegebene Hilfsmittel

> 1.29_text_icons.txt

Zeitrahmen: 16 h
Schwierigkeit: **

Aufgabe

Zu entwickeln sind neun Icons zu den folgenden Funktionen:

- Vorschau anzeigen
- Hilfe anzeigen
- Speichern
- Zum Druck senden
- Textfeld einfügen
- Grafik einfügen
- Visitenkartenvorlage wählen
- Briefbogenvorlage wählen
- Broschürenvorlage wählen

Diese Icons müssen eine Größe von 32 x 32 Pixel vorweisen, für digitale Darstellungen geeignet sein und aus klaren Formen bestehen. Die Leitfarbe der Webseite ist die Hausfarbe HKS 40, der entsprechende RGB-Wert muss hierzu ermittelt werden. Weitere Farben sollten auf ein Minimum reduziert sein. Ein durchgehender Grafikstil soll eine Zusammengehörigkeit der Icons demonstrieren.

Technische Vorgaben

Icon-Größe: 32 x 32 px

Dateiendformat: PNG und SVG

Herausforderung/Ziel der Aufgabe

Zusammengehörige Icons müssen immer eine einheitliche Wirkung erzielen, im gleichen Gestaltungsstil erstellt werden und sich an den Vorgaben des Briefings orientieren. Die einzelnen Grafiken sind auf das Wesentliche zu reduzieren, müssen aber dennoch plastisch und ansprechend wirken. Technisch müssen die Icon-Dateien optimiert und mit der geringstmöglichen Dateigröße ausgegeben werden, ohne verpixelt oder verschwommen zu erscheinen.

32 x 32 px

Logoentwurf „Museum Burg Lärchenhain“

Abgabe

Print

- Ein für eine Präsentation geeigneter DIN-A4-Ausdruck mit dem Logo in CMYK in einer Höhe von 8 mm und in 50 mm
- Ein für eine Präsentation geeigneter DIN-A4-Ausdruck mit dem Logo in Schwarz in einer Höhe von 8 mm und in 50 mm

Digital

- Logodateien in RGB, CMYK und Schwarz (Vektordatei)

Vorgegebene Hilfsmittel

- 1.30_foto_laerchenhain.jpg

Notwendige Kenntnisse

Kenntnisse im Umgang mit Vektorprogrammen werden vorausgesetzt. Zudem sind Kenntnisse des Aufbaus von typischen historischen und modernen Wappen (Heraldik) hilfreich.

Briefing

Das „Museum Burg Lärchenhain“ befindet sich inmitten des Bayerischen Walds direkt am Ufer eines Sees. Erbaut wurde die Burg um 1665 und 2024 wurde sie modernisiert. Mit der Modernisierung ging sie in städtische Hand über und wurde zu einem Museum für moderne Kunst umfunktioniert.

Ständig wechselnde Themenausstellungen junger Künstler werden in diesem historischen Ambiente gezeigt und der spannende Kontrast zwischen „Alt“ und „Neu“ lockt zahlreiche Besucher auf die Burg. Ein spezieller Bereich der Ausstellungsräumlichkeiten ist der in der Nähe gelegenen Kunsthochschule für ihre Studierenden vorbehalten.

Für dieses Burgmuseum wird nun ein Logo in Anlehnung an ein Wappen benötigt. Die Grundform eines Wappens ist in der Regel ein Schild, das außen herum gestützt oder gestaltet ist und in dessen Mitte sich Symbole oder farbige Bereiche befinden. Die Farbauswahl echter Wappen ist sehr begrenzt:

Buntfarben (Rot, Blau, Purpur, Grün und Schwarz)
Metallfarben (Gold [Gelb], Silber [Weiß])

Es können keine Halbtöne und Verläufe verwendet werden.

Zeitrahmen: 8 h
Schwierigkeit: **

Aufgabe

Für das Burgmuseum soll ein Logo in Anlehnung an ein Wappen entwickelt werden.

Da es sich nicht um ein geschichtliches oder personenbezogenes Wappen, sondern um ein Logo mit altertümlicher Anmutung handelt, können die einzelnen Bestandteile frei gewählt werden. Dabei ist jedoch die Symbolik der verwendeten Elemente zu berücksichtigen. Des Weiteren ist darauf zu achten, dass das Logo modern und zur Ausrichtung des Museums passend gestaltet ist, obwohl als gestalterische Basis die Heraldik dient. Die Regeln der Heraldik müssen aufgrund des Wunschs nach einer modernen Anmutung teilweise durchbrochen werden.

Der Entwurf soll zudem den Schriftzug „Museum Burg Lärchenhain“ beinhalten und eine Zielgruppe ansprechen, die Menschen jeden Alters und jeglichen Bildungsstands umfasst.

Technische Vorgaben

Logos müssen grundsätzlich skalierbar sein und sowohl für sehr große Formate als auch für Kleinformate, z. B. Visitenkarten, geeignet sein. Benötigt wird deshalb eine Vektordatei.

Herausforderung/Ziel der Aufgabe

In dieser Aufgabe orientieren sich die Gestaltungselemente des Logos an einer mittelalterlichen Grundform bzw. orientieren sich an einem altertümlichen Design, welches in Kleinformaten die gleiche Wirkung und Erkennbarkeit bieten soll wie in größeren Formaten. Diese Vorgaben machen den besonderen Reiz bei dieser Aufgabe aus.

8 mm und 50 mm Höhe

Wegeleitsystem „Museum Burg Lärchenhain“

Notwendige Kenntnisse

Unter einem Wegeleitsystem versteht man die Beschilderungen innerhalb von Gebäuden sowie an Straßen und Wegen, die der besseren Orientierung dienen. Die Besonderheiten und Voraussetzungen für Wegeleitsysteme, insbesondere Fußgängerleitsysteme, sind im Vorfeld zu recherchieren.

Handelt es sich bei dem Ort, für welchen das Leitsystem konzipiert wird, um öffentlichen Raum, so ist besonders auf die Barrierefreiheit der Wege und die barrierefreie Lesbarkeit zu achten. Kenntnisse über die Anforderungen hinsichtlich der Barrierefreiheit werden deshalb ebenfalls vorausgesetzt.

Briefing

Das aus Aufgabe 1.30 bekannte „Museum Burg Lärchenhain“ ist vor kurzer Zeit renoviert worden und muss mit einem neuen Wegeleitsystem ausgestattet werden.

Das neue Leitsystem soll Besucher sowohl durch die Innenräume der Burg als auch durch die Außenanlage leiten und spezielle Routen, wie z. B. den Mittelalterweg, ausweisen. Folglich ist eine Außen- und Innenbeschilderung zu entwickeln.

Erforderliche Beschilderung:

- Im Gebäude werden Wegweiser benötigt, die an zentralen Punkten, wie z. B. dem Eingang, platziert werden, auf denen alle Örtlichkeiten und Routen gelistet sind.
- Im Innen- und Außenbereich werden zusätzlich Routenwegweiser benötigt, die an jeder Weggabelung angebracht werden.
- Routen: Schülergruppen, barrierefreie Wege, Rundgang Mittelalterweg, Rundgang Außenanlagen, Rundgang moderne Kunst

Abgabe

Print

> Gedrucktes Kurzkonzept zu den Wegweisern

Digital

> Digitale Version der verschiedenen Wegweiser als PDF-Datei

> Digitale Ausarbeitung einer Übersichtskarte

Vorgegebene Hilfsmittel

> 1.31_text_beschilderung.txt oder

> 1.31_text_beschilderung.pdf

> 1.31_Grundriss_Burg_1steEtage.pdf

> 1.31_Grundriss_Burg_2teEtage.pdf

> 1.31_Grundriss_Burg_Erdgeschoss.pdf

> 1.31_Grundriss_Burg_Kellergeschoss.pdf

Zeitrahmen: 8 h
Schwierigkeit: **

Aufgabe

Zu entwickeln ist ein Wegeleitsystem, welches in seiner Gestaltung auf die Zielgruppe der „Burg Lärchenhain“ sowie auf das laut Aufgabe 1.30 „Logoentwurf „Museum Burg Lärchenhain““ auf Seite 64 erstellte Logo abgestimmt ist.

Das Wegeleitsystem muss in sich stimmig und ansprechend sein, als Teil des kompletten Systems funktionieren und so eine Wiedererkennung bzw. einheitliche Gestaltung aller Wegweiser sicherstellen. Größe und Form sind abhängig vom jeweiligen Standort und passend zu wählen. Der Datei „1.31_text_beschilderung.txt“ sind Standorte und die Beschriftungen der Wegweiser zu entnehmen. Lagepläne sind in den Dateien „1.31_Grundriss_Burg_1steEtage.pdf“, „1.31_Grundriss_Burg_2teEtage.pdf“, „1.31_Grundriss_Burg_Erdgeschoss.pdf“ und „1.31_Grundriss_Burg_Kellergeschoss.pdf“ zu finden.

Ergänzend soll für jeden Wegweisertyp (innen und außen) eine kurze Erklärung zu deren Wirkung, Größe und Schriftwahl in Form eines Kurzkonzepts erstellt werden.

Bei der Gestaltung eines Wegeleitsystems sind wie bei der Gestaltung von Piktogrammen bestimmte Regeln einzuhalten: Das Wegeleitsystem ist in seiner Gestaltung auf die Zielgruppen sowie deren (ggf. besondere) Bedürfnisse abzustimmen. Dabei ist die Lesbarkeit der eingesetzten Schriften von grundlegender Bedeutung, insbesondere wenn Zielgruppen über keinen einheitlichen Sprachhintergrund verfügen und davon auszugehen ist, dass Personen mit Handicap (z. B. Sehbehinderung) Teil der Zielgruppen sind. Zusätzlich soll das Leitsystem als digitale Karte ausgearbeitet werden, die beispielsweise in Apps oder auf Webseiten verwendet werden kann.

Herausforderung/Ziel der Aufgabe

Die verschiedenen Standorte haben ganz unterschiedliche Ansprüche an die Gestaltung der Wegweiser: Manche müssen im Vorbeifahren aus der Ferne wahrgenommen werden können, andere eher in Augenhöhe und aus kurzer Entfernung. Auf diese Gegebenheiten müssen die Schriftgröße und auch der Farbkontrast abgestimmt werden, was die besondere Herausforderung bei dieser Aufgabe darstellt.

freies Format

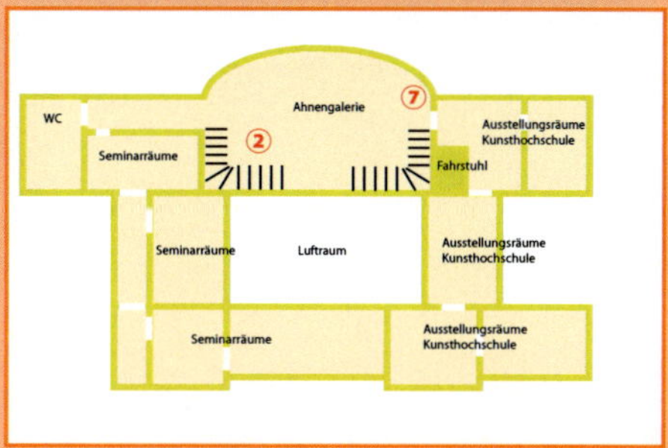

1.32 Erstellen einer Vorlage für Beschilderung Prüfinstitut „Chemische Wasser-Analytik“

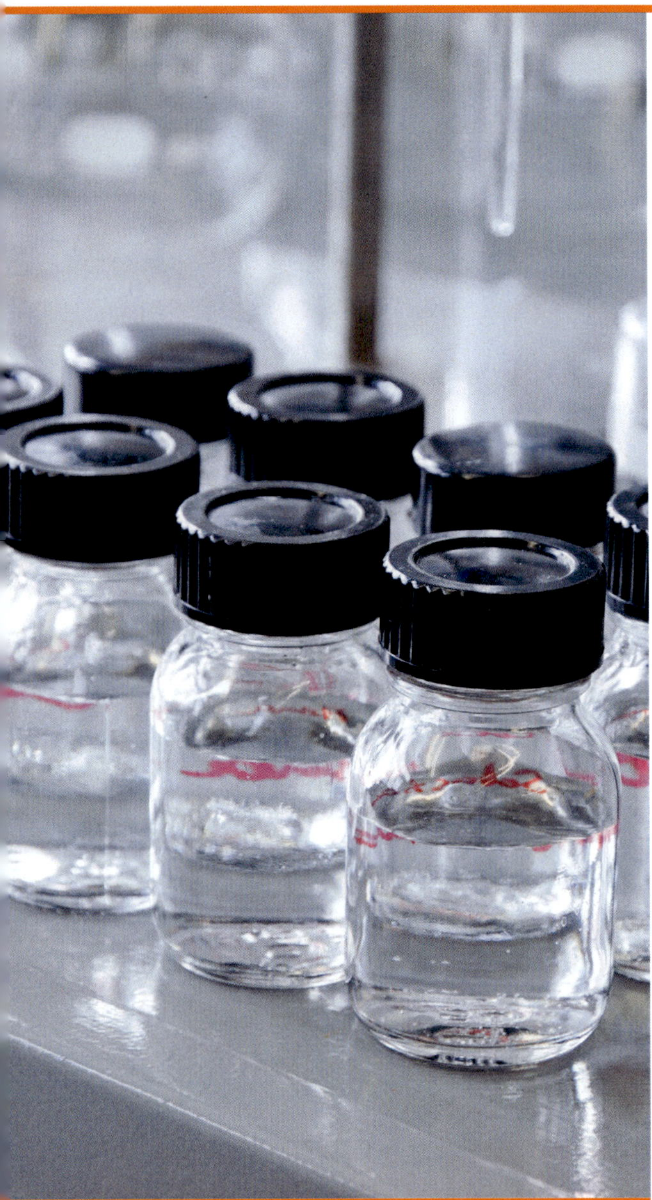

Notwendige Kenntnisse

Gute Kenntnisse in einem Vektorprogramm sind erforderlich. Zudem muss die Funktionsweise eines Schneideplotters bekannt sein. Für die Zusatzaufgabe sind erste Kenntnisse in einem 3D-Programm hilfreich.

Briefing

Nach dem Umzug in neue Räumlichkeiten benötigt das Prüfinstitut „Chemische Wasser-Analytik“ ein neues Firmenschild. Für das Schild wird vor dem Haupteingang eine weiße Kunststoffplatte aufgestellt, die mittels selbstklebender Weich-PVC-Folie beschriftet werden soll.

Aus der Folie wird die geplante Beschriftung des Firmenschilds mit einem Schneideplotter ausgeplottet, entgittert und mit einer Transferfolie auf die Platte übertragen. Die selbstklebende Folie ist wetterfest und somit optimal für Außenbereiche geeignet.

Aufgabe

Zu entwickeln ist die Beschriftung des Firmenschilds: Hierfür sind die Texte aus „1.32_text_pruef-institut.txt“ sowie das Symbol „1.32_logo_pruefinstitut.pdf“ zu verwenden. Hinsichtlich der Farbgestaltung sind ausschließlich die Farben Schwarz und RAL 6018 einzusetzen.

Da die Beschriftung mittels Weich-PVC-Folie auf das Firmenschild gebracht wird, ist die Beschriftung als Vektorvorlage in Originalgröße zu erstellen und die Vorlage so vorzubereiten, dass ein Schneideplotter sie problemlos verarbeiten kann. Hierzu zählt, dass die Vektorvorlage unter anderem nur geschlossene Pfade und keine Überschneidungen und keine Halbtöne enthalten darf.

Abgabe

Print

- Vektordatei, die für eine Ausgabe am Plotter geeignet ist
- Digitale Skizze des Schilds inkl. Schriftzug in DIN A4
- 3D-Druckdatei, die zur Ausgabe an einem 3D-Drucker geeignet ist

Vorgegebene Hilfsmittel

- 1.32_text_pruefinstitut.txt
- 1.32_logo_pruefinstitut.pdf
- 1.32_skizze_schild.pdf

Zeitrahmen: 2 h
Schwierigkeit: **

Technische Vorgaben

Größe zu beklebende Kunststoffplatte:
90 x 200 cm

Besonderheiten bei dieser Aufgabe

Um einen angemessenen funktionierenden Entwurf für diese Aufgabe zu entwickeln, müssen u. a. die äußeren Gegebenheiten (Umgebung, Wettereinflüsse, Beleuchtung) berücksichtigt werden. Diese Gegebenheiten sowie die eingeschränkten Möglichkeiten, die die Technik der Folienbeschriftung (Plotterfolien) für Außenbereiche mit sich bringt, müssen recherchiert und die sich daraus ergebenden Einschränkungen beachtet werden.

Briefing Zusatzaufgabe

Mit dem Umzug hat das Institut auch einen neuen Empfangsbereich erhalten mit einem Empfangstresen, auf dem ein Logo/Schriftzug als 3D-Aufsteller platziert werden kann. Dieser Aufsteller soll mit dem institutseigenen 3D-Drucker ausgedruckt werden. Für diesen Drucker soll deshalb ein Entwurf für eine solche Variante des Logos und eine entsprechende Druckdatei (z. B. STL) entwickelt werden. Hierbei ist zu beachten, dass der entwickelte Entwurf und das später ausgedruckte Exemplar eine ausreichende Standfestigkeit aufweist, ansprechend aussieht und einen angemessenen Raum auf dem Tresen einnimmt, ohne überladen zu wirken.

In Vektorprogrammen wie Adobe Illustrator gibt es die Möglichkeit im Palettenbereich „Dokumentinformationen – Objekte“ Informationen zu beispielsweise Pfadeigenschaften zu erhalten. Zudem können in der „Pfadansicht“ Pfadüberschneidungen identifiziert werden.
Ein weiteres hilfreiches Tool, um Pfadüberschneidungen zu verhindern, ist der „Pathfinder“. Genaue Informationen zu diesen Stichworten sind auf Hilfeseiten zu den entsprechenden Vektorprogrammen zu finden.

1.33 Illustration Geschenkkarte „Sanitätshaus Stich“

Notwendige Kenntnisse

Da für die zu entwickelnde Geschenkkarte rein illustrativ gearbeitet wird, sind gute Kenntnisse in Vektorprogrammen erforderlich.

Briefing

Geschenkkarten haben heute den klassischen Gutschein in Papierform weitgehend ersetzt und erfreuen sich immer größerer Beliebtheit. Deshalb gibt es sie heute in fast jedem Kaufhaus und auch das „Sanitätshaus Stich“ möchte seinen Kunden künftig solche Geschenkkarten anbieten, welche elektronisch ausgelesen werden können.

Das „Sanitätshaus Stich“ ist ein privat geführtes Unternehmen, das einen kleinen Laden in der Innenstadt von Meisterstadt sowie einen gut sortierten Onlineshop betreibt. Die Hauptthemen des Onlineshops sind:

- Alltagshilfen und Wohnen
- Mobilität und Bewegungstherapie
- Diabetes und Messgeräte
- Medizingeräte und Technik
- Gesund schlafen und sitzen
- Pflegemittel
- Sportschuhe
- Freizeit

Zielgruppen des „Sanitätshauses Stich“ sind nicht nur ältere und kranke Menschen, sondern auch jüngere und sportliche Personen, die z. B. Bandagen oder Trainingshilfen benötigen.

Die Karte soll sowohl die genannten Zielgruppen ansprechen als auch Personen, die die Geschenkkarte an die genannten Zielgruppen verschenken möchten, beispielsweise jüngere Menschen, die ein Geschenk für ihre Eltern oder Großeltern suchen, sowie junge Sportler.

Die Geschenkkarte kann im Laden und im Onlineshop oder in den ortsansässigen Kaufhäusern erworben werden; eingelöst werden können die Karten im Laden und im Onlineshop.

Abgabe

Print

> Ausdruck in Originalgröße

Digital

> PDF/X-4-Datei für den Offsetdruck. Zu berücksichtigen ist zudem eine Stanzung, um die Plastikkartenform nach den unter „Aufgabe“ genannten Vorgaben zu erhalten.

Vorgegebene Hilfsmittel

> 1.33_text_geschenkkarte.txt

Zeitrahmen: 8 h
Schwierigkeit: *

Aufgabe

Zu entwickeln sind Geschenkkarten im Scheckkartenformat, 85 x 54 mm, für drei unterschiedliche Guthabenwerte (20, 50 und 100 Euro). Dabei handelt es sich um eine Plastikkarte mit einer Sonderform, bei der die linke obere und die rechte untere Ecke abgerundet, die anderen beiden Ecken aber rechtwinklig verlaufen sollen.

Die Gestaltung der Geschenkkarte soll ohne Fotografien auskommen, also rein illustrativ erfolgen. Die einzusetzenden Texte sind in der Datei „1.33_text_geschenkkarte.txt“ enthalten. Neben den Texten muss auf die Karte ein Barcode bzw. ein Geschenkcode aufgedruckt werden. Zusätzlich benötigt die Guthabenkarte eine Sliderbox mit der sich die Karte ansprechend präsentieren lässt. Die Größe der Box ist frei zu wählen, soll sich aber gut in die bereits vorhandenen Präsentationsständer in Kaufhäusern einfügen.

Zusatzaufgabe

Als Zusatz kann ein Präsentationsständer für die Verkaufstheke im „Sanitätshaus Stich“ entworfen werden. Dieser soll Platz für einen Vorrat von 20 Gutscheinkarten unterschiedlicher Geldwerte in ihren Sliderboxen bieten, attraktiv wirken und zum Kauf anregen.

Recherchieren Sie zudem welche Möglichkeiten Produzenten für eine möglichst nachhaltige Produktion der Karten und Präsentationsmedien bieten.

Technische Vorgaben

Format Scheckkarte: 85 x 54 mm

Besonderheiten bei dieser Aufgabe

Es ist ein Kleinformat für eine sehr spezielle und begrenzte Zielgruppe zu gestalten. Dabei muss die Karte sowohl dem Schenker als auch dem Beschenkten gefallen, obwohl davon ausgegangen werden kann, dass beide Gruppen über einen sehr unterschiedlichen Geschmack verfügen.

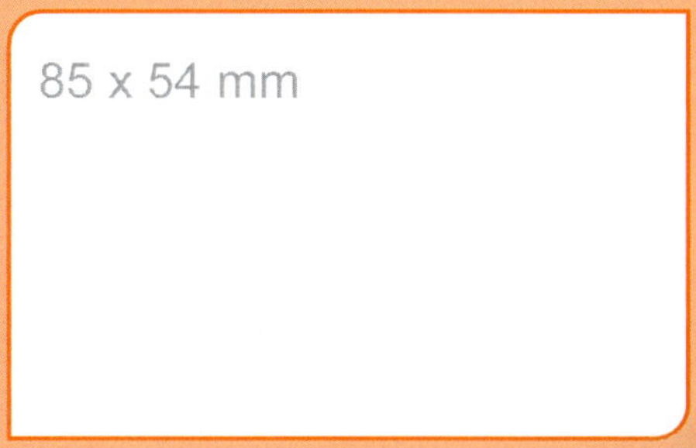

In einem vektorbasierten Programm kann die Stanzform mit einer Sonderfarbe in das Dokument eingezeichnet werden. So kann jederzeit bei der PDF-Ausgabe entschieden werden, ob die Stanzform mit ausgegeben wird oder man auf die Ausgabe der Sonderfarbe verzichtet.

Gestaltung Anfahrtsskizze „Kiebitzweide“

Abgabe

Print

> Ausdruck DIN Lang

Digital

> Datei nach PDF/X-4-Standard

Vorgegebene Hilfsmittel

> Als Hilfsmittel dient „1.34_openstreetmap_kleingaertnerverein.pdf“. Diese Karte stammt von http://www.openstreetmap.org/ 2011 (© OpenStreetMap und Mitwirkende, CC-BY-SA), deren Lizenzbestimmungen auf der Webseite zu finden sind.

Notwendige Kenntnisse

Um diese Aufgabe gut lösen zu können, ist ein sicherer Umgang mit einem Vektorprogramm erforderlich.

Briefing

Für das diesjährige Sommerfest der Kleingartenanlage „Kiebitzweide“ in Bremen wird eine Einladungskarte mit Anfahrtsskizze benötigt. Diese Karte soll im DIN Lang-Format gestaltet sein und allen interessierten Gartenfreunden in ausgewählten Geschäften und Vereinsmitgliedern auf dem Postweg zur Verfügung gestellt werden. Damit auch ortsfremde den Weg zur Kleingartenanlage finden können, soll eine auf die Anlage zugeschnitte Anfahrtsskizze entwickelt werden. Auf die Verwendung von schon vorhandenen Karten z. B. aus dem Internet soll verzichtet werden.

Für die Verwendung der meisten Stadtpläne, die im Internet zu finden sind, müssen Lizenzen erworben werden. Eine Verwendung ohne eine Lizenz würde eine Urheberrechtsverletzung darstellen, die strafrechtlich verfolgt werden kann. Zudem erweisen sich diese Stadtpläne oft als zu ausführlich für die in diese Aufgabe geforderte Anfahrtsskizze.

Die Skizze zum Sommerfest soll möglichst übersichtlich und leicht verständlich gestaltet sein und nur die notwendigen Details enthalten. Sie muss sich gleichermaßen für Fußgänger, Radfahrer als auch für Autofahrer eignen.

Zur Orientierung liegt eine Karte „1.32_openstreetmap_kleingaertnerverein.pdf“ vor.

Zeitrahmen: 16 h
Schwierigkeit: **

Aufgabe

In einem Vektorprogramm ist eine Anfahrtsskizze zu erstellen und ein auf die Skizze abgestimmtes, sinnvolles und harmonisches Farbsystem – inkl. Legende – zu entwickeln. Die Skizze ist übersichtlich im Format „DIN Lang" zu gestalten und muss sich für den Vierfarbdruck eignen. Bei der Arbeit im Vektorprogramm ist mit sinnvollen Ebeneneinteilungen und durchgehenden Vektoren zu arbeiten. Diese Karte wird dann für eine Einladungskarte verwendet, auf der folgende Informationen untergebracht werden sollen:

- „Wir laden ein! Feiern Sie mit uns das alljährliche Sommerfest in der Kiebitzweide"
- „6. Juni bis 7. Juni"
- „Ein abwechslungsreiches Programm bietet: Ehrungen, Kindershows, Spaß in der Hüpfburg und Musik im Biergarten mit DJ Sixty sowie einen Laternenumzug"
- „Aktuelle Programminformationen finden Sie auf unserer Webseite: www.kiebitzweide.org"

Zu erstellen ist eine Datei nach dem PDF/X-4-Standard.

Technische Vorgaben

Dateiformat: DIN Lang

Farbraum: CMYK

Herausforderung bei dieser Aufgabe

Um eine übersichtliche Anfahrtsskizze erstellen zu können, ist darauf zu achten, dass es keine sich überlagernden Vektoren gibt. Wichtig ist, dass es sich um durchgehende Pfade handelt, was bei Straßenkarten oftmals aufwendig und herausfordernd ist.

Zudem ist es erforderlich, mit einer leicht verständlichen Farbgebung zu arbeiten und eine sinnvolle Legende zu erstellen. Das Lesen von Karten ist für Menschen unterschiedlich schwer. Folglich sind die Bedürfnisse der Zielgruppe – bei dieser Aufgabe kann davon ausgegangen werden, dass es sich bei der Zielgruppe unter anderem auch um etwas ältere Personen handelt – unbedingt zu berücksichtigen.

DIN A6

In einem Vektorprogramm wie Adobe Illustrator lassen sich überlappende Pfade in Flächen umwandeln und anschließend mit dem „Pathfinder" verbinden.

1.35

Takeaway-Display „Tee“

Notwendige Kenntnisse

In dieser Aufgabe ist aus einem flachen Karton ein dreidimensionales Objekt durch Falzung zu konzipieren. Dies erfordert vorab Recherchearbeiten und umfangreiche Planungen: Es ist genau zu prüfen und festzulegen, welche Fläche auf dem Karton wie orientiert und positioniert werden muss. Zudem muss mit eindeutig verständlichen Falz- und Stanzmarken gearbeitet werden und die Möglichkeit zur technischen Umsetzung beim Produzenten gewährleistet sein.

Briefing

Der Golfklub „Golfheide“ möchte seinen Mitgliedern ein hochwertiges Accessoire als Symbol der Zugehörigkeit zum exklusiven Klub anbieten. Die Mitglieder des Golfklubs sind aufgrund der strengen Aufnahmeregeln Stammgäste, zwischen 45 und 65 Jahre alt und gelten als kapitalkräftig. Sie verfügen zudem über einen erlesenen Geschmack.

Das Accessoire, das angeboten werden soll, ist ein Golf-Tee aus Sterling-Silber mit Gravur. Neben dem vorgravierten Klubnamen „Golfheide“ kann der Käufer zusätzlich seinen Namen eingravieren lassen. Folglich soll dieses sehr hochwertige und haltbare Tee eher als Statussymbol dienen und nicht für den Abschlag genutzt werden.

Verpackt wird jeweils ein Tee (Größe 10 x 54 mm) in einem Ledercase mit den Maßen 80 x 40 x 35 mm. Die Kosten inklusive Gravur liegen bei 185 Euro.

Abgabe

> Handmuster für das Display (falls
> notwendig als Miniatur)

Vorgegebene Hilfsmittel

> 1.35_text_takeaway-display.txt
> Fotos aus dem Ordner:
> Kapitel 1/1.35/Bilder

Zeitrahmen: 16 h
Schwierigkeit: **

Aufgabe

Zu entwickeln und gestalten ist ein Verkaufsdisplay, welches sich zur Präsentation und zum Verkauf der Tees eignet und auf der Empfangstheke an der Rezeption im Klub platziert werden kann.

Der Aufbau des Displays sollte einem „Take One“, also einem Display, dem die Ledercases entnommen werden können, entsprechen sowie Platz für zwölf Cases bieten. Die Ausmaße des Displays sind dem geringen Platzangebot auf der Theke entsprechend zu dimensionieren.

Zunächst ist nun die Grundform für das Display zu entwickeln und dieses zu gestalten. Hierzu ist ein Falzdesign für das Display anzufertigen, welches zu designen und als Handmuster zu präsentieren ist. Darüber hinaus sind auch Texte zu entwickeln, die zum Kauf animieren und das Produkt beschreiben. Die Gestaltung des Displays muss dem Produkt angemessen sein.

Die Druckdatei ist mit entsprechenden Marken so aufzubereiten, dass sie produzierbar ist. Materialien bzw. Bedruckstoffe sind frei zu wählen und als Vorschlag mit einzureichen.

Technische Vorgaben

Da die Entwicklung einer eigenen Displayform Teil der Aufgabe ist, gibt es bezüglich der Größen keine festen Vorgaben.

Besonderheiten bei dieser Aufgabe

Wenig konkrete Vorgaben lassen viel Freiraum für die eigene Kreativität. Zudem müssen eigenständig verlässliche Quellen recherchiert werden, die die technische Umsetzung gewährleisten können.

freie Größe

TIPP

Sowohl Falz- als auch Stanzmarken lassen sich in vektorbasierten Programmen als Sonderfarben auf separaten Ebenen anlegen und entsprechend benennen. Für den Fall, dass PDF-Dateien benötigt werden, in denen die Marken nicht sichtbar sein sollen, lassen sie sich jederzeit ausblenden.

Zur Erstellung eines Handmusters ist die Unterscheidung von Berg- und Talfalz im Druckbogen hilfreich.

1.36 Textgliederung Jahreszeitung

Zeitrahmen: 6 h
Schwierigkeit: **

Notwendige Kenntnisse

Der sichere Umgang mit einem Satzprogramm und Kenntnisse über den Einsatz von Absatzformaten sind hilfreich zur Lösung dieser Ausgabe.

Briefing/Aufgabe

Das in der Datei „1.36_vorlage_jahrezeitung.pdf" vorliegende Zeitungsdesign soll mit Fachbegriffen aus „1.36_text_jahreszeitung.txt" versehen werden. Dabei ist darauf zu achten, dass nicht alle Begriffe passen, manche das Gleiche meinen und vielleicht einzelne Begriffe fehlen. Die fehlenden Begriffe oder Synonyme sind zu ergänzen.

Entsprechend der geleisteten Vorarbeit ist ein neues Gestaltungsraster mit Mustertexten, Spalteneinteilung und typografischen Empfehlungen für ein Zeitungsdesign (nur Titelseite) in einem typischen Zeitungsformat zu entwickeln. Dabei ist darauf zu achten, dass die Bezeichnungen der einzelnen Textbestandteile im Satzprogramm für Absatzformate sinnvoll eingesetzt werden. Die Zeitungsseite ist mit Blindtexten und Platzhaltergrafiken zu füllen.

Das Hauptaugenmerk in dieser Aufgabe liegt auf der professionellen Zuordnung und Einteilung der Textebenen im Satzprogramm. Hierbei ist darauf zu achten, dass eine ansprechende Schrift gewählt wird und sowohl mikro- als auch makrotypografische Vorgaben wie Zeilenbreite, Zeilenabstand, Absatzabstand, Grundlinienraster ein harmonisches Bild ergeben und eine optimale Lesbarkeit gewährleisten.

Abgabe

Print

- Ausdruck des Zeitungsausschnitts Zeitungsdesign.pdf, versehen mit Fachbegriffen aus 1.36_text_jahreszeitung.txt
- Offene Satzdatei

Vorgegebene Hilfsmittel

- 1.36_text_jahreszeitung.txt oder 1.36_text_jahreszeitung.docx
- 1.36_vorlage_jahrezeitung.pdf

freies
Zeitungsformat

Fotokorrektur „Miniatureffekt“

Zeitrahmen: 2 h
Schwierigkeit: **

Notwendige Kenntnisse

Der sichere Umgang in einem Fotobearbeitungsprogramm und die Verwendung von Ebenen, Masken und Filtern sind hilfreich. Die Kenntnis spezieller Korrekturzeichen für Fotografien wird vorausgesetzt.

Briefing/Aufgabe

Das Foto „1.37_foto1_miniatureffekt.jpg“ soll überarbeitet werden, wobei ein Eindruck einer Miniaturwelt entstehen soll. Einzelne Bereiche des Fotos sind in sinnvoller Reihenfolge zu bearbeiten, damit am Ende ein Foto entsteht, das harmonisch aussieht und in dem alle grafischen Fehler beseitigt wurden.

Die Farben des Fotos müssen mehr gesättigt und die Konturen deutlicher hervorgehoben sein, um den Miniatureffekt zu verstärken. Um dies zu erreichen, sind folgende Maßnahmen durchzuführen:

1. Foto gerade ausrichten
2. Passenden Bildausschnitt wählen: Die Kirche soll in der optischen Mitte erscheinen
3. Tilgen der unwichtigen Details: Blätter und Baum am linken Fotorand sowie Kran im rechten Bildbereich
4. Tonwertkorrektur des Bilds
5. Farbsättigung erhöhen
6. Freistellen der Kirche in der Mitte bzw. Erstellen einer Maske
7. Unscharf maskieren

Danach sind die Maßnahmen der Anweisung aus „1.37_korrekturanweisung_miniatureffekt.jpg“ durchzuführen. Dabei ist darauf zu achten, dass mehrere Ebenen sowie Ebenenmasken zum Einsatz kommen, damit der Effekt deutlich zu sehen ist.

Um den Eindruck eines Miniatureffekts zu erzielen, ist es notwendig, dass sich der Schärfebereich des Fotos so verschiebt, dass nur eine „Häuserreihe“, also alle Häuser, die in einer Ebenen stehen, scharf und der Rest unscharf ist.

Der gleiche Vorgang kann als Zusatzaufgabe im Foto „1.37_foto1_miniatureffekt.jpg“ mit der Hafenansicht erneut durchgeführt werden.

Besonderheiten bei dieser Aufgabe

Die Korrekturangaben und -zeichen müssen genau beachtet und in sinnvoller Reihenfolge bearbeitet werden. Die entsprechenden Filter und Fertigkeiten werden dabei nicht vorgegeben und müssen eigenständig recherchiert werden.

Abgabe

Digital

> PSD- oder TIFF-Datei in der Originalgröße mit 250 dpi Auflösung

Vorgegebene Hilfsmittel

> 1.37_korrekturanweisung_miniatureffekt.jpg
> 1.37_foto1_miniatureffekt.jpg
> 1.37_foto2_miniatureffekt.jpg

1.38

Projektplanung unter Umweltschutzaspekten

Zeitrahmen: 10 h
Schwierigkeit: *

Notwendige Kenntnisse

Der Ausbildungsplan zum Mediengestalter sieht vor, dass „betriebsbedingte Umweltbelastungen" erkannt und nach Möglichkeit vermieden werden sollen. Hierzu ist es notwendig, Arbeitsabläufe genau zu kennen und zu beobachten.

Briefing

Ein Projekt, das den Druck eines Faltblatts beinhaltet, soll theoretisch durchgespielt und produziert werden. Dabei ist zu prüfen, welche Arbeitsschritte notwendig sind und welche Umweltbelastungen während des gesamten Projekts auftreten bzw. auftreten können. Um diese Belastungen auf ein Minimum zu reduzieren, ist alles genau zu dokumentieren und mit Verbesserungsvorschlägen zu versehen.

Falls aktuell ein reelles Projekt im Ausbildungsbetrieb ansteht, das für einen typischen Arbeitsablauf steht, kann auch dieses dokumentiert werden.

Aufgabe

Der Projektablauf ist anhand übersichtlicher Tabellen schriftlich festzuhalten. Diese Tabellenblätter müssen selbst entwickelt werden. Dabei kann als Anregung die Datei „1.38_tageszettel_umweltschutz_beispiel.pdf" dienen. Zum typischen und zu dokumentierenden Projektablauf gehören das erste Briefing, Kundenkontakte, Ideenentwicklung, Präsentation, Reinzeichnung, Proofs, Druck und Versand sowie weitere für das Projekt notwendige Handlungen.

Alle gesammelten Informationen sind in übersichtlicher und ansprechender Form zu gestalten und in einer „Umweltmappe" zusammenzustellen. Danach sind Vorschläge zu unterbreiten, wie umweltschonende Anpassungen vorgenommen werden können. Diese Anpassungen sind zu bewerten und auf Umsetzbarkeit zu prüfen.

Herausforderung bei dieser Aufgabe

Ein Projektablauf beinhaltet in der Regel mehrere Prozesse, Personen und Stationen. Diese in einheitlicher Tabellenform zusammenzufassen, ist die Herausforderung dieser Aufgabe.

Abgabe

> Umweltmappe mit Projektdokumentation und Verbesserungsvorschlägen

Vorgegebene Hilfsmittel

> 1.38_tageszettel_umweltschutz_beispiel.pdf

Organigrammerstellung „TiBu“

Zeitrahmen: 4 h
Schwierigkeit: *

Notwendige Kenntnisse

Um ein Organigramm zu erstellen, gibt es viele Wege und Programme. Für diese Aufgabe ist ein passendes Programm zu wählen, mit dem druckfähige PDF-Dateien ausgegeben werden können. Es empfiehlt sich, ein Vektorprogramm zu verwenden, damit die Daten jederzeit editierbar bleiben. Firmenstrukturen sind immer im Fluss, dementsprechend müssen Organigramme jederzeit anpassbar sein, weshalb ein sicherer Umgang mit der entsprechenden Software erforderlich ist. Zudem sollten typische Organigrammstrukturen bekannt sein.

Briefing

Der Tierschutzverein „TiBu“ möchte einen Jahresbericht veröffentlichen. Ein Bestandteil des Jahresberichts ist das Organigramm, das die Organisationsstruktur des Vereins darstellt.

Der Verein sieht sich als sehr modern aufgestellt und besitzt eine professionell gestaltete Webseite sowie umfangreiches Infomaterial, welches fachkundig erstellt wurde. Die Ansprüche an Gestaltung sind demnach sehr hoch.

Aufgabe

Es muss ein Organigramm gestaltet werden, das über die Funktionen einfacher Präsentationsprogramme hinausgeht. Hierzu sind die Informationen aus „1.39_text_organigramm_tibu.txt“ zu verwenden und übersichtlich darzustellen. Es muss eine Darstellungsform gewählt werden, die der Hierarchie des Vereins gerecht wird; gleichzeitig soll das Organisationsdiagramm für Laien verständlich und ansprechend gestaltet sein. Es ist eine Gestaltung gewünscht, die mehr als nur Text und Linien bietet.

Besonderheiten bei dieser Aufgabe

Es muss eine Gestaltungsform gefunden werden, die den Eigenschaften eines Organisationsdiagramms als Grundform entspricht. Dabei muss aber darauf geachtet werden, dass das Design innovativ und ansprechend ist. Die Herausforderung liegt darin, nicht in den üblichen Standard zu verfallen, mit wenigen Farben auszukommen und trotzdem eine sehr übersichtliche Gestaltung zu schaffen.

Abgabe

Digital

> DIN-A4-Entwurf als PDF-Datei, die für den Broschürendruck auf Bilderdruckpapier (Offsetdruck) verwendet werden kann

Vorgegebene Hilfsmittel

> 1.39_text_organigramm_tibu.txt oder 1.39_text_organigramm_tibu.docx

1.40

Fotografie nach Anweisung erstellen „Flukx Uhren“

Notwendige Kenntnisse

Zur Lösung dieser Aufgabe sind Kenntnisse im professionellen Umgang mit Fotokameras erforderlich: Die Bedeutung und Handhabung von Belichtungszeiten, Blendeneinstellungen, Objektiven oder Schärfentiefe müssen ebenso bekannt sein wie die Funktionen der Kamera (z. B. Aufnahmeprogramme).

Darüber hinaus ist folgendes Equipment erforderlich: digitale Spiegelreflexkamera (oder eine andere Kamera die die Möglichkeit bietet die o. g. Einstellungen vorzunehmen), Beleuchtungsmöglichkeiten, farbiger Fotohintergrund und eine farbige Armbanduhr. Es reicht nicht aus die Aufgabe mit einer Handykamera durchzuführen.

Die Aufgabe ist in einem Team von mindestens zwei Personen durchzuführen.

Briefing

Das StartUp-Unternehmen „Flukx Uhren“ benötigt für eine Werbeanzeige in einem Hochglanzmagazin zwei Fotos, die nach exakten Vorgaben erstellt werden müssen.

Die Fotos müssen hochauflösend aufgenommen werden, sodass sie auch für großformatige Medien geeignet sind.

Aufgabe

Es wird eine Porträtaufnahme einer Person (Modell und Geschlecht sind in diesem Fall frei wählbar) in Frontalansicht angefertigt.

Die Person trägt am Handgelenk das neue Flukx-Uhren-Modell (die Uhr ist frei wählbar, sollte aber farbig sein) und fährt sich mit einer Hand durch die Haare, hält sie in Denkerposition ans Kinn oder legt sie locker auf die Schulter. Dabei ist darauf zu achten, dass die Uhr im Vordergrund steht. Ein kontrastreiches Farbkonzept ist gewünscht. Hierzu müssen die Kleidung der fotografierten Person und der Fotohintergrund farbig abgestimmt werden, wobei die Farbe der Uhr einen Komplementärkontrast darstellen soll. Das Zifferblatt muss in der optischen Mitte des Formats stehen. Blick und Gesichtsausdruck des Modells sind entspannt, neutral und direkt zum Betrachter/zur Kamera gerichtet. Der Bildausschnitt für dieses erste Foto ist quadratisch zu wählen.

Abgabe

> Zwei Fotos mit dem endgültigen Ausschnitt und den endgültigen Maßen im Tiff-Format, geeignet zur Weiterverarbeitung in einem Hochglanzmagazin (Farbprofile beachten)
> Ausdruck der Anzeige in der Originalgröße

Vorgegebene Hilfsmittel

> bereits vorhandenes Fotoequipment, um eine fotostudioähnliche Situation zu simulieren

Zeitrahmen: 8 h
Schwierigkeit: **

Auf einem zweiten Foto wird die Uhr liegend auf einem Untergrund abgebildet, dessen Farbe der der Uhr gleicht. Ein leichter, weicher Schatten schräg nach rechts unten ist einzurichten. Alle Reflexionen auf dem Uhrenglas sind auf ein Minimum zu reduzieren, sodass das Zifferblatt gut erkennbar ist. Bei diesem zweiten Foto wird ein Seitenverhältnis von 1:2,5 (Hochformat) benötigt.

Bei beiden Fotos ist darauf zu achten, dass es nur wenig Unschärfe und keine perspektivischen Verzerrungen gibt. Zudem dürfen nur weiche Schatten verwendet werden und die Motive müssen gut ausgeleuchtet sein.

Aus beiden Fotos wird eine Anzeige erstellt. Das Porträtfoto wird quadratisch am rechten Formatrand platziert, das Uhrenfoto links davon. Über dem Uhrenfoto wird der Schriftzug „Flukx“ auf weißem Grund untergebracht.

Technische Vorgaben

Die Maße der Anzeige sind: 216 x 160 mm

Besonderheiten bei dieser Aufgabe

Zum Lösen dieser Aufgabe ist es hilfreich, ein möglichst professionelles Fotoset aufzubauen, in dem störende Lichter ferngehalten werden können. Für die Erstellung des Fotos sollte eine Kamera mit einer entsprechenden Einstellmöglichkeiten eingesetzt werden, sodass möglichst wenig Nachbearbeitung am Computer notwendig wird.

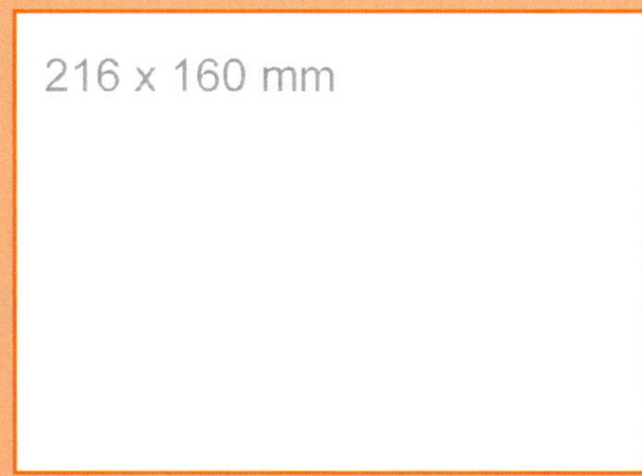

Skizze Anzeige

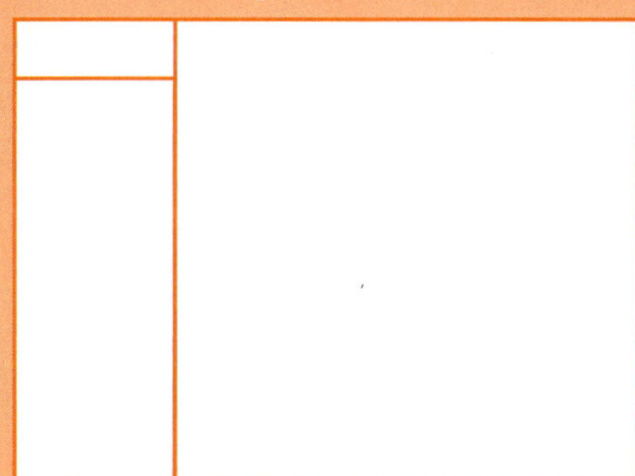

1.41

Foto freistellen für Küchenkatalog

Zeitrahmen: 4 h
Schwierigkeit: **

Notwendige Kenntnisse

Um Objekte, Menschen oder Tiere freizustellen und auf einem neuen Hintergrund zu platzieren, ist der sichere Umgang mit Freistellungswerkzeugen in Bildbearbeitungsprogrammen notwendig. Vor nicht allzu langer Zeit mussten Freisteller zeitaufwendig und pixelgenau ausgearbeitet werden, aber in den letzten Jahren wurden immer neue Hilfsmittel und Funktionen entwickelt, um die Arbeit zu erleichtern. Es ist demnach angebracht, sich über den aktuellen Stand der Technik und neue Möglichkeiten zu informieren.

Briefing

Für einen Küchenkatalog soll eine Fotomontage aus zwei Fotografien erstellt werden.

Aufgabe

Die junge Frau aus „1.41_foto1_kuechenkatalog.jpg“ muss sehr exakt freigestellt und vor den Küchenhintergrund in „1.41_foto2_kuechenkatalog.jpg“ platziert werden. Aus dieser Fotomontage soll eine Anzeige in DIN A4 erstellt und mit dem Claim „Küchen für jedermann“ versehen werden. Hierbei ist darauf zu achten, dass ein möglichst realistisches Gesamtbild entsteht. Da der Kopf der abgebildeten Frau teilweise im Anschnitt steht, müssen für die Fotomontage Teile der Frisur und des Körpers ergänzt werden.

Herausforderung bei dieser Aufgabe

Menschen freizustellen, ist aufgrund ihrer unregelmäßigen Konturen sehr aufwendig. Dabei müssen im vorliegenden Foto unter anderem Haare freigestellt werden, damit in der späteren Fotomontage Vorder- und Hintergrund eine Einheit bilden und weiterhin realistisch erscheinen. Auch der unterschiedliche Lichteinfall auf den Ursprungsbildern kann bei Fotomontagen eine Herausforderung sein. Es ist wichtig, dass die Montage am Ende sehr realistisch wirkt. Dieses Projekt ist ohne Zuhilfenahme einer AI/KI zu lösen. Hierbei kommt es drauf an, die eigenen Fotobearbeitungsskills zu verbessern.

Abgabe

Print

> Ausdruck der Anzeige in DIN A4

Vorgegebene Hilfsmittel

> 1.41_foto1_kuechenkatalog.jpg
> 1.41_foto2_kuechenkatalog.jpg

Fotomontage „Artgerechte Tierhaltung“

Zeitrahmen: 8 h
Schwierigkeit: **

Notwendige Kenntnisse

Um eine ansprechende, humorvoll in Szene gesetzte Fotomontage zu erstellen, ist es notwendig, Kenntnisse in einem Fotobearbeitungsprogramm zu besitzen. Hilfreich sind zudem Kenntnisse im Bereich Gestaltgesetze und Perspektive. Die Berücksichtigung von Beleuchtungssituationen der unterschiedlichen Szenen ist unabdingbar, um eine ansprechende Grafik zu erstellen.

Briefing

Als Blickfang für einen Zeitschriftenartikel über artgerechte Tierhaltung wird eine humorvolle Fotomontage benötigt.

Diese soll vollformatig (205 x 302 mm, Hochformat) am Anfang des Berichts stehen.

Aufgabe

Aus den drei Fotografien „1.42_foto1_tierhaltung.tif“, „1.42_foto2_tierhaltung.tif“ und „1.42_foto3_tierhaltung.jpg“ soll eine Fotomontage erstellt werden, die in Bezug auf Perspektive und Beleuchtungssituation möglichst realistisch erscheint. Dabei sind einzelne Bestandteile den Vorlagen zu entnehmen und zu einem neuen Gesamtbild zu kombinieren. Dieses soll sich in seiner Aussage kritisch mit dem Thema „Tierhaltung“ auseinandersetzen: Das Bild kann folglich den Sachverhalt positiv besetzen oder aber negativ beleuchten.

Passend zum Motiv ist eine Headline zu kreieren.

Herausforderung bei dieser Aufgabe

Aus den vorgegebenen Fotografien muss eine Fotomontage erstellt werden, die das Thema des Zeitschriftenartikels kritisch beleuchtet, dabei passen die Motive auf den ersten Blick nicht zusammen. Es muss eine Möglichkeit, auch unter Berücksichtigung verschiedener Fotobearbeitungstechniken, gefunden werden, ein passendes Motiv zu entwickeln. Dieses Projekt ist ohne Zuhilfenahme einer AI/KI zu lösen. Hierbei kommt es drauf an, die eigenen Fotobearbeitungsskills zu verbessern.

Abgabe

Print

- Ausdruck der Fotomontage in 205 x 302 mm

Vorgegebene Hilfsmittel

- 1.42_foto1_tierhaltung.tif
- 1.42_foto2_tierhaltung.tif
- 1.42_foto3_tierhaltung.jpg

Stylescrape erstellen für die Outdoor-Bekleidungsmarke „VentureStyle“

Abgabe

Print

> Ausdruck des Stylescapes in einem freien Format

Notwendige Kenntnisse

Ein Moodboard und ein Stylescape ähneln sich sehr. Ersteres ist ein Hilfsmittel, das ursprünglich vor allem in der Modebranche und in der Innenarchitektur Anwendung gefunden hat. Ein Stylescape ist etwas detaillierter als ein Moodboard und kann zusätzliche Designelemente enthalten die in der Konzeptentwicklung im Designbereich üblich sind. Beide dienen der Ideenfindung und auch der visuellen Darstellung einer Stimmung oder Atmosphäre, die mit einem Design oder einer Marke verbunden werden soll. Die häufigste Darstellungsform ist eine Art Kollage, oft ergänzt durch eine Sammlung von Gedanken und Inspirationen zu dem Thema die die Stimmung passend zur Marke einfangen. Sie können konventionell auf Karton geklebt oder aber digital erzeugt werden. Diese Inspirationen bilden die Grundlage für die Entwicklung eines Designkonzeptes.

Für diese Aufgabe ist es erforderlich, ein Board zu erstellen. Dafür müssen einerseits Kenntnisse in einem geeigneten Programm zur Umsetzung vorhanden sein und andererseits sollte man mit den Funktionsweisen eines Moodboards oder Stylescapes vertraut sein.

Briefing

Für die Outdoor-Bekleidungsmarke „VentureStyle“, die sich auf hochwertige, nachhaltige, funktionale und stilvolle Kleidung für Outdoor-Enthusiasten spezialisiert hat, soll ein neuer Markenauftritt kreiert werden. Die Marke steht für Abenteuerlust, Funktionalität und einen modischen, aber auch nachhaltigen Ansatz. Hierfür gilt es ein Stylescape zu erstellen, das den visuellen Stil und die Ästhetik der Outdoor-Adventure-Kleidungsmarke einfängt und ein Gefühl für die Werte der Marke vermittelt. Dieses Gefühl soll mit verschiedenen gestalterischen Elementen übermittelt werden zu den beispielsweise bildhafte Szenen (mit ähnlichen Produkten, Landschaften sowie potenzielle Zielgruppen), Fontproben passender Schriftfamilien und mögliche Einsatzbereiche, Wording (visuelles Vokabular), Beispiele von Texturen, Materialien, Haptik sowie Farben, Farbräumen und deren Einsatzbereiche zählen. Diese Liste kann frei ergänzt werden.

Aufgabe

Es wird ein Stylescape für die Bekleidungsmarke „VentureStyle“ erstellt. Dieses kann digital oder

Zeitrahmen: 4 h
Schwierigkeit: **

konventionell erzeugt werden. Da es sich bei solch einem Medium auch um eine Art Ideenfindungsprozess handelt, bietet es sich an, diesen als Teamarbeit durchzuführen. Im Team ergeben sich möglicherweise zusätzliche Ideenimpulse, die einen Kreativprozess beleben können.

Hinweise

Ein Stylescape ermöglicht die Optimierung kreativer Prozesse und der Kommunikation zwischen Kunden und Gestaltern. Es dient unter anderem dazu die Verständigung zwischen beiden Seiten auf eine gemeinsame Ebene zu bringen, da oft nicht die gleiche fachliche Sprache gesprochen wird und es so zu Missverständnissen in Hinblick auf die Wünsche und Vorstellungen kommen kann. Ein Stylescape bietet eine sehr anschauliche und vergleichsweise schnell erstellte Möglichkeit, erste Ideen abzustimmen, ohne sofort ein aufwendiges Konzept entwickeln zu müssen. Dadurch spart es Zeit und aufwendige Optimierungsprozesse werden vermieden, da eine Abstimmung der Erwartungen bereits im Vorfeld erfolgen kann. Dies schafft eine solide Grundlage für die Kommunikation und ermöglicht es, das Verständnis verschiedener Sachverhalte miteinander abzugleichen.

Eine Vorstufe eines Stylescapes sind Moodboards. Ein Moodboard ist meist eine Kollage von verschiedenen Elementen, die eine Inspirationen darstellen. Ein Stylescape geht hier weiter und stellt bereits eine Richtung dar, in die ein Design gehen kann, ohne aber schon zu konkret zu werden. Während mit einem Moodboard abgeklärt werden kann, ob ein Gestalter die Wünsche des Kunden in Richtung der Markenstimmung richtig interpretiert hat, zeigt ein Stylescape bereits die konkrete Darstellung einer Stimmung und bietet die Möglichkeit, ein „Look & Feel" der Marke zu erforschen. Üblicherweise werden mehrere Stylescapes entwickelt, um verschiedene mögliche Richtungen darzustellen, in die eine Idee sich entwickeln kann. Ist die Entscheidung für eine Richtung gefallen, dient diese als Basis für alle zukünftigen Designprodukte.

Wenn die Präsentation der Ideen stattfindet, bietet es sich an, die Boards in guter Qualität auszudrucken, und auf Karton zu montieren. Diese können auch durch Muster verschiedener Materialien ergänzt werden, um nicht nur ein visuelles, sondern auch ein haptisches Erlebnis zu schaffen.

freies Format

Kapitel 2
Vorbereitung Zwischenprüfung

Lösungen

Zu jeder gelösten Aufgabe ist neben den gefragten Medien ein Abgabebogen (zu finden in „Abgabebogen Kapitel 1–4“ auf Seite 217) einzureichen.

Des Weiteren liegen Bewertungsbogen ab Seite 198 vor.

Arbeitsdateien zu den Aufgaben finden Sie in unserem Downloadbereich online. Bitte benutzen Sie den folgenden Link und geben dort das Passwort (zu finden im Impressum) ein.

Link: lernen.christiani-digital.de/89415-2

Aufgabenübersicht Kapitel 2

Name: ....

Ausbildungsjahr: ....

Seite	Nr.	Titel	Datum	Rückgabe	Wertung	Themenbereich
90	2.01	Erstellung eines Etiketts und eines Aufdrucks für einen Eierkarton und Fotoretusche				P/G/T/U
91	2.01b	Informationen „Eier-Code“				P/T
92	2.02	Weihnachtsgala „Unter den Sternen“				P/G
94	2.03	Verpackungsdesign „Feinkost Mangold“				P/G/T/U
95	2.03b	Zusatzaufgabe Logoredesign „Kloster Hispanach“				P/G/I
96	2.04	Kursplan „Thai Bo“				P/G/T/U
97	2.04b	Zusatzaufgabe Icon „Thai Bo“				P/I/U
98	2.05	Pralinenschachtel „Weinpralinen“				P/G/T/U
99	2.05b	Zusatzaufgabe Logodesign „Weinpralinen“				P/G/I
100	2.06	Faltblatt „naturAnsichten“				P/G/T/U
101	2.06b	Zusatzaufgabe Logo „naturAnsichten“				P/I/U
102	2.07	Chipkartendesign „Universität Meisterstadt“				P/G/T/U
104	2.08	Hörbuch-Booklet Krimireihe Titel „Der letzte Fahrgast“				P/G
105	2.08b	Zusatzaufgabe Logodesign „Mittel Sound Verlag“				P/G

Legende: G = Gestaltungsgrundlagen, I = Illustrative Aufgabe, T = Typografische Aufgabe,
F = Fotobearbeitung, U = Technische Umsetzung, P = Prüfungsvorbereitung

Erstellung eines Etiketts und eines Aufdrucks für einen Eierkarton und Fotoretusche

Notwendige Kenntnisse

Zum Lösen dieser Aufgabe ist es erforderlich, in einem Satzprogramm eine vorgegebene Form mit Text zu füllen und zu gestalten. Zudem muss ein Aufdruck mit Text und Infografik erstellt werden. Kenntnisse in einem Fotobearbeitungsprogramm sind notwendig, um beide Elemente auf ein Foto zu montieren. Umgang mit Mengensatz und dreidimensionale Vorstellungskraft sind zudem gefordert.

Briefing

Um auch kritische Konsumenten anzusprechen, gibt die „Deutsche Ei GmbH“ die Neugestaltung eines Eierkartons in Auftrag.

Zu entwickeln ist ein Entwurf für einen 6er-Eierpappkarton entsprechend der vorgegebenen Maße, der insbesondere das Informationsbedürfnis der Konsumenten sowie deren Wertvorstellungen, artgerechter Tierhaltung, gesunder Ernährung usw., widerspiegelt. Die Anmutung des Gesamtdesigns muss folglich mit Begriffen wie „positiv“, „freundlich“, „natürlich“ sowie „artgerecht“ assoziierbar sein.

Aufgabe

Für die Erstellung eines Kartonetiketts sind alle gängigen Designregeln zu beachten. Zudem ist bei der Gestaltung zu berücksichtigen, dass es sich bei dem Karton um ein dreidimensionales Objekt handelt, welches mit einem Etikett versehen (beklebt) werden muss.

Entsprechend den Vorgaben aus dem Briefing ist ein Design zu entwickeln: Alle Texte aus „2.01_text_eierkarton.txt“ unter „Außendruck“ sind in das Design einzubeziehen. Des Weiteren müssen neben dem Text der „Grüne Punkt“, „FSC-Siegel“, Barcode und „MHD“ eingeplant und platziert werden. Originalzeichen sind nicht notwendig, ähnliche Symbole sind als Platzhalter ausreichend. Die Produktion dieses Etiketts findet im Vierfarbdruck auf einem gestrichenen Papier statt.

Das Etikett soll für eine Präsentation als Fotomontage auf die Eierkartonfotos retuschiert werden, sodass es proportional realistisch dargestellt wird.

Abgabe 2.01

Digital

- Kartonetikett, 4 C, PDF/X-4 mit den üblichen Marken und Informationen
- Kartonetikett Stanzform
- Innendruck, 1 C, PDF, ohne Marken in Originalgröße

Print

- Hochauflösender Fotodruck, möglichst farbgetreu von den drei Retuschen in 230 x 250 mm, Handmuster

Vorgegebene Hilfsmittel

- 2.01_text_eierkarton.txt
- 2.01_vorlage_umriss_eierkarton.pdf
- 2.01_foto1_eierkarton_offen_hinten.tif
- 2.01_foto2_eierkarton_offen.tif
- 2.01_foto3_eierkarton_vorn.tif
- 2.01_foto4_eierkarton.jpg
- 2.01_foto5_eierkarton_offen.jpg

Zeitrahmen: 6 h
Schwierigkeit: **

Maße und Form für das Etikett sind vorgegeben: Das Gesamtaußenmaß des Etiketts beträgt 113,1 mm x 162,4 mm, die schmalste Stelle ist 95 mm breit. Die genaue Form muss „2.01_vorlage_umriss_eierkarton.pdf“ entsprechen. Mit dem gedruckten Etikett ist zusätzlich ein Handmuster zu erstellen.

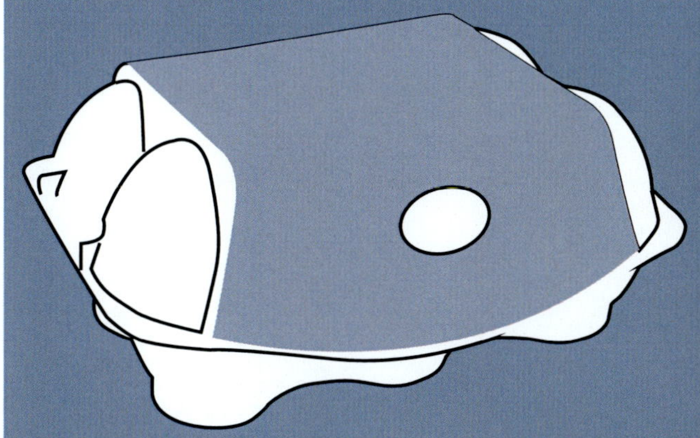

2.01b Informationen „Eier-Code“

Aufgabe

Allgemeine Informationen zur Herkunft der Eier werden als „Innendruck“ einfarbig vorbereitet. Dieser Innendruck wird in den Kartondeckel gedruckt und enthält neben allgemeinen Informationen der KAT auch Infos zum „Eier-Code“ („was auf dem Ei steht“). Diese Angaben müssen grafisch übersichtlich dargestellt werden. Die Maße für den „Innendruck“ betragen 93 mm x 74 mm. Diese Informationen werden einfarbig aufgedruckt. Hierzu muss ein spezielles Druckverfahren ausgesucht und müssen die entsprechenden Druckvorgaben recherchiert werden.

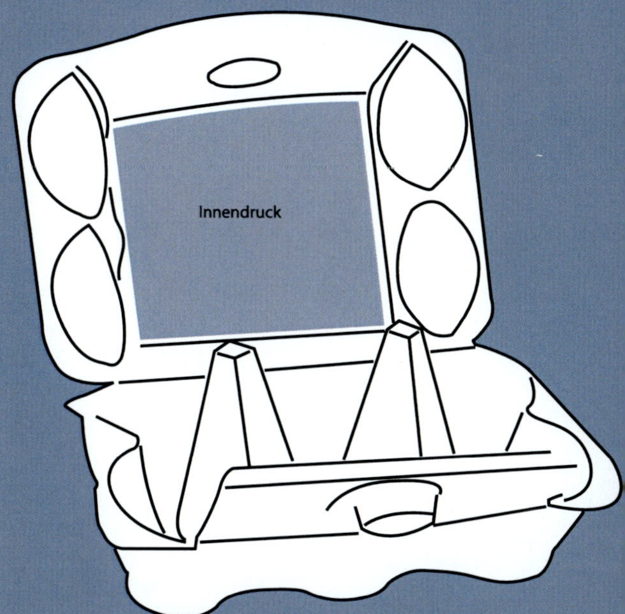

Beide Entwürfe werden in die Fotos „2.01_foto1_eierkarton_offen_hinten.tif“, „2.01_foto2_eierkarton_offen.tif“ und „2.01_foto3_eierkarton_vorn.tif“ montiert.

Das Außenmaß des Eierkartons beträgt:
Höhe: 69 mm
Tiefe: 105 mm
Breite 150 mm

Herausforderung bei dieser Aufgabe

Viel Text auf begrenztem Raum unter Berücksichtigung der Verpackungsform zu platzieren stellt manchmal eine Herausforderung dar. Ihn dennoch ansprechend und gut lesbar zu gestalten, ist ein wichtiger Teil dieser Aufgabe. Die Erstellung einer Fotomontage aus einem zweidimensionalen Medium und einem Foto mit perspektivischer Verzerrung unter Berücksichtigung der Bildeigenschaften (z. B. Lichteinfall), damit das Bild fotorealistisch erscheint, setzt ebenfalls besondere Kenntnisse in Fotobeabeitungsprogrammen und die Entwicklung einer kreativen Herangehensweise für die Lösung voraus.

Weihnachtsgala „Unter den Sternen“

Abgabe

Print

> Die Einladungskarte, das Programmheft und der Sticker als Handmuster in Originalgröße

Digital

> Die digitalen Medien werden so ausgegeben, wie sie veröffentlicht würden

Notwendige Kenntnisse

In dieser Aufgabe sind eine Einladung, ein Programmheft und ein Sticker für eine Weihnachtsgala mit dem Motto „Unter den Sternen“ zu gestalten. Wichtige Voraussetzungen, um diese Aufgabe unter den Bedingungen einer Zwischenprüfungsvorbereitung zu lösen, sind ein Verständnis für Designprinzipien und ästhetische Gesichtspunkte passend zum Thema und zur Zielgruppe. Kenntnisse über Schriftarten und deren Einsatz für verschiedene Gestaltungszwecke sowie Texte gut lesbar und ästhetisch ansprechend zu platzieren. Die Wahl einer passenden Bildsprache und Erstellung eines ansprechenden Farbkonzepts, auch die Entwicklung eines übertragbaren Grundlayouts sind ebenso Voraussetzung wie der sichere Umgang mit Satz-, Bildbearbeitungs- und Vektorprogrammen.

Briefing

Der Rothbergverlag in Meisterstadt plant zum Jahresabschluss für seine Mitarbeitenden und wichtigsten Kunden eine Weihnachtsgala „Unter Sternen“. Als Unterthema für die Gestaltung und Atmosphäre des Veranstaltungsortes gilt „Black and White“. Das Thema „Unter Sternen“ vereint die Faszination des Himmels, die Magie der Sterne und eine weihnachtliche Stimmung. „Black and White“ repräsentiert die Eleganz der Veranstaltung und ist Leitlinie für die Dekoration und den Kleidungsstil der Gäste und basiert auf dem Kontrast des dunklen Himmels und den strahlendhellen Sternen. Als Einladung sollen die Gäste eine edle Einladungskarte in Papierform, zuvor eine Safe-the-Date-Karte in digitaler Form, eine Programmübersicht sowie einen Sticker für Ihr Auto dessen Design aber auch auf der Verlagswebseite benutzt werden kann erhalten.

Ziel ist es, eine stimmige und ansprechende Gestaltung zu erschaffen, die das Thema „Weihnachtsgala unter Sternen“ widerspiegelt, die Gäste anspricht und ihnen einen magischen, stilvollen Abend verspricht.

Aufgabe

Es sind die oben genannten Medien zu gestalten. Dabei ist darauf zu achten, dass im digitalen Zeitalter auch digitale Alternativen (möglichst barrierefrei) zu erstellen sind. Das bedeutet, dass die

Zeitrahmen: 6 h
Schwierigkeit: **

Strategie für die Einladung zur Veranstaltung auch immer durch digitale Elemente im Stile der Printmedien ergänzt werden muss.

1. Einladungskarte:

- Format: Klappkarte DIN A6 (148 x 105 mm)
- Inhalt: Vorderseite: Gestaltung im Thema „Weihnachtsgala unter Sternen"; Innenseiten: Text mit Veranstaltungsinformationen (Blindtext), Rückseite: optional
- Textelemente:
  - Einlass: 18:00 Uhr
  - Beginn: 20:00 Uhr
  - Eintritt: 69 € pro Person, inkl. Weihnachtsbuffet und Glas Champagner zur Begrüßung
  - Ort: Festsaal im Verlagshaus

2. Safe the Date

- Basierend auf dem Design der Einladung wird eine digitale Safe-the-Date-Karte entwickelt, die digital per E-Mail verschickt wird. Als Information findet sich auf dieser Karte nur das Thema der Gala, Datum und Uhrzeit und der Hinweis darauf sich das Datum freizuhalten.

3. Programmheft:

- Format: DIN A5 (210 x 148 mm), 8 Seiten (inkl. Umschlag)
- Inhalt:
  - Deckblatt: Titel „Weihnachtsgala unter Sternen", Datum und Veranstaltungsort
  - Innenseiten: Programmablauf, Informationen zu den Künstlern, Menü des Weihnachtsbuffets, Sponsoren und Unterstützer (Blindtext)
  - Rückseite: Kontaktinformationen, Social Medialinks

4. Sticker für ein Auto:

- Format: Rund, Durchmesser 10 cm
- Inhalt: Kurze prägnante Gestaltung, die das Thema „Weihnachtsgala unter Sternen" und den Veranstaltungstitel aufgreift; die Jahreszahl sollte mit im Vordergrund stehen
- Besonderheiten: Einfache Lesbarkeit aus der Entfernung

Bildmaterial kann aus den mitgelieferten Medien entnommen oder aus Stockdatenbanken gewählt werden. Vorschauqualität ist ausrechend. Alle Bilder sollten entsprechend des Themas angepasst und überarbeitet werden. Eigenes Material und Illustrationen sind möglich.

Herausforderung bei dieser Aufgabe

Alle Elemente (Karten, Programmheft, Sticker) sollen eine einheitliche und wiedererkennbare Gestaltung aufweisen, die das Thema „Weihnachtsgala unter Sternen" klar transportiert. Alle Textelemente müssen gut lesbar und verständlich sein, insbesondere beim Sticker. Effektive Nutzung der zur Verfügung stehenden 6 Stunden.

Hilfreiche Hinweise

Da die Umsetzungszeit knapp bemessen ist müssen die 6 Stunden sinnvoll aufgeteilt werden (z. B. 2 Stunden für die Einladung, 2,5 Stunden für das Programmheft, 1,5 Stunden für den Sticker). Am Ende müssen die Druckdaten auf korrekte Spezifikationen (Auflösung, Farbmodus, Beschnitt) und die digitalen Daten auf passende Einstellungen (Farbmodus, Bildschirmauflösung, Dateigröße) geprüft werden.

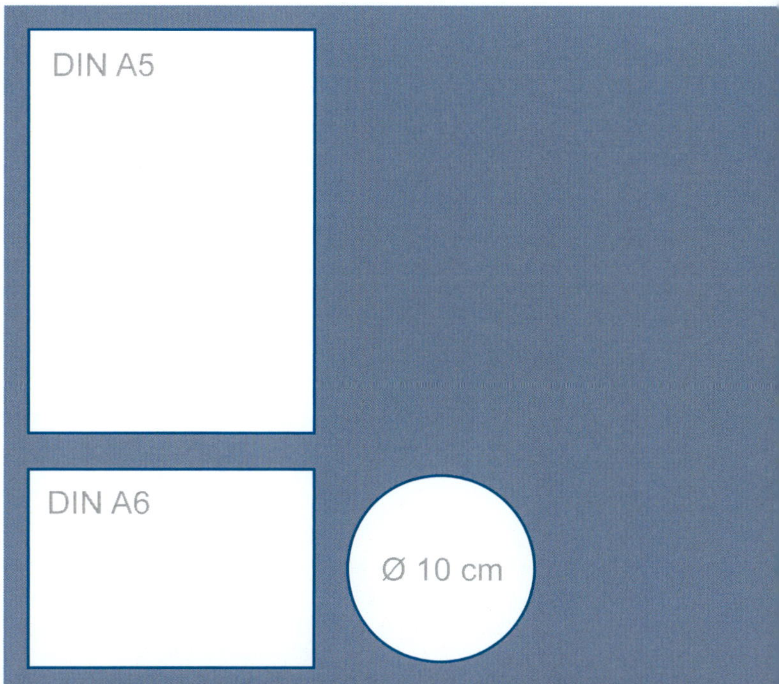

2.03

Verpackungsdesign „Feinkost Mangold“

Notwendige Kenntnisse

Zum Lösen dieser Aufgabe ist es notwendig, in einem geeigneten Programm eine Vorlage zu erstellen, aus der ein dreidimensionales Medium entstehen kann. Programmkenntnisse sowie Kenntnisse des Einsatzes von Farben, Illustrationen und Gestaltgesetzen sind erforderlich.

Briefing

Die deutsche Lebensmittelkette „Kloster Hispanach“ hat sich auf ungewöhnliche Delikatessen spezialisiert, die in ungewöhnlichen Verpackungen vermarktet werden und somit einen gewissen Kultcharakter erreichen. Das Angebot erstreckt sich dabei auf alte, neu wiederentdeckte Lebensmittel und solche, die auf ungewöhnliche Weise zubereitet oder zusammengesetzt wurden. Hierbei wird auf besonders schonende Verarbeitung geachtet und somit sind die Produkte sehr farbenfroh und sehen schmackhaft aus. Der neue Verkaufsschlager soll bunter Mangold aus alten, wiederentdeckten Sorten, kombiniert mit orientalischen Gewürzen, werden. Verpackt wird dieser in stylischen Weithalsflaschen.

Da es sich um ein Feinschmeckerprodukt handelt, wird dieses relativ hochpreisig im Feinkostregal im Supermarkt oder in entsprechenden Feinkostläden angeboten.

Aufgabe

Für die Weithalsflaschen ist ein Etikett zu entwickeln, das sowohl den Kult- als auch den Feinkostcharakter sowie den Status der Produkte der Lebensmittelkette widerspiegelt. Alle vorgegebenen Texte aus „2.03_text.txt“ sind zu verwenden. Im Anschluss wird die Flasche als 3-dimensionale Grafik erstellt und mit dem Etikett versehen. Dies kann in einem Vektorprogramm oder einem 3D-Programm geschehen.

Technische Vorgaben

Bei der Verpackung handelt es sich um eine Flasche mit einem Fassungsvermögen von 425 g. Das Etikett hat die Maße 250 x 103 mm, wobei eine produktionsbedingte Überlappung von 18 mm zu berücksichtigen ist.

Abgabe 2.03

Print

> Druck des Etiketts in Originalgröße. Bei Sonderanfertigungen oder außergewöhnlichen Vorschlägen ist ein kurzer Erklärungstext notwendig.

Digital

> Eine druckfähige PDF-Datei inklusive aller relevanten Marken

Vorgegebene Hilfsmittel

> 2.03_text.txt
> 2.03_foto1.jpg
> 2.03_foto2.jpg
> 2.03_foto3.tif
> 2.03_foto4.jpg

Zeitrahmen: 6 h
Schwierigkeit: **

Besonderheiten bei dieser Aufgabe

Da das Produkt sich im Vergleich zu anderen im hochpreisigen Bereich bewegt, können sowohl für das Etikett als auch für die Flasche aufwendigere Vorschläge, z. B. in Bezug auf Haptik, Farbigkeit, Weiterverarbeitung oder Ähnliches, gemacht werden.

2.03b Zusatzaufgabe Logoredesign „Kloster Hispanach“

Notwendige Kenntnisse

Zum Lösen dieser Aufgabe ist es notwendig, in einem geeigneten Programm eine Vorlage zu erstellen, die als modernes und aussagekräftiges Logo funktioniert. Programmkenntnisse sowie Kenntnisse über den Einsatz von Farben, Illustrationen und Gestaltgesetzen sind erforderlich.

Aufgabe

Im Zuge der Gestaltung des Verpackungsdesigns wird ein Logo der deutschen Lebensmittelkette „Kloster Hispanach“ benötigt. Anhand eines Fotos „2.03_foto1_logo_spinat.jpg“ soll ein Gebäudekomplex des Klosters nachgezeichnet und als moderneres und zum Kunden passendes Logo gestaltet werden. Wichtig ist, dass das Gebäude deutlich erkennbar und möglichst originalgetreu nachgezeichnet wird, um eine Wiedererkennung zu garantieren.

Herausforderung bei dieser Aufgabe

Die Entwicklung eines Designs, das modern wirkt, aber dennoch keine Neuentwicklung ist, sondern mit den Elementen des Gebäudefotos auskommt, ist die Herausforderung dieser Aufgabe.

250 x 103 mm

Abgabe 2.03b

Print

- Logo-Ausdruck auf DIN A4, Logo-Breite 60 mm

Digital

- EPS-Datei

Vorgegebene Hilfsmittel

- 2.03_foto1_logo_spinat.jpg

2.04 Kursplan „Thai Bo“

Abgabe 2.04

Print

> Kursplan in Originalgröße

Digital

> Eine druckfähige Datei

Vorgegebene Hilfsmittel

> 2.04_text_thaibo.txt
> 2.04_foto1_thaibo.jpg
> 2.04_foto2_thaibo.jpg
> 2.04_foto3_thaibo.jpg
> 2.04_foto4_thaibo.jpg

Notwendige Kenntnisse

Zum Lösen dieser Aufgabe ist es notwendig, in einem Satzprogramm mit Tabellen, Texten und Grafiken umgehen zu können. Es wird mit Stilvorlagen gearbeitet, um mit wenig Aufwand auf mögliche Korrekturen reagieren zu können. Programmkenntnisse sowie Kenntnisse zur Wirkung von Farben und deren gezielter Einsatz sind hilfreich.

Briefing

Der „Renner“ der Kampfsportschule „Sports Power“ ist die Trendsportart „Thai Bo“. Ursprünglich wurde sie von einem US-Karatemeister entwickelt und ist auch in Deutschland seit dem Jahr 2000 bekannt. Anerkannte deutsche Trainer lassen sich in Amerika zum „Thai Bo Instructor“ ausbilden.

Bei „Thai Bo“ handelt es sich um einen Mix aus Aerobic, Tanz, Kickboxen und asiatischen Kampfsporttechniken, allerdings ohne Körperkontakt.

Neben dem „Thai-Bo“-Training wird auch „Thai-Kickboxen“ bei „Sports Power“ angeboten. Dieses Angebot von „Sports Power“ richtet sich an sportlich motivierte Menschen aller Altersklassen. Für die unterschiedlichen Altersgruppen gibt es spezielle Trainingszeiten, z. B. für Kids, ältere Generationen, Anfänger und Fortgeschrittene.

Aufgabe

Da „Thai Bo“ bei „Sports Power“ sehr gefragt ist, muss ein neuer, übersichtlicher Kursplan entwickelt werden. Alle Texte aus „2.04_text_thaibo.txt“ sind zu verwenden. Das Format entspricht DIN A3 und sollte für Aushänge (in den eigenen Räumlichkeiten) geeignet sein.

Wichtig für den Plan ist, dass alle Informationen übersichtlich angeordnet werden und der Kursplan eine eigene Werbewirkung ausstrahlt.

Besonderheiten bei dieser Aufgabe

Da sich die Zielgruppe über Senioren und Berufstätige bis hin zu Kindern erstreckt, ist es notwendig, den Kursplan möglichst ansprechend für alle Gruppen zu gestalten. Zudem ist die Konkurrenz im Bereich Trendsportarten sehr groß, weshalb der Plan gleichzeitig eine hohe Werbewirkung haben sollte.

Zeitrahmen: 6 h
Schwierigkeit: **

2.04b Zusatzaufgabe Icon „Thai Bo“

Notwendige Kenntnisse

Zum Lösen dieser Aufgabe ist es erforderlich, in einem Vektorprogramm Zeichenwerkzeuge anzuwenden.

Aufgabe

Für den Kursplan der Kampfsportschule „Sports Power“ wird ein Icon benötigt, für das in einem Vektorprogramm als Schattenriss eine Person anhand des Fotos „2.04_foto5_logo_thaibo.jpg“ nachzuzeichnen ist. Die Konturen der Person sind exakt nachzuempfinden, wobei im Icon auf den hängenden Gürtel verzichtet und der linke Fuß ergänzt werden muss.

Herausforderung bei dieser Aufgabe

Eine reale Figur exakt nachzuzeichnen und das Bild um Bereiche zu ergänzen, die nicht vorhanden sind, ist der Schwerpunkt bei dieser Aufgabe.

DIN A4/DIN A2

Abgabe 2.04b

Print

> Icon Höhe: 150 mm

Digital

> Vektordatei, in der Icon und Foto überlagernd auf verschiedenen Ebenen und in einer Icon-Höhe vom 150 mm liegen

Vorgegebene Hilfsmittel

> 2.04_foto5_logo_thaibo.jpg

2.05 Pralinenschachtel „Weinpralinen“

Abgabe 2.05

Print und Digital

> Farbausdrucke im beschnittenen Endformat
> Farbseparierte Auszüge mit Farbbezeichnungen und den üblichen Hilfszeichen
> Angaben zu der verwendeten Hard- und Software
> Datenpaket mit allen erstellten Dateien und einer belichtungsfähigen PDF-Datei
> Handmuster der Schachtel

Vorgegebene Hilfsmittel

> 2.05_text_weinpralinen.txt
> 2.05_vorlage_weinpralinen.pdf
> Fotos aus dem Ordner 2.05/Bilder

Notwendige Kenntnisse

Zur Bearbeitung dieser Aufgabe sind Kenntnisse in einem Satzprogramm notwendig. Zudem muss ein Medium passend zur Zielgruppe und dem Produkt eine harmonische Farbkomposition entwickelt werden. Alle im Kapitel 1 erlernten Fähigkeiten wie die Anwendung von Gestaltgesetzen, Farbwirkung und Wahrnehmung sind zu berücksichtigen.

Briefing

Das „Gut Weinheim“ ist nicht nur für seine ausgezeichneten Weine bekannt, sondern auch für die auf dem Gut ansässige Pralinenmanufaktur „Vince & Hude“. Beide Produkte werden seit 120 Jahren auf dem Gut hergestellt.

Die Spezialität der Chocolatiers der Pralinenmanufaktur sind ausgefallene Weinpralinen mit sehr fruchtigem Geschmack. Die Weine zur Herstellung der Pralinen stammen vom Weingut selbst. Gefüllt sind diese Pralinen mit Weincremes sowie gelierten aber auch flüssigen Weinen.

Zur anstehenden 120-Jahr-Feier soll ein Weinfest auf dem Gut ausgerichtet werden, das Anlass zum Rückblick auf die ereignisreiche Geschichte des Weinguts gibt. Eines dieser Ereignisse, das die Familien Vince und Hude seit jeher als besonders prägend empfinden, war die erste Auslieferung von Weinen und Pralinen vor 120 Jahren. Damals zog ein ganz besonderes Pferd den Wagen, der mit den ersten Weinen und Pralinen bepackt war. Dieses Pferd hat dem Gut 44 Jahre lang treue Dienste erwiesen und ist in einem für ein Pferd erstaunlich hohen Alter von 46 Jahren gestorben.

Im Rahmen der 120-Jahr-Feier sollen neben den ausgezeichneten Weinen auch die traditionsreichen Weinpralinen besonders präsentiert werden.

Aufgabe

Zur Präsentation der Weinpralinen soll eine Pralinenschachtel entstehen. Für diese ist ein Design, insbesondere für den Deckel und den Boden, zu gestalten.

Die Gestaltung muss einerseits zur 120-Jahr-Feier passen, aber andererseits auch die lange Tradition der Weinpralinenherstellung widerspiegeln. Deshalb soll die Pralinenschachtel das Konterfei eines Pferds als Signet tragen.

Zeitrahmen: 6 h
Schwierigkeit: **

Prinzipiell kann das Design der Pralinenschachtel modern oder auch traditionell gehalten sein. Alle Texte aus „2.05_text_weinpralinen.txt“ sind zu verwenden; die Fotos aus dem Ordner 2.05/Bilder können verwendet sowie um eigene Fotografien und Grafiken ergänzt werden.

Als Vorlage für die Schachtel ist die Datei „2.05_vorlage_weinpralinen.pdf“ zu verwenden. Das Außenmaß (Schachtelboden) beträgt 160 x 160 mm.

2.05b Zusatzaufgabe Logodesign „Weinpralinen“

Notwendige Kenntnisse

Um eine Logo-Vorlage zu erstellen, ist es notwendig, in einem geeigneten Programm eine Vektorvorlage zu entwickeln. Programmkenntnisse sowie Kenntnisse über den Einsatz von Farben, Illustrationen und Gestaltgesetzen sind erforderlich.

Briefing

Die Weinpralinenmanufaktur „Gut Weinheim“, für die die Chocolatiers „Vince & Hude“ ausgefallene Weinpralinen entwickeln, benötigt ein neues Logo, das sowohl die Chocolatiers als auch das Gut berücksichtigt. Das Zugpferd „Laurencius“ ist schon seit 75 Jahren als Wahrzeichen des Guts bekannt. Die Fotografie „2.05_foto1_logo_weinpralinen.jpg“ zeigt das Pferd (im Hintergrund). Weitere Informationen sind der Aufgabe 2.05 zu entnehmen.

Aufgabe

Aus der Fotografie „2.05_foto1_logo_weinpralinen.jpg“ soll der Kopf des Pferds im Hintergrund nachgezeichnet und für ein Logo des Guts verwendet werden. Sowohl der Name des Guts als auch der der Chocolatiers sollen Verwendung finden. Insgesamt wird eine Wort-Bildmarke entwickelt, die eine Harmonie zwischen Grafik und Text bildet. Hierfür muss eine passende Farbgebung und eine stimmige Schrift gefunden werden. Für die Zeichnung ist darauf zu achten, dass der Pferdekopf sehr genau nachgezeichnet wird, fehlende Teile hinzugefügt und überflüssige Punkte entfernt werden. Auge, Mähne und Trense sind anzudeuten.

Format siehe Schachtelvorlage

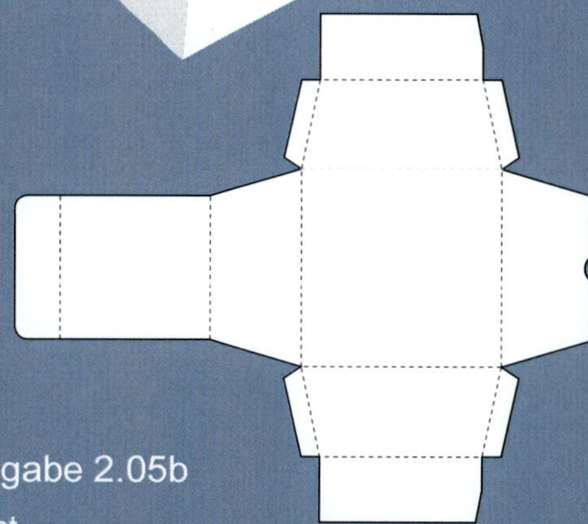

Abgabe 2.05b

Print

- Ein Ausdruck des Logos auf DIN A4, auf dem es farbig und schwarz-weiß dargestellt ist, Breite 60 mm
- Ausdruck des nachgezeichneten Pferdekopfs

Digital

- Eine Logo-PDF-Datei mit 140 mm Höhe
- PDF-Datei, die das Originalfoto und das nachgezeichnete Pferd zeigt

Vorgegebene Hilfsmittel

- 2.05_foto1_logo_weinpralinen.jpg

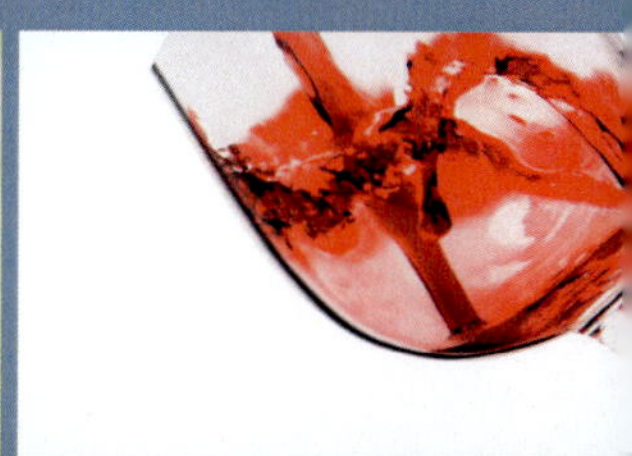

2.06 Faltblatt „naturAnsichten“

Abgabe

Print

> Aufgabe 1: Farbausdruck im beschnittenen Endformat (Handmuster)
> Aufgabe 2: Farbausdruck der Logo-Vektordatei in 90 mm Breite

Digital

> Datenpaket mit allen erstellten Dateien und der Originaldatei des neuen Logos
> Farbseparierte Auszüge mit Farbbezeichnungen und den üblichen Hilfszeichen
> Angaben zu der verwendeten Hard- und Software
> Datenpaket mit allen erstellten Dateien
> Belichtungsfähige PDF-Datei

Vorgegebene Hilfsmittel

> 2.06_text_naturansichten.txt
> Bilder im Verzeichnis 2.06/Bilder

Notwendige Kenntnisse

Zur Bearbeitung dieser Aufgabe sind Kenntnissein einem Satzprogramm notwendig. Zudem ist es wichtig, zu wissen, wie ein Medium passend zur Zielgruppe und dem Unternehmen eine angemessene Farbharmonie entwickelt werden kann. Alle im Kapitel 1 erlernten Fähigkeiten in der Anwendung von Gestaltgesetzen, Farbwirkung und Wahrnehmung sind zu berücksichtigen.

Briefing

Das junge Unternehmen „naturAnsichten“ aus Meisterstadt am See bietet ein breites Spektrum an Dienstleistungen rund um die Themen Natur und Ökologie.

„naturAnsichten“ hat zwei unterschiedliche Dienstleistungen im Angebot:

- Erlebnispädagogik: z. B. Naturexpeditionen, Erlebnisspaziergänge, Kräuter- und Sagenwanderungen für Kinder, Schulklassen und erwachsene Naturfreunde
- Landschaftsökologische Gutachten: Begutachtung von Grundstücken für private Bauherren und Unternehmen

Bislang erreicht das junge Unternehmen seine Kunden nur durch Mund-zu-Mund-Propaganda, weshalb eine Kommunikationsstrategie entwickelt werden soll, mit der die Zielgruppen zukünftig gezielt angesprochen werden können.

Als Zielgruppen nennt „naturAnsichten“ Menschen aller Altersklassen, die sich für die Themen Natur und Ökologie interessieren, wie z. B. Kinder- und Schülergruppen, welche eine Exkursion im Rahmen des Biologieunterrichts durchführen, Unternehmen, die ihre Mitarbeiter im Rahmen eines Betriebsausflugs für das Thema Nachhaltigkeit sensibilisieren möchten, Sonntagsausflügler, die fundierte Informationen auf ihren Ausflügen erhalten möchten, aber auch Personen, die Bauvorhaben planen und zuvor die Baugrundstücke prüfen lassen möchten.

Das Unternehmen plant, sich jung, dynamisch und naturnah (ökologisch) zu präsentieren, ohne aber in das verstaubte Ökoimage vergangenen Jahrzehnte zu geraten.

Zeitrahmen: 6 h
Schwierigkeit: **

Aufgabe

Unter Berücksichtigung des Briefings ist ein querformatiges Faltblatt mit vier Seiten zu erstellen und technisch zu realisieren. Zudem ist die Zusatzaufgabe Logo „naturAnsichten“ zu lösen und das neu erstellte Logo in die Gestaltung mit einzubeziehen.

Der vorgegebene Blindtext „2.06_text_naturansichten.txt“ ist komplett zu verwenden. Die Platzierung der Texte und die Textreihenfolge sind freigestellt. Aus den im Verzeichnis „2.06/Bilder“ vorhandenen Bilddateien kann unter gestalterischen Gesichtspunkten eine beliebige Anzahl ausgewählt werden. Die verwendeten Bilder können in der Größe verändert sowie durch Montage und Retusche beliebig modifiziert werden. Bei starker Vergrößerung ist die Auflösung bewertungstechnisch nicht relevant.

Technische Vorgaben

Papierformat: geschlossen 200 x 210 mm, zu verwenden ist ein Bogen, der auf das geschlossene Format gefalzt wird

Besonderheiten bei dieser Aufgabe

Da sich die Zielgruppe von Senioren und Berufstätigen bis hin zu Kindern erstreckt, ist es notwendig, die Broschüre möglichst ansprechend für alle Gruppen zu gestalten.

2.06b Zusatzaufgabe Logo „naturAnsichten“

Aufgabe

Aus der Logo-Datei „2.06_vorlage_logo_naturansichten.jpg“ ist eine Vektorgrafik zu erstellen. Die Logo-Schrift „Swiss“ von Max Miedinger ist nicht verbindlich, aber zumindest annähernd zu erreichen.

200 x 210 mm

naturAnsichten

Abgabe 2.06b

Print

> Ein Ausdruck des Logos auf DIN A4, auf dem es farbig und schwarz-weiß dargestellt ist, Breite 54,7 mm

Digital

> PDF-Datei, die das Originallogo und das nachgezeichnete zeigt

Vorgegebene Hilfsmittel

> 2.06_vorlage_logo_naturansichten.jpg

Chipkartendesign „Universität Meisterstadt“

Abgabe

Print

> Handmuster der Chipkarte in Originalgröße

Digital

> Druckdatei für den Offsetdruck, 4 C
> Entwurf für App als Bilddatei

Vorgegebene Hilfsmittel

> 2.07_text_chipkarte.txt
> Fotos im Verzeichnis 2.07/Bilder

Notwendige Kenntnisse

Zum Lösen dieser Aufgabe ist es notwendig, in einem geeigneten Satzprogramm eine Vorlage zu erstellen. Grundkenntnisse aus dem Kapitel 1 „Erste Fingerübungen“ ab Seite 9 sind Voraussetzung zur Lösung dieser Aufgabe.

Briefing

Die traditionsbewusste „Universität Meisterstadt“ führt zum kommenden Semester ein neues elektronisches System ein.

Dieses System soll die Verwaltung der Studierenden erleichtern sowie den Studierenden ermöglichen, schneller und einfacher an Informationen zu gelangen. Des Weiteren bietet dieses System die Möglichkeit, zusätzliche Dienste über eine Chipkarte und eine Handy-App zu nutzen, wie z. B. bargeldlose Nutzung des öffentlichen Personennahverkehrs (ÖPNV), bargeldloses Zahlen in der Mensa, Anmelden in PC-Pools sowie Prüfungsanmeldungen.

Zur Einführung des neuen Systems sowie der Chipkarte gilt es nun, einen neuen Studierendenausweis in Form einer Chipkarte zu entwickeln und ergänzend dazu einen Designentwurf für die App zu entwickeln.

Hintergrundinformationen zur Universität:

Die „Universität Meisterstadt“ ist eine im Grünen gelegene Campusuniversität, auf deren Gelände sich alle Gebäude, also Verwaltung, Mensa, Hörsäle, Institute, Wohnheime, Bibliotheken sowie Forschungslabore, befinden. Zum Campus gehören des Weiteren ein Biotop und eine ausgedehnte Sportanlage mit Fußball-, Tennis- und Volleyballplätzen.

Alle Einrichtungen der Universität sind fußläufig erreichbar, das Stadtzentrum per ÖPNV in zehn Minuten.

Gegründet wurde die Universität im Jahre 1527 von Landgraf Philipp I. und hat somit eine lange Geschichte. Von den Gebäuden aus der Gründungszeit ist allerdings nur das zentrale Verwaltungsgebäude, in dem sich die heutige Bibliothek befindet, erhalten geblieben. Die letzten Gebäude wurden 2020 errichtet und weisen eine sehr moderne Architektur auf. Zentrale Wahrzeichen der Universität sind die alte Bibliothek, die modernen Bauten der Fakultäten Gesundheitswissenschaften und Sportwissenschaften, das Biotop mit angrenzender Grünfläche, eine Hochbahn und ein Denkmal von Philipp I.

Die folgenden Fakultäten sind an der Universität beheimatet:

- Fakultät für Biologie
- Fakultät für Chemie
- Fakultät für Mathematik
- Fakultät für Physik
- Fakultät für Erziehungswissenschaft
- Fakultät für Grafikdesign und Kunstwissenschaften
- Fakultät für Gesundheitswissenschaft
- Fakultät für Linguistik und Literaturwissenschaft
- Fakultät für Sportwissenschaft

Aufgabe 1

Für die Studierenden der Universität Meisterstadt soll ein neuer Studierendenausweis entwickelt werden, der in Form einer Chipkarte zum Bahnfahren, Zahlen in der Mensa, Anmelden in PC-Pools sowie zur Prüfungsanmeldung genutzt werden kann. Um diese Funktionalitäten verwenden zu können, enthält die Karte einen Chip und einen Magnetstreifen auf der Rückseite.

Die Chipkarte mit den Maßen 85,7 x 54 mm und abgerundeten Ecken soll doppelseitig gestaltet und mit allen Informationen aus „2.07_text_chipkarte.txt" versehen werden. Für die Gestaltung sind die Informationen aus dem Briefing zu berücksichtigen, sodass diese allen Themenbereichen der Universität gerecht wird.

Aufgabe 2

Ergänzend zur Chipkarte sollen einzelne Dienstleistungen auch als Handy-App angeboten werden. Auf Grundlage des Kartendesigns soll ein Entwurf (Startseite) für eine App entwickelt werden.

Diese soll per Fingertipp folgende Funktionen anbieten: Button zum Öffnen des Studierendenausweises, der Fahrkarte für den ÖPNV, des Anmeldeservices für Computerpools und Prüfungen sowie zum Öffnen des universitätseigenen Mechandiseshops. Bei der Entwurfsentwicklung ist zu beachten, dass diese sowohl im Quer- als auch im Hochformat sowie auf unterschiedlichen Systemen funktionieren muss.

85,7 x 54 mm

99 x 210 mm

2.08

Hörbuch-Booklet Krimireihe Titel „Der letzte Fahrgast“

Notwendige Kenntnisse

Zum Lösen dieser Aufgabe ist es erforderlich, in einem geeigneten Programm eine Vorlage zu erstellen, aus der ein Booklet, das gleichzeitig als CD-Hülle dient, entstehen kann. Deshalb sind Programmkenntnisse sowie Kenntnisse des Einsatzes von Farben, Illustrationen und Gestaltgesetzen wichtig.

Briefing

„Inspektor Cotter ermittelt“ ist der Titel einer neuen Hörbuch-Krimireihe des „Mittel Sound Verlags“. Hierfür ist ein Design zu entwickeln. Begonnen wird mit der ersten Folge „Der letzte Fahrgast“ und die Reihe wird monatlich fortgesetzt.

Die Krimireihe zeichnet sich dadurch aus, dass sie anders und neu ist. Im düsteren, meist nächtlichen London ermittelt Inspektor Cotter in mysteriösen und ungewöhnlichen Todesfällen und trifft dabei auf außerordentliche Charaktere, die so gar keinem Klischee entsprechen. Die Geschichten erzählen auf sehr spannende Weise von ungewöhnlichen Ereignissen. Fragen wie: „Welche haarsträubenden Ereignisse führten zum Tod des Opfers – war es Mord, hat das vermeintliche Opfer seinen Tod unabsichtlich selbst herbeigeführt oder soll ein Missgeschick vertuscht werden?“ werden von „Inspektor Cotter“ aufgeklärt.

Aufgabe

Für den aktuellen Titel „Der letzte Fahrgast“ der Hörbuch-Krimireihe „Inspektor Cotter ermittelt“ muss ein Design entwickelt werden, das passend zum Briefing eine ganze Krimireihe bedienen kann. Die Krimis werden jeweils zwei MP3-CDs umfassen und in CD-Einsteckhüllen aus Pappe angeboten werden. Das Cover muss ebenfalls für gängige Streamingdienste und Online-Anbieter verwendbar sein. Die CD-Hülle soll stabil, edel, aber nicht zu außergewöhnlich geformt sein und zudem als CD-Booklet fungieren. Hierzu ist ein Verpackungsvorschlag zu machen, bei dem das entwickelte Design samt aller Texte aus „2.08_text_krimireihe.txt“ anzuwenden ist. Das Booklet ist als Handmuster zu erstellen und zu präsentieren. Zu dem haptischen Medium wird die Krimireihe ebenfalls digital als Podcast und Hörbuch auf bekannten Streaming- und Podcastplattformen

Abgabe 2.02

Print

- Booklet als Handmuster

Digital

- Eine druckfähige PDF/X-4-Datei inklusive aller relevanten Marken
- JPG- und SVG-Datei in 24 Bit, sRGB für die Podcastfolgen

Vorgegebene Hilfsmittel

- 2.08_text_krimireihe.txt
- diverse Fotos aus dem Verzeichnis 2.08/Bilder

Abgabe 2.02b

Print

- Ein Ausdruck auf DIN A4, auf dem das neue Logo farbig und schwarz-weiß dargestellt ist, Breite 60 mm

Digital

- Eine EPS-Datei mit 60 mm Breite

Zeitrahmen: 6 h
Schwierigkeit: **

veröffentlicht. Für diese soll jeweils das Cover und ein Thumbnail entwickelt werden.

Herausforderung bei dieser Aufgabe

Für das Booklet wird ein Vorschlag für ein passendes Format verlangt das als freier Entwurf entwickelt werden kann. Dieser Entwurf muss technisch einwandfrei ausgearbeitet werden und dient als reingezeichnete Stanz- und Produktionsvorlage. Hierbei müssen alle wichtigen Informationen und Zugaben für eine reibungslose Produktion vorhanden sein, wie Falzmarken, Markierungen für Laschen, Stanzungen sowie ein Konzept für die Platzierung und Befestigung der beiden CDs. Die Entwürfe für die Podcasts und digitalen Hörbücher werden für die passenden Plattformen als Cover (1400 × 1400 px und 3000 × 3000 px) und Thumbnail entwickelt.

2.08b Zusatzaufgabe Logodesign „Mittel Sound Verlag“

Notwendige Kenntnisse

Zum Lösen dieser Aufgabe ist es notwendig, in einem geeigneten Illustrationsprogramm eine Vorlage zu erstellen, die als modernes und aussagekräftiges Logo funktioniert. Programmkenntnisse sowie Kenntnisse über den Einsatz von Farben, Illustrationen und Gestaltgesetzen sind erforderlich.

Aufgabe

Der Hörbuchverlag „Mittel Sound Verlag“ benötigt für die Krimireihe „Inspektor Cotter“ ein aussagekräftiges und zur Krimireihe passendes Logo. Entwickelt werden soll eine Kombination aus Signet/Bildmarke und Wortmarke, die das nächtliche London sowie den Kriminalcharakter widerspiegelt. Dieses Markenzeichen muss einzigartig und einprägsam sein. Es soll sowohl für Printmedien (z. B. das Hörbuchcover) als auch für digitale Lösungen (Onlineshop/Streamingdienst) verwendbar sein.

freies Format

TIPP

Ein Logo muss immer als Vektordatei entworfen werden. In einem geeigneten Vektorprogramm lässt sich dann die so entstandene Datei in die unterschiedlichen Dateiformate umwandeln. Dabei entsteht dann in der Regel ein Dateipaket mit Logodateien, die vektorbasiert (z. B. PDF, EPS oder SVG) und pixelbasiert (z. B. TIFF, JPG und PNG) sind und mindestens mit einer Auflösung von 300 dpi (für den Printbereich) und 72 dpi (für digitale Anwendungen) abgespeichert werden. Für Printprodukte werden in der Regel nur vektorbasierte Dateien verwendet, da diese dann skalierbar bleiben.

Kapitel 3
Fortgeschrittene Projekte

Lösungen

Zu vereinzelten Übungen liegen Lösungsvorschläge am Ende des Buchs vor. Diese Aufgaben sind mit einem Symbol markiert.

Zu jeder gelösten Aufgabe ist neben den gefragten Medien ein Abgabebogen (zu finden in „Abgabebogen Kapitel 1–4“ auf Seite 217) einzureichen.

Des Weiteren liegen Bewertungsbogen ab Seite 198 vor.

Arbeitsdateien zu den Aufgaben finden Sie in unserem Downloadbereich online. Bitte benutzen Sie den folgenden Link und geben dort das Passwort (zu finden im Impressum) ein.

Link: lernen.christiani-digital.de/89415-2

Aufgabenübersicht Kapitel 3

Name: ....

Ausbildungsjahr: ....

Seite	Nr.	Titel	Datum	Rückgabe	Wertung	Themenbereich
110	3.01	Plakat „Europaschule“				G/I
112	3.02	Diagramm/Schematische Darstellung „Wasserverbrauch“				G/I
114	3.03	Scribble „Computermaus“				G
115	3.04	Englische Übungsaufgabe; Werbeagentur „Lütte und Partner“				G/T/U
116	3.05	Zielgruppenanalyse Zeitschrift „Apothekeninfo“				G
118	3.06	Absatzmarkt- bzw. Bedarfs- und Konkurrenzanalyse; „Kopfkino“				G
120	3.07	Farbklima festlegen				G
122	3.08	Entwurf für ein Maskottchen zum Thema Cybersicherheit und Datenschutz				G/I/U
124	3.09	Entwicklung eines Konzepts für eine mobile App CosConnect				P
126	3.10	Allgemeiner Styleguide für „Geschäftspapiere“				G/U
127	3.11	„Allgemeiner Styleguide für „Webseiten““				G/U
128	3.12	Aufbau und Vorlage Gestaltungskonzept				G/U
130	3.13	3D-Grafik „Weinpralinen“				G/U
132	3.14	Zielgruppenanalyse Hundeschule und -hort „Villa Elbufer“				G
133	3.14b	Zusatzaufgabe Logoentwicklung				G/I
134	3.15	Werbestrategie Hundeschule und -hort „Villa Elbufer“				G
136	3.16	Hundeschule – Persona erstellen				P
138	3.17	Social-Media-Strategie Gartenbau Greenscape				G/P
140	3.18	Urheberrechtsprüfung Bildmaterial Bürgerinitiative „Für eine saubere Stadt“				G/U
142	3.19	Werbebanner „Motolike“				G/U
144	3.20	Scribble Kaugummiwerbespot „Chew“				G/I

Seite	Nr.	Titel	Datum	Rückgabe	Wertung	Themenbereich
146	3.21	Programmoberfläche automatisierte Fotoerstellung „Checker“				G
148	3.22	Webseitenentwurf „Kriminaldinner“				G/T
150	3.23	AIDA-Modell in Werbespots				G
152	3.24	Übersichtskarten für mikrotypografische Besonderheiten in Texten				T
154	3.25	Bildsprache „Weiser-Saat“				G/F

Legende: G = Gestaltungsgrundlagen, I = Illustrative Aufgabe, T = Typografische Aufgabe, F = Fotobearbeitung, U = Technische Umsetzung, P = Prüfungsvorbereitung

Plakat „Europaschule“

Abgabe

Print

- Drei Plakatideen werden als Handskizze in DIN A5 vorgelegt
- Wortmarke mit Leitspruch in 90 mm Breite

Digital

- Eine Idee digital ausgeführt als PDF-Vorschau-Datei zur Betrachtung am Bildschirm

Vorgegebene Hilfsmittel

- 3.01_text_europaschule.txt

Notwendige Kenntnisse

Für diese Aufgabe ist es notwendig, eigene Ideen für eine Werbekampagne zu entwickeln. Hilfreich sind Kenntnis und Anwendung verschiedener Ideenfindungsmethoden wie Mindmap, Brainstorming, Design Thinking, Framing, 6-3-5-Methode oder Clickingfragen.

Briefing

Grundsätzliche Fakten/Ausgangslage

Die „Europaschule“, ein Gymnasium in Meisterstadt, steht in Konkurrenz mit anderen Schulen aus der Umgebung bei der jährlichen Übernahme von Grundschülern in die 5. Klasse der Sekundarstufe 1. Sie möchte die besten Viertklässler anwerben, um ihnen eine besondere schulische Ausbildung zu bieten, die am Ende zu Spitzenabschlüssen im Abitur führt. In Konkurrenz zu ihr stehen noch ein weiteres Gymnasium und eine Gesamtschule, die sich in 8 km Entfernung befinden.

Jedes Jahr zur gleichen Zeit steht ein „Tag der offenen Tür“ an, zu dem Grundschüler, Eltern und Lehrer eingeladen sind, die „Europaschule“ zu besichtigen. Mit vielen Aktionen und Informationen soll die Entscheidung die „Europaschule“ als zukünftigen Lernort zu wählen erleichtert werden.

Ziel der Kommunikation

Ziel der „Europaschule“ ist es, Schülern ein internationales Umfeld zu bieten und so deren interkulturelle Kompetenzen zu entwickeln und zu stärken. Diesem Ziel zugrunde liegt eine Konzeption, die speziell von der „Europaschule“ entwickelt wurde und entsprechend im Schulalltag praktiziert wird: Zahlreiche Arbeitsgruppen, Förderprogramme und Schüleraustausch mit den Partnerschulen in anderen Ländern erweitern den Horizont der Schüler und unterstützen so ein harmonisches Miteinander.

Des Weiteren ist es der „Europaschule“ ein Anliegen, insbesondere Schüler unterschiedlicher Kulturkreise, Nationalitäten und Religionen anzusprechen, um auch im städtischen Umfeld Internationalität zu leben.

Ziel ist es, den Bekanntheitsgrad der Schule zu steigern und das Konzept zu bewerben.

Zeitrahmen: 12 h
Schwierigkeit: ***

Kommunikationsmaßnahmen

Die Kommunikation erfordert eine ganze Reihe von unterschiedlichen Medien und Maßnahmen.

Im ersten Schritt soll jedoch nur ein Konzept für Plakatwerbung entwickelt werden. Diese Plakate werden an Grundschulen verteilt und für den „Tag der offenen Tür" an der „Europaschule" genutzt. Ziel der Plakatwerbung ist, für die Schule zu werben und sie bekannter zu machen.

Für diese Kommunikationsmaßnahme muss ein Slogan entwickelt werden, der sich sowohl für die Plakate eignet als auch auf andere Medien übertragbar ist. Zudem muss der Slogan mit dem Namen „Europaschule Meisterstadt" kombinierbar sein.

Eine gemeinsame Wortmarke ist ebenfalls erforderlich.

Zielgruppen

Hauptzielgruppe sind Grundschüler, für die bald der Wechsel an eine weiterführende Schule ansteht.

Als Nebenzielgruppe treten Eltern und Lehrer der Primarstufe auf.

Botschaft

Die Zielgruppe soll die Schule als besonders reizvoll und fürsorglich wahrnehmen sowie sich von den vielen Vorteilen ansprechen lassen, die an anderen Schulen nicht selbstverständlich sind. Weltoffenheit, Internationalität und Bekämpfung von Fremdenfeindlichkeit stehen an oberster Stelle der Botschaft. Leitsprüche wie „Wir haben Interesse aneinander", „Keiner ist anders – jeder ist etwas Besonderes", „Wir lernen voneinander" stehen beispielhaft für das Image der Schule.

Nutzen der Kampagne

Die Grundschüler mit Bestnoten entscheiden sich für die Europaschule und nicht für die anderen Schulen, was für die „Europaschule" einen Imagegewinn darstellt.

Budget

Es handelt sich um eine private Schule mit guter finanzieller Grundlage.

Strategie

Es wird eine Leitidee mit „Slogan" entwickelt, welche sich auch auf andere Medien übertragen lässt (Webseite, weiteres Infomaterial, Präsentationen). Diese Leitidee beinhaltet eine spezielle Bildsprache, die ebenfalls auf die anderen Medien übertragbar sein soll.

Aufgabe

Es werden DIN-A1-Plakate erstellt, die neben der Idee auch eine Wortmarke „Europaschule Meisterstadt" in Kombination mit dem Leitspruch enthalten sollen. Dieser Leitspruch wird zusammen mit der Gestaltungsidee entwickelt.

Zusätzlich muss die Adresse der Schule (Europaschule, Platanenweg 15, 12387 Meisterstadt, www.europaschule-meisterstadt.de) enthalten sein.

Diese Aufgabe kann auch als Gruppenaufgabe gelöst werden. Hierbei werden die Ideenfindungsmethoden in einer Gruppe durchgeführt und die Ideen gemeinsam weiter ausgearbeitet. Die Ideenskizzen erarbeitet jeder Gruppenpartner für sich selbst.

Erwartet werden drei Ideenskizzen, wovon eine in digitaler Form ausgearbeitet werden soll. Hierbei handelt es sich nur um Layouts. Eine Reinzeichnung ist nicht notwendig.

Herausforderung/Ziel der Aufgabe

Die Herausforderung dieser Aufgabe ist es, ein klischeefreies Design für eine Plakatreihe zu entwickeln. Dabei sollen neue innovative Designideen anhand von unterschiedlichen Ideenfindungsmethoden entwickelt werden.

3.02 Diagramm/Schematische Darstellung „Wasserverbrauch“

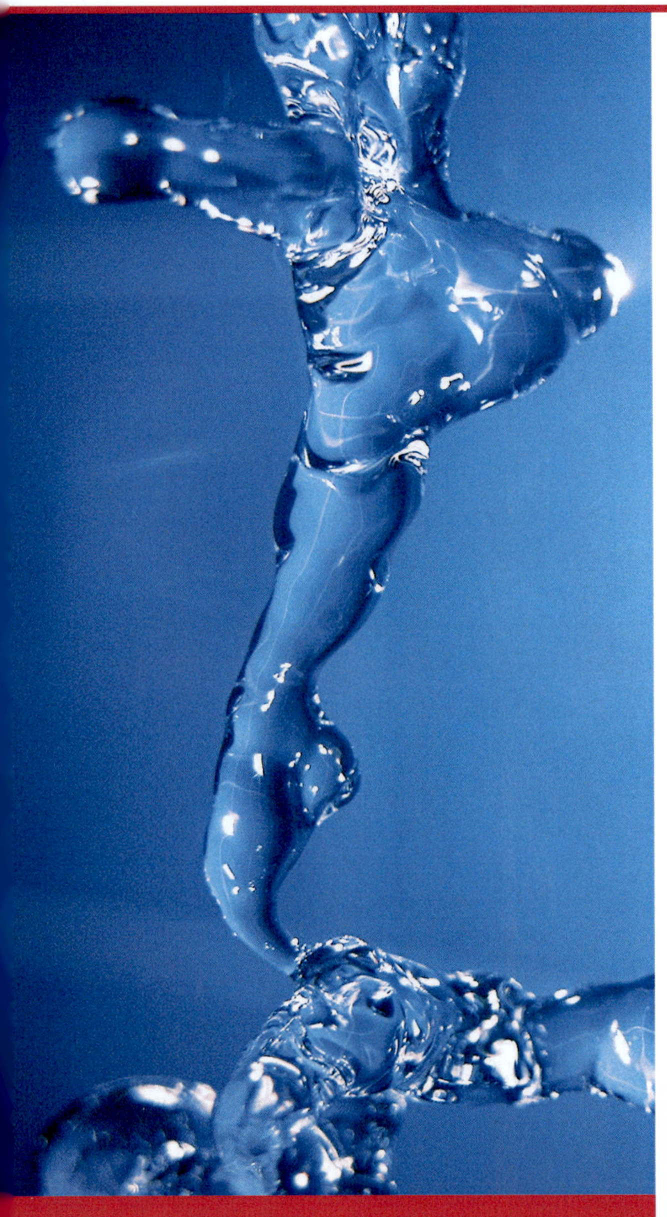

Notwendige Kenntnisse

Bei der Erstellung von schematischen Darstellungen kommt es darauf an, viele Einzelinformationen übersichtlich und verständlich darzustellen, ohne aufwendige Erklärungen zu verwenden. Kenntnisse über Wirkung und Handhabung von Symbolen sind dabei hilfreich. Zudem ist die Wirkung von Farben zu berücksichtigen. Es ist erforderlich, diese Aufgabe in einem Vektorprogramm zu lösen.

Briefing

Der „Umwelt- und Wasserschutzverein Meisterstadt UWM e. V.“ möchte auf die Problematik des weltweit sehr hohen Frischwasserverbrauchs bei der Produktion von Lebensmitteln aufmerksam machen. Erreicht werden soll, dass durch einen bewussten Einkauf von Produkten das Problem der weltweiten Wasserverschmutzung eingegrenzt wird.

Aufgabe

Es ist eine DIN-A4-Anzeige zu erstellen, die mittels eines Diagramms bzw. einer schematischen Darstellung deutlich auf das Problem des Wasserverbrauchs bei der Produktion diverser Produkte aufmerksam macht. Die Anzeige erscheint in einer Publikumszeitschrift, sodass die Anzeige sofort und ohne erklärende Texte verständlich sein sowie eine hohe Werbewirkung erzielen muss.

Dieser Hintergrund impliziert, dass es nicht ausreicht, für die Anzeige auf Standardformate für Diagramme (z. B. Balken- oder Kreisdiagramm) zurückzugreifen. Vielmehr ist ein frisches und anregendes Design, abgestimmt auf die Zielgruppe, zu entwickeln.

Abgabe

Print

> Ausdruck der DIN-A4-Anzeige

Digital

> Druckfähige PDF-Datei mit allen relevanten Marken und Informationen

Vorgegebene Hilfsmittel

> 3.02_text_wasserverbrauch.txt

Info: Publikumszeitschrift = Zeitschrift, die von einem breiten Publikum gelesen wird ohne spezielle Eingrenzung durch Berufszugehörigkeit, Hobbys etc. (Wikipedia)

Zeitrahmen: 8 h
Schwierigkeit: ***

Zielgruppen

Zielgruppe sind alle Leser einer Publikumszeitschrift, deren Alter sich größtenteils zwischen 30 und 60 Jahren bewegt.

Technische Vorgaben

Die DIN-A4-Anzeige darf maximal dreifarbig gestaltet sein.

Alle relevanten Informationen für die Anzeige befinden sich in „3.02_text_wasserverbrauch.txt".

Herausforderung/Ziel der Aufgabe

Ziel dieser Aufgabe ist es, einen komplexen Sachverhalt einfach und übersichtlich anhand eines grafischen Diagramms darzustellen. Hierbei muss eine eigene Bildsprache entwickelt werden, die dem Thema und der Zielgruppe gerecht wird.

DIN A4

3.03 Scribble „Computermaus“

Zeitrahmen: 4 h
Schwierigkeit: **

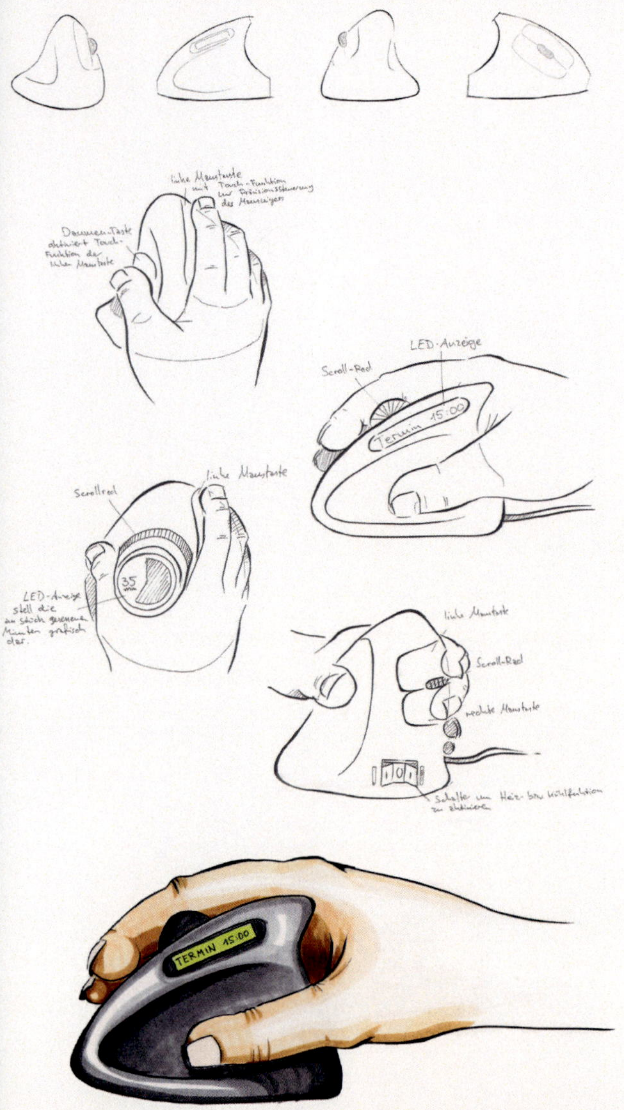

Notwendige Kenntnisse

Diese Aufgabe beinhaltet Elemente aus dem Objektdesign und legt den Schwerpunkt auf die Erstellung von Scribbles. Um die Aufgabe zu lösen, sollten erste Kenntnisse im Umgang mit Layoutmarkern oder anderen Werkzeugen, die sich zum Scribbeln eigenen, vorhanden sein. Des Weiteren sind Kenntnisse über die Verwendung von Farbe, Form und Perspektive erforderlich. Digitale Scribbles auf Geräten mit Stifteingabe sind ebenfalls möglich.

Benötigtes Material

Layoutblock, Bleistifte, Fineliner, Layoutmarker (oder Wasser-/Aquarellfarbe etc.)

Briefing

Für den Innovationswettbewerb „Compunice“ soll ein Entwurf für eine neue, innovative und funktionelle Computermaus entwickelt werden. Diese neuartige Computermaus soll die tägliche Arbeit am Computer erleichtern und den „Mausarm“ (umgangssprachliche Bezeichnung für RSI-Syndrom, eine schmerzhafte Überbelastung von Hand, Arm und Schulter durch die dauerhafte Betätigung einer Computermaus) verhindern. Im Rahmen des Wettbewerbs wurden keine näheren technischen Angaben vorgegeben bzw. keine Grenzen gesetzt. Vielmehr erwarten die Initiatoren des Wettbewerbs freie und kreative Entwürfe. Die Computermaus soll ein ansprechendes und außergewöhnliches Design aufweisen und kleine pfiffige Features enthalten.

Aufgabe 1

Die Produktidee ist mittels Handzeichnungen zu entwickeln. Hierfür gilt es, Ideen in Form von groben Schwarz-Weiß-Strichzeichnungen zu sammeln. Anschließend ist eine der Ideen als detaillierte Zeichnung farbig und präsentationsreif auszuarbeiten.

Wichtig bei den Scribbles ist, dass die Funktionen deutlich werden und das Design gut durchdacht und überzeugend ist.

Aufgabe 2

Es ist eine Produktpräsentation zu entwickeln die eine Computermaus aus unterschiedlichen Blickwinkeln zeigt. Hierfür ist ein Storyboard zu zeichnen, einzuscannen und präsentationsreif auszuarbeiten.

Abgabe Aufgabe 1

- Handgezeichnete Ideenskizzen (schwarz-weiß)
- Präsentationsfähige Handzeichnung

Abgabe Aufgabe 2

- Rundumansicht als Präsentation (PDF)

Vorgegebene Hilfsmittel

- Layoutmarker und Layoutpapier sowie Fineliner und Bleistifte sind hilfreich
- Zur Erstellung der Präsentation ist ein Scanner oder ein anderes geeignetes Eingabegerät notwendig

Englische Übungsaufgabe Werbeagentur „Lütte und Partner“

Zeitrahmen: 8 h
Schwierigkeit: *

Notwendige Kenntnisse

Für diese Aufgabe sind detaillierte Satzkenntnisse in verschiedenen Sprachen notwendig. Es ist hilfreich, die Besonderheiten der Interpunktion, Silbentrennung, Abstandsregeln im Englischen (speziell im britischen Englisch) zu kennen, um diese Aufgabe richtig zu lösen.

Briefing

Die Werbeagentur „Lütte und Partner“ gründet aktuell eine Außenstelle in London, über die mit einem Faltblatt informiert werden soll. Dieses Faltblatt ist zweisprachig, deutsch und englisch, zu setzen, um alle Kundenstämme gleichermaßen ansprechen zu können.

Aufgabe

In einem Satzprogramm muss ein Faltblatt erstellt werden, in dem sich die deutschen Texte aus „3.04_text_werbeagentur_deutsch.txt“ und „3.04_text_werbeagentur_englisch.txt“ gegenüberstehen. Dabei sind alle Satzregeln für die jeweilige Sprache zu beachten. Diese müssen in den Absatzformaten im Satzprogramm hinterlegt sein.

Als Format des Faltblatts ist im geschlossenen Zustand DIN A5 und im geöffneten 210 x 444 mm (6 Seiten Leporello- oder Zickzackfalz) zu wählen.

Bei anderssprachigen Texten ist die Wahl der richtigen Schrift und Satzart sehr wichtig. Sie muss in einem separaten kurzen Text begründet werden.

Besonderheiten bei dieser Aufgabe

Im vorliegenden Text befinden sich Zeichen, die in der englischen Sprache nicht vorgesehen sind.

Zudem werden Interpunktionszeichen verwendet, die im Englischen in einer anderen Form verwendet werden müssen. Typische Regeln für Zeilen- bzw. Absatzabstände nehmen Einfluss auf die zu wählende Satzart.

Abgabe

Print

- Ausdruck des Faltblatts
- Ausdruck der kurzen Begründung

Digital

- Abgegeben wird die Satzdatei und jeweils ein PDF/X-4

Vorgegebene Hilfsmittel

- 3.04_text_werbeagentur_deutsch.txt
- 3.04_text_werbeagentur_englisch.txt
- Fotos sind im Verzeichnis 3.04/Bilder zu finden

3.05 Zielgruppenanalyse Zeitschrift „Apothekeninfo“

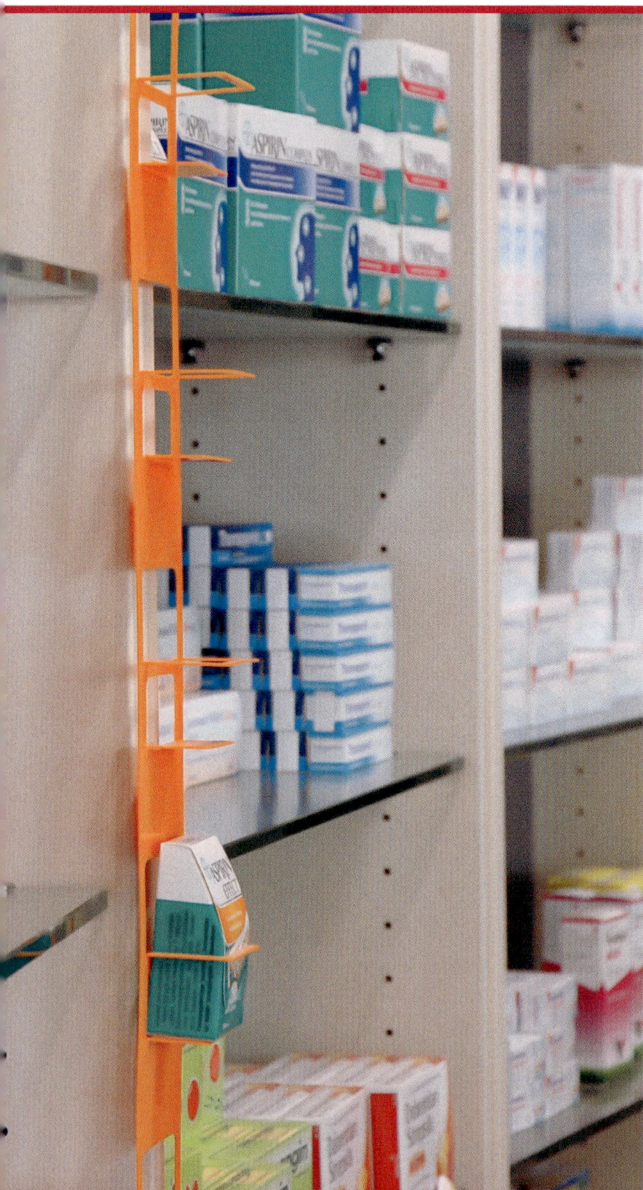

Notwendige Kenntnisse

Da es sich bei dieser Aufgabe um eine vorbereitende Übung für die Erstellung von Konzeptionen, insbesondere von Konzeptionen für Prüfungen handelt, ist es sinnvoll, sich zuvor mit „C„Checkliste Konzeption“ auf Seite 191nd „C„Checkliste Zielgruppenanalyse“ auf Seite 194useinanderzusetzen. Hilfreich können bei der Recherche Informationen zu Konkurrenzprodukten, Webrecherche, das „Sinus-Institut“ und andere Quellen sein.

Briefing

Eine der auflagenstärksten Zeitschriften in Deutschland ist die „Apothekeninfo“. Dabei handelt es sich um ein etwa 80-seitiges Gesundheitsmagazin, das sich aus Werbeanzeigen finanziert und in Apotheken als Kundenzeitschrift kostenlos ausliegt. Die „Apothekeninfo“ erscheint zweimal im Monat und richtet sich an alle interessierten Menschen. Sie ist ausschließlich im Kassenbereich von Apotheken zu bekommen, einem Ort, der von Personen frequentiert wird, für die das Thema Gesundheit wichtig ist.

Die Titelthemen der aktuellen Ausgabe sind:

- „Schutz vor Herzinfarkt – das Leben umstellen“
- „Arthrose – Wie Sie mit Gymnastik die Finger gelenkig halten“
- „Winterdepressionen verhindern“
- „Gesund abnehmen“ und
- „Gesunde Füße durch Barfußlaufen“

Abgabe

Print

> Grafisch gut ausgearbeitete Zielgruppenanalyse

Vorgegebene Hilfsmittel

> „Checkliste Konzeption“ auf Seite 191
> „Checkliste Zielgruppenanalyse“ auf Seite 194
> Webseiten des Sinus Instituts

Weitere hilfreiche Segmentierungsmerkmale

> LOHAS (Lifestyles of Health and Sustainability)
> Vergleiche auch Aufgabe 3.14 „Zielgruppenanalyse Hundeschule und -hort „Villa Elbufer““ auf Seite 132

Zeitrahmen: 4 h
Schwierigkeit: **

Aufgabe

Erstellt werden soll eine Zielgruppenanalyse anhand des Sinus-Milieus® (Sinus-Institut). Hierbei ist es notwendig, anhand der sogenannten „Kartoffelgrafik“ die Zielgruppen zu bestimmen und deren spezielle Eigenschaften und Besonderheiten hervorzuheben.

Es ist eine ausführliche und grafisch gut ausgearbeitete Analyse zu erstellen, in der das aktuelle Sinus-Milieu® dargestellt, für den speziellen Fall beschrieben und die Zielgruppe festgelegt wird. Die Zielgruppen werden anhand von Recherchen im Web und vorhandenen Fachbüchern und Zeitschriften eingegrenzt. Auch weitere aktuelle Forschungsergebnisse und Statistiken dürfen hinzugefügt werden. Zusätzlich kann auch beispielhaft eine kleine Kunden- bzw. Leserbefragung durchgeführt werden. Alle Quellen sind detailliert anzugeben.

Ergänzend zur oben genannten Analyse ist die Zielgruppe als Persona darzustellen. Hierzu werden die Zielgruppenerkenntnisse zu einer oder mehreren fiktiven Personen zusammengefasst. In der Regel werden drei bis sechs Personen mit folgenden Informationen entwickelt: Name, Geschlecht, Alter, Beruf, persönliche Bedürfnisse und Befürchtungen, Zitat, Vernetzung, Hobby/Freizeit und Ziele. Diese Informationen sind je nach Projekt anpassbar. Personas helfen einen möglichen Kunden nicht aus den Augen zu verlieren und machen Muster im Nutzerverhalten deutlich.

Herausforderung bei dieser Aufgabe

Bei einer Zielgruppenanalyse ist es wichtig, sich nicht durch eigene Vorurteile und Erfahrungen leiten zu lassen, sondern die Rechercheergebnisse neutral wiederzugeben. Deshalb ist es notwendig, sich auf fundierte Informationen zu stützen und dafür entsprechende Quellen zu wählen.

DIN A4

Um eine Zielgruppenanalyse interessant und leserfreundlich zu gestalten, bietet es sich an, diese zusätzlich mit Tabellen zu strukturieren und besondere Aspekte in kleinen Infografiken darzustellen. So lassen sich die wesentlichen Informationen leicht erfassen und schnell wiederfinden.

Statistiken, die schon über viele Jahre geführt werden, liefern wichtige Informationen für eine Zielgruppenanalyse und aus Ihnen können Trends abgelesen werden. Fast jede Zielgruppe ist bereits erforscht und als Statistik erfasst worden, man muss sie nur finden. Bekannteste Studien wären z. B. die „Shell-Jugendstudie“, die alle vier Jahre erscheint oder die „ARD-ZDF-Onlinestudie“. Weitere Quellen können verschiedenste Berufsverbände (z. B. bankenverband.de zur finanziellen Situation), Ministerien oder Branchenreports sein. Auch zu Social Media werden verschiedene Statistiken erhoben sowie regelmäßige Social Media Prismen veröffentlicht.

3.06 Absatzmarkt- bzw. Bedarfs- und Konkurrenzanalyse „Kopfkino“

Abgabe

> Ausführlich ausgearbeitete Analyse in DIN A4, die übersichtlich und leserfreundlich gestaltet ist

Notwendige Kenntnisse

Bei dieser Aufgabe handelt es sich um eine Vorbereitung für die Konzeptarbeit (insbesondere für Abschlussprüfungen). Zur Erarbeitung eines Konzepts ist es notwendig, sich das Umfeld eines Auftraggebers anzuschauen, um die passenden Werbemaßnahmen entwickeln zu können. Absatzmarkt- und Konkurrenzanalysen sind hilfreiche Werkzeuge, um eine passende Idee für ein Marketingkonzept entwickeln zu können. Folglich sind erste Kenntnisse in diesem Bereich erforderlich, die in der ausbildungsbegleitenden Literatur nachgelesen werden können.

Briefing

Im Landkreis Ammerland in Niedersachsen liegt in der Nähe von Oldenburg die Gemeinde Bad Zwischenahn. Die Gemeinde hat knapp 29000 Einwohner. Demnächst soll in Bad Zwischenahn unter dem Namen „Kopfkino“ ein neues Kino eröffnet werden.

Das Businesskonzept sieht vor, das Kino entsprechend des aus anderen deutschen Städten bekannten Konzepts als „Programmkino“ zu betreiben. Es soll trotz der Konkurrenz durch Streamingdienste ein Ambiente bieten, das die Zuschauer vom heimischen Sofa in die gemütliche Atmosphäre des Programmkinos lockt. Folglich werden hauptsächlich Filmkunst, Klassiker und Dokumentationen gezeigt sowie deutsche und internationale Filme in der Originalsprache.

Des Weiteren sieht das Konzept vor, dass das Kino im Stil der Kinos der 50er-Jahre eingerichtet und betrieben wird. Das heißt, dass sich im Kinosaal neben der Kinobestuhlung auch kleine Tische sowie eine Theke, von welcher vom Sitzplatz aus über Klingeln Erfrischungsgetränke und Snacks geordert werden können, befinden.

Das „Kopfkino“ besitzt drei Kinosäle, die jeweils drei verschiedene Genres bedienen. In einem Saal werden aktuelle Filme und Dokumentationen mitunter in verschiedenen Sprachen gezeigt. Im zweiten Saal laufen die Klassiker mit Kultcharakter und im dritten wird ausschließlich Filmkunst gezeigt. Nach dem Film lädt das Kino zum Verweilen ein, um den Abend gemütlich mit Freunden bei einem Getränk und Musik ausklingen zu lassen.

Zeitrahmen: 8 h
Schwierigkeit: **

Um Marketingstrategien zur Neueröffnung zu planen und Empfehlungen für weitere Aktivitäten auszusprechen, ist es erforderlich, eine Absatzmarkt- und Konkurrenzanalyse durchzuführen.

Aufgabe

Kern dieser Aufgabe ist eine Absatzmarkt-, Bedarfs- und Konkurrenzanalyse. Diese muss ausführlich verfasst werden und soll die Chancen und Risiken des Standorts übersichtlich aufzeigen. Ergänzt werden kann die Absatzmarkt- und Konkurrenzanalyse durch eine Bedarfsanalyse, z. B. bezogen auf die ortsansässige Bevölkerung/Zielgruppe im Einzugskreis.

Die Analyse ist übersichtlich und ansprechend zu gestalten. Die Verwendung von Infografiken ist dabei hilfreich. Alle Quellen sind detailliert anzugeben.

Am Ende der Analyse ist eine Empfehlung unter Berücksichtigung der Chancen und Risiken anzugeben.

Herausforderung bei dieser Aufgabe

Im Fall des neuen Kinos stehen Informationen für die Analysen nicht frei zur Verfügung, weshalb eine entsprechend aufwendige Recherche durchzuführen ist. Des Weiteren ist es erforderlich, recherchierte Informationen, insbesondere wenn sie aus dem Internet stammen, sehr kritisch auf ihren Wahrheitsgehalt zu prüfen. Das gilt im Besonderen für öffentliche Plattformen, die viele Informationen enthalten, wobei oft nicht explizit angegeben ist, aus welchem Jahr diese stammen, ob eine Beziehung zum Unternehmen besteht oder welche Qualifikation der Verfasser vorzuweisen hat.

DIN A4

Bei Absatzmarkt-, Bedarfs- und Konkurrenzanalysen müssen Informationen tiefgreifend recherchiert werden. Hilfreich ist oftmals ein Blick in Jahresberichte von Konkurrenten oder Geschäftsberichte von großen Firmen und Aktiengesellschaften. Häufig stehen diese als Download im Internet zur Verfügung. Allerdings ist die Darstellung dieser Quellen mitunter recht einseitig, da sie nicht von neutraler Seite erstellt wurde. Das muss natürlich berücksichtigt werden. Auch öffentliche Einrichtungen oder Verbände bieten zu verschiedenen Themen hilfreiche Informationen.

Um eine Analyse besonders übersichtlich zu gestalten, bieten sich gute Absatzformate, Tabellen, Grafiken und sonstige Hervorhebungen an.

Farbklima festlegen

Abgabe

Print

> DIN-A4-Ausarbeitung

Notwendige Kenntnisse

Diese Aufgabe ist als Vorbereitung zur Erstellung von Konzepten im Rahmen der Abschlussprüfungen zu sehen, weshalb Kenntnisse im Bereich Konzeption und umfassendes Wissen zu Farben und ihrer Wirkung vorausgesetzt werden. Diese Aufgabe dient als Vorbereitung für die Entwicklung von Konzepten im Kontext der Abschlussprüfungen. Daher werden Kenntnisse im Bereich der Konzeption sowie ein umfassendes Verständnis von Farben und ihrer Wirkung vorausgesetzt.

Briefing

Farben lösen je nach Verwendung ganz unterschiedliche Reaktionen aus. Dabei werden bestimmten Farben spezielle Charaktereigenschaften zugeordnet. Die Wirkung einer Farbe ist von ihrer Intensität, dem Umfeld und der Größe der verwendeten Fläche abhängig. Die Wirkung von Farben lässt sich verschiedenen Bereichen zuordnen. Hierbei spielen eine psychologische Dimension, erlernte Aspekte (wie politische, symbolische oder kulturelle Bedeutungen), Einflüsse durch Trends (wie Trendfarben, vgl. auch Aufgabe 1.02 „Farbwahrnehmung Plakat ‚Jahreszeiten'") sowie sportliche und regionale Gesichtspunkte eine Rolle. Beispiele hierfür sind die Farben von Sportvereinen oder die charakteristischen Farben einzelner Bundesländer. Um ein Farbklima für einen Kundenauftrag festzulegen, sollten diese Aspekte mit betrachtet werden, damit eine passende Farbkombination entwickelt werden kann.

Die Erstellung eines Farbleitfadens wird stets von aktuellen Trends beeinflusst. Daher ist die langfristige Beständigkeit der ausgewählten Farben unbedingt zu berücksichtigen. Die Anforderungen an die Farbzusammenstellung für eine einmalige Veranstaltung unterscheiden sich deutlich von denen für die Entwicklung eines Corporate Design Leitfadens, der über viele Jahre bestehen soll.

Generell gilt: Farben sollten stets gezielt eingesetzt werden, um das Thema oder die Aussage einer Gestaltung zu unterstützen und zu verstärken. Dabei gilt es, eine harmonische Farbpalette zu wählen und die Farbgebung auf die visuelle Botschaft abzustimmen, um eine wirkungsvolle Designästhetik zu erreichen. Es ist ratsam, Farben in Designkonzepten grafisch zu präsentieren und beispielsweise als kleine Skizzen potenzieller Medien zu visualisieren.

Zeitrahmen: 8 h
Schwierigkeit: **

Aufgabe 1: Psychologie

Für die Praxis der Dipl.-Psych. Hannelore Webber soll ein harmonisches Farbklima entwickelt werden. Ihr Fachgebiet ist die Verkehrs- und Verhaltenspsychologie. Folglich werden hauptsächlich Personen therapiert, welche im Straßenverkehr verhaltensauffällig wurden.

Bei Verkehrsvergehen ist eine solche Therapie oftmals notwendig, um den Führerschein zurückzuerlangen.

Alle Geschäftspapiere und die Praxisgestaltung sollen sich in ihrer Farbgestaltung an einem neu entwickelten Farbkonzept orientieren. Dabei ist es notwendig, beispielsweise für Wandanstriche entsprechende Sonderfarben (z. B. RAL) zu wählen, die reproduzierbar sind.

Aufgabe 2: Kaffee- und Kakaofest

Meisterstadt ehrt jedes Jahr eine ihrer Partnerstädte mit einem Fest. In diesem Jahr soll ein „Kaffee- und Kakaofest" zu Ehren der Partnerstadt Quillabamba (Peru) stattfinden. Für die Werbemedien zu diesem Fest ist deshalb ein Farbkonzept zu entwickeln, das die typischen Farben von Kaffee und Kakao mit Farben kombiniert, die die Farbwelt Perus widerspiegelt. Hierbei sind Leitfarben, Mischtöne und Halbtöne für Plakate und Faltblätter zu berücksichtigen. Diese sollen für Grafiken und die verschiedenen Textebenen in den Medien festgelegt werden.

Aufgabe 3: Heavy Metal Band

Die Heavy-Metal-Band „Al Rules" bringt ein neues Album heraus und startet kurz nach dem Erscheinungstermin eine Welttournee. Für beides wird ein schrilles Farbkonzept benötigt, das von dem Prinzip der Disharmonie lebt. Dieses soll auf Plakaten, CD-Covern, einer Webseite, Eintrittskarten und Merchandiseartikeln Verwendung finden.

Aufgabe 4: Vogelpark

Im Meisterwald wird ein neuer naturnaher Vogelpark eröffnet. Sowohl einheimische als auch exotische Vogelarten werden dort in riesigen, begehbaren Volieren vorgestellt. Für die Geschäftsausstattung, das Logo und die Wegweiser wird eine neue Farbwelt benötigt. Dabei sollen eine Hausfarbe und mehrere harmonisierende, navigierende Farben für Wegweiser gefunden werden.

Die unterschiedlichen Themengebiete für die Wegweiser sind:

- Tropenparadies
- Afrikapanorama
- Wattenmeer
- Einheimische Wälder
- Wüstenlandschaft
- Mondscheinhaus

Aufgabe 5: Institut für Weltraumforschung

Das Institut für Weltraumforschung beschäftigt sich seit 1961 mit der Erforschung und den physikalischen Gegebenheiten des erdnahen Raums und führt zudem experimentelle Weltraumforschung durch. Die Logofarbe ist ein dunkles Blau (HKS 41).

Für Schülerinnen und Schüler werden zudem Praktika und Tagesausflüge angeboten, die beworben werden sollen. Inhalte sind dabei strahlenbiologische Forschung, Erprobung von Raumfluginstrumenten, Astroteilchenphysik und Luft- und Raumfahrtmedizin.

Für Faltblätter und Plakate, die an Schulen verteilt werden, muss eine Farbkonzeption unter Berücksichtigung der vorhandenen Logofarbe entwickelt werden.

Ausarbeitung Farbkonzept

Eine übersichtliche Ausarbeitung für jeden Auftraggeber ist zu erstellen, die unter anderem die folgenden Themenbereiche berücksichtigt:

- Farbwahl (Bezeichnung, Beschreibung [bunt bzw. unbunt] und Begründung)
- Farbcharakter/-aussage
- Farbbeispiele und Verwendungsmöglichkeit (Logo, Typografie etc.)
- Farbkombinationen (z. B. auch Bezugnahme auf Farbigkeit und den Farbumfang [Darstellbarkeit der gewählten Farben] von Bedruckstoffen oder digitalen Medien)
- Farbwahrnehmung (Vorder-, Hintergrund, Kontrast, Temperatur, Umgebung
- Wechselbeziehung hinsichtlich Kunden und/oder Zielgruppe (evtl. Bezugnahme auf Farbsichtbarkeit bei Fehlsichtigkeit [häufig Rot-Grün-Blindheit])

Die Ausarbeitung soll ansprechend gestaltet sein und den Anforderungen des Auftraggebers gerecht werden. Sie soll als Ausschnitt eines Designkonzepts angesehen werden.

3.08 Entwurf für ein Maskottchen zum Thema Cybersicherheit und Datenschutz

Notwendige Kenntnisse

In dieser Aufgabe soll ein Maskottchen entwickelt werden, das auf einer Messe als Walking Act aber auch als Illustration in Werbemedien eingesetzt werden kann. Für die Gestaltung eines solchen Charakters sind illustrative Kenntnisse, ein sicherer Umgang mit Illustrationssoftware und die Berücksichtigung von Zielgruppenbedürfnissen Voraussetzung.

Briefing

Für die „CyberGuard Conference", eine Messe zum Thema Cybersicherheit und Datenschutz wird ein Maskottchen gewünscht, das einerseits in den Print- und Digitalmedien Anwendung finden soll und andererseits auch als Lotse auf der Veranstaltung eingesetzt wird. Besucher können beispielsweise das Maskottchen ansprechen, wenn sie Fragen zur Veranstaltung haben.

Die CyberGuard Conference ist eine bedeutende Veranstaltung in der Welt der Cybersicherheit und möchte ihre Reichweite verbessern. Die Zielgruppe für die CyberGuard Conference sind Fachleute, Führungskräfte, Technologieexperten, Cybersicherheitsspezialisten, Datenschutzbeauftragte, IT-Profis und Entscheidungsträger aus verschiedenen Branchen. Die Konferenz richtet sich sowohl an erfahrene Fachleute als auch an Neueinsteiger in den Bereich der Cybersicherheit und die Interessierten kommen aus Unternehmen, Regierungsstellen, Bildungseinrichtungen und anderen Organisationen.

Aufgabe

Es ist ein Maskottchen zu entwickeln, das zum Thema der Messe passt, ausreichend seriös wirkt, um kompetent Fragen beantworten zu können, und die Expertenzielgruppe anspricht. Zu dem Entwurf soll ein Kurzkonzept geschrieben werden das sowohl das Aussehen beschreibt und begründet, sowie die Eigenschaften und Wirkung, die es erzielen soll. Zusätzlich soll die Figur einen Namen bekommen.

Abgabe

Print

> Kurzkonzept

Digital

> Skizzen, die das Maskottchen aus verschiedenen Blickwinkeln zeigen.

> Visualisierung des Maskottchens in Messeumgebung

Zeitrahmen: 24 h
Schwierigkeit: ***

Herausforderung bei dieser Aufgabe

Die Zielgruppe, die als Grundlage für die Entwicklung dieses Maskottchens dient, ist nicht gerade bekannt dafür mit Walking Acts zu interagieren und wird andere traditionellere Interaktionsformen bevorzugen. Daher besteht die Herausforderung in dieser Aufgabe darin, einen Charakter zu entwickeln, der diese Zielgruppe anspricht und gleichzeitig seriös wirkt. Es ist wichtig, dass dieser Charakter das ernste und teilweise auch etwas düstere Thema der Cybersicherheit auflockert und ein positives Feeling transportiert, um die Zielgruppe fachgerecht anzusprechen. Demnach ist es wichtig passend zum Thema ein Maskottchen zu entwickeln das Vertrauen, Sicherheit und Seriosität vermittelt, gleichzeitig aber auch das Interesse und die Aufmerksamkeit weckt, ohne zu verspielt zu erscheinen.

Abgabe

Es werden digitale Skizzen erstellt, die das Maskottchen aus verschiedenen Blickwinkeln zeigen. Zusätzlich wird ein Kurzkonzept erwartet, dass die Idee hinter dem Maskottchen erklärt und beschreibt, wie es sowohl in den Materialien als auch auf der Messe eingesetzt werden kann. Als Vorarbeit und zur Ideenfindung ist es hilfreich, zuvor Skizzen in traditioneller Form mit Stift und Papier oder einer App mit einem Stiftwerkzeug zu erstellen. Je nach Vorkenntnissen kann abschließend auch ein Entwurf in einer 3D-Software für den Walking Act entwickelt werden. Wünschenswert wäre auch eine Visualisierung, in der das Maskottchen in der Messeumgebung zu sehen ist.

freies Format

3.09 Entwicklung eines Konzepts für eine mobile App CosConnect

Notwendige Kenntnisse

In dieser Aufgabe soll ein Konzept und eine Gestaltungsrichtlinie für eine mobile App entwickelt werden. Dabei geht es ausschließlich um den kreativen und nicht den technischen Teil der Umsetzung. Auch wenn die App nicht technisch umgesetzt werden soll, ist die Erstellung interaktiver Prototypen sinnvoll. Hierzu sind entsprechende branchenübliche Tools (beispielsweise Figma, Miro, Adobe XD und viele mehr) zu recherchieren. Einzelne Grafiken können zuvor in den bekannten Fotobearbeitungstools und Vektorprogrammen vorbereitet werden. Grundlegende Kenntnisse in den genannten Tools sind Grundvoraussetzung, um diese Aufgabe zu bearbeiten. Auch ein Basiswissen zur Funktionsweise von mobilen Apps, Navigation in diesen, Arbeit mit Frames, User Journeys und User Experience, Erstellung von Wireframes ist hilfreich.

Briefing

Weltweit wächst die Cosplaycommunity und viele neue Conventions finden auf Messegeländen oder an ungewöhnlichen Orten statt. Insbesondere die Lockdowns haben junge kreative Menschen dazu gebracht, sich noch mehr digital zu vernetzen, und sie inspiriert gemeinsam zu craften, kreativ zu sein und Kostüme bzw. Cosplays zu gestalten. Es wurden mehr Computerspiele gespielt und Serien geschaut, die die Fantasie in diesem Bereich beflügelt haben. Nach den Lockdowns bestand das Bedürfnis wieder viele Menschen zu treffen und die eignen Werke zum Beispiel auf Conventions vorzuführen und interessierte Fans und Fotografen zu treffen sowie an Wettbewerben teilzunehmen. Die APPing GmbH entwickelt viele Apps und hat sich zum Ziel gesetzt, die gesamte Cosplaycommunity besser zu vernetzen und eine speziell für ihre Bedürfnisse zugeschnittene App zu entwickeln.

Das Konzept sieht vor, dass diese App die Cosplayer in Chats und Gruppen zusammenbringt, eine Übersicht an Events in einem Kalender bietet, Kontakte zu Fotografen und Agenturen herstellt, einen Bereich für Tutorials, Tipps und Anleitungen zur Kostümherstellung bietet und Inspirationen durch Galerien und Challenges zur Verfügung stellt. Sie soll einen geschützten Raum bieten, der frei von Vorurteilen ist, in dem jede Person ungeachtet ihrer

Abgabe

Print (optional)

> mehrseitiges Konzept mit Skizzen zum Aufbau und Gestaltung der App

Digital

> digitaler Prototyp
> Konzept als PDF-Datei

Herkunft ihres Aussehens und ihrer Vorlieben akzeptiert, respektiert und unterstützt wird.

Je nach Thema der Cosplays ist die Zielgruppe recht heterogen allerdings überwiegen Fans der Manga- und Anime-Szene. Aber auch Fans von Endzeit, Sciencefiction, Historie und Steampunk gehören der Szene an.

Die vorwiegende Mehrheit der Zielgruppe ist zwischen 18 und 35 Jahren alt. Aber auch einige jüngere (Teenager) und ältere Cosplayer (über 35) zählen zu ihrem Kreis, sind allerdings weniger repräsentativ. Geografisch sind sie global verteilt, allerdings liegt ihr Schwerpunkt im urbanen Raum in den USA, Europa (Deutschland, Frankreich, UK) und Asien (Japan, Südkorea). Sie sind in sozialen Medien sehr aktiv, nehmen regelmäßig an Conventions und Cosplay-Events teil und sind ständig auf der Suche nach neuen Ideen und Inspirationen.

Die neu zu entwickelnde App soll die Vernetzung vereinfachen. Jede Person mit einem Interesse an Cosplays kann sich anmelden. Man befindet sich in einem geschlossenen Kreis, ohne öffentlich aufzutreten, wie bei anderen Social-Media-Plattformen.

Aufgabe

Die Aufgabe ist es nun für die APPing GmbH ein Design-Konzept zu entwickeln das die oben genannten Aspekte berücksichtigt.

Dieses Konzept soll ein Design für die verschiedenen Bereiche enthalten (Schriftwahl, Farbkonzept, ausgeklügelte Bildsprache, Gestaltungsrahmen) und eine einfache und sinnvolle Navigation durch die einzelnen Kategorien darstellen. Auch braucht die App ein Icon und ein Logo. Am Ende soll ein schriftliches Konzept entstehen, das in einer Kundenpräsentation vorgestellt wird.

Die Kategorien sind:

- Startbildschirm
- Mein Profil
- Cosplayer finden
  - Mitglieder
  - Forum
  - Gruppen
  - Nachrichten
- Eventkalender
  - Events
  - Conventions
  - Workshops
- Tutorials
- Einstellungen
- Datenschutzerklärung, Impressum

Herausforderung bei dieser Aufgabe

Die meisten Aufgaben für Mediengestalter und Mediengestalterinnen mit dem Fachgebiet Designkonzeption, die in diesem Buch angesprochen werden, liegen traditionell im Printbereich. Durch die fortschreitende Digitalisierung müssen sich Mediengestalter jedoch breiter aufstellen, um auf dem Markt konkurrenzfähig zu bleiben. Der Bedarf entwickelt sich dahin gehend, dass man zusätzlich zu reinen Printprodukten in der Regel auch digitale und barrierefreie Versionen anbietet oder sich auf rein digitale Medien konzentriert. Auch für digitale Medien werden Designkonzepte benötigt allerdings haben diese andere Schwerpunkte und Anforderungen.

Abgabe

Es wird ein mehrseitiges Konzept erstellt, welches Skizzen zur App-Gestaltung und zum Aufbau enthält. Ergänzend werden Prototypen erwartet.

freies Format

Allgemeiner Styleguide für „Geschäftspapiere“

Zeitrahmen: 10 h
Schwierigkeit: *

Abgabe

Print

> Zur Bewertung ist ein farbiger Ausdruck des Styleguides abzugeben
> Das Format ist frei wählbar

Vorgegebene Hilfsmittel

> „Checkliste Konzeption“ auf Seite 191

Notwendige Kenntnisse

Wenn ein Kunde ein Logo wünscht, dann geht dies meinst einher mit der Neugestaltung der Geschäftsausstattung. Damit diese ein einheitliches Aussehen bekommt und der Kunde die Grundsätze nachvollziehen und professionell anwenden kann, ist es notwendig, in einem Styleguide grundlegende Regeln und Tipps festzuhalten. Für die erfolgreiche Bearbeitung dieser Aufgabe ist es erforderlich, die gängigen Elemente und erforderlichen Gestaltungsvorgaben einer Geschäftsausstattung zu recherchieren.

Briefing

Für die Entwicklung eines Styleguides ist es ratsam, ein Grundgerüst als allgemeingültige Vorlage zu gestalten, welches flexibel genug ist, um an konkrete Projekte angepasst werden zu können. Die Vorlage ist in einem professionellen Satzprogramm zu erstellen und sollte flexibel handhabbar sein. Hierzu bieten sich Gestaltungsraster und Designvorgaben auf Musterseiten und in Absatzformaten an.

Ein Styleguide für konkrete Projekte sollte entsprechend der Aufgabe oder Kundenanforderung gestaltet werden. Das bedeutet, dass die oben genannte Vorlage im zweiten Schritt dem Corporate Design der Geschäftspapiere des Kunden angepasst werden sollte. Für diese Aufgabe können beispielhaft die erstellten Dateien aus Kapitel 2 verwendet werden.

Aufgabe

Es ist eine Styleguide-Vorlage mit folgenden Elementen zu entwickeln. Dabei sind die unten stehenden Inhalte als Anregung zu sehen und müssen durch eigene ergänzt werden.

- Einleitung, Inhalt
- Logo
- Farbgebung
- Typografie
- Briefbogen, mit Zweitblatt und Faxbogen
- Rechnungsblatt (inkl. Abbildung eines Gestaltungsrasters)
- Briefumschlag
- Kurzmitteilung, Complimentcard
- Visitenkarte

Alle Elemente sind mit exakten Vermaßungen und Hinweisen zur Schriftverwendung sowie Farbvorgaben zu versehen. Zur einfachen Verdeutlichung sollten sie mit Grafiken visualisiert sein. In einigen Fällen ist auch eine Vorgabe eines Bedruckstoffs z. B. für die Briefbögen erforderlich.

Allgemeiner Styleguide für „Webseiten“

Zeitrahmen: 10 h
Schwierigkeit: *

Notwendige Kenntnisse

Im Vorfeld ist es wichtig, die erforderlichen Bestandteile eines Gestaltungskonzepts zu recherchieren. Es kann hilfreich sein, sich mit der „Checkliste Konzeption“ auf Seite 191 auseinanderzusetzen. Darüber hinaus sind fundierte Kenntnisse in der Anwendung professioneller DTP-/Satzprogramme notwendig und ein sicherer Umgang mit Absatz-, Zeichen-, Tabellen- und Objektformaten sollte gewährleistet sein.

Briefing

Für Webseiten soll eine Styleguide-Vorlage in einem professionellen Satzprogramm entwickelt werden. Diese muss für unterschiedliche Aufträge flexibel handhabbar und anpassbar sein, dabei sind die Gestaltungsrichtlinien übersichtlich und verständlich zu gestalten. Aus diesem Grund muss die Vorlage möglichst flexibel und mit Absatz- und Objektformaten versehen sein. (Beispielhaft kann die Webseite aus Aufgabe 3.22 „Webseitenentwurf „Kriminaldinner““ auf Seite 148 verwendet werden.)

Aufgabe

Es ist ein Styleguide, der die folgenden, beispielhaft aufgelisteten Elemente berücksichtigt, zu erstellen. Bei Bedarf ist er durch eigene Punkte zu ergänzen.

- Einleitung und Inhaltsverzeichnis
- Logo-Verwendung
- Farbgebung/Farbschema (RGB)
- Layout/Webseitenbestandteile/Seiteneinteilung/Gestaltungsraster
- Typografie (Titel- und Textformate, Farben und Auszeichnungen für Hyperlinks)
- Gestaltung von Links bzw. der Navigation (aktiv, passiv, rollover)
- Beiträge (Artikel/Content, Aufzählungen, Zitate, Tabellen, Listen, Formulare, Fehlermeldungen)
- Ikonografie, Bildsprache/Fotostil
- Video- und Musikwiedergabe (Einsatz von HTML5)
- Code (HTML5 und Cascading Style Sheets nach W3C-Vorgaben), Sicherstellung der Machbarkeit
- Navigationsstruktur (Navigationsebenen, Breadcrumbs …)

Das Seitenformat für das Konzept kann frei gewählt werden, sollte den Inhalt aber optimal hervorheben.

Abgabe

Print

> Es ist ein farbiger Ausdruck des Styleguides abzugeben, in dem die Reihenfolge der links stehenden Elemente sinnvoll anzupassen ist.

> Vermaßungen, Schrift- und Farbvorgaben sind zu berücksichtigen und mit Grafiken zu untermauern

Vorgegebene Hilfsmittel

> „Checkliste Konzeption“ auf Seite 191

Aufbau und Vorlage Gestaltungskonzept

Abgabe

Digital

> Satzdatei, die alle wichtigen Punkte eines Gestaltungskonzepts enthält

Vorgegebene Hilfsmittel

> „Checkliste Konzeption" auf Seite 191

Notwendige Kenntnisse

Vorbereitend sollten die notwendigen Bestandteile eines Gestaltungskonzepts recherchiert werden. Hilfreich ist auch, sich mit der „Checkliste Konzeption" auf Seite 191 auseinanderzusetzen. Zudem müssen fundierte Kenntnisse in einem professionellen Satzprogrammen vorliegen und ein sicherer Umgang mit Absatz-, Zeichen-, Tabellen- und Objektformaten gewährleistet sein.

Briefing

Nicht jedes Gestaltungskonzept muss komplett neu aufgebaut werden. Deshalb ist es oft hilfreich, eine Art Grundgerüst vorliegen zu haben, wenn für Projekte ein Konzept entwickelt werden muss. Dieses Grundgerüst kann den Bedürfnissen des Auftrags individuell angepasst werden. Die „Checkliste Konzeption" auf Seite 191 bietet Anhaltspunkte für die inhaltliche Ausgestaltung eines Konzepts.

Aufgabe

Es soll ein Grundgerüst für ein in Abschlussprüfungen anzuwendendes Konzept entwickelt werden, das alle wichtigen Bestandteile enthält. Der grobe Aufbau beinhaltet Cover, Inhaltsverzeichnis, Einleitung, konzeptionelle Ausarbeitung, Fazit, Quellen, technische Informationen, Kontakt.

Als hilfreich hat sich erwiesen, häufig verwendete Medien bei der Erstellung der Konzeptvorlage für Printmedien zu berücksichtigen, wie z. B. Logos, Geschäftspapiere, Plakate, Faltblätter, Flyer, Anzeigen aber auch Ideen für Onlinemedien und eine Social-Media-Strategie.

Für ein Designkonzept müssen, wie bei jedem anderen Medium auch, immer ein ansprechendes Seitenformat, Gestaltungsraster und Satzspiegel gefunden werden. Für spätere Prüfungsaufgaben, Projekte und Kundenaufträge kann die Designkonzeptvorlage individuell angepasst, also passend zum Auftrag gestaltet werden.

In Abschlussprüfungen werden häufig zusätzliche, nicht in der Aufgabe erwähnte, Medien erwartet. Dabei handelt es sich um kreative, eigenständig dem Thema zugeordnete Werbemedien oder Mechandiseartikel.

Zeitrahmen: 4 h
Schwierigkeit: **

Ergebnis

Das Ziel dieser Aufgabe ist es eine umfangreiche, ausführliche, mehrseitige Datei, zu entwickeln, die viel Flexibilität und Anpassungsfähigkeit bietet und Musterseiten sowie Objekt- und Absatzformate berücksichtigt.

Herausforderung/Ziel der Aufgabe

Der Vorteil einer allgemeinen Vorlage für ein Designkonzept ist eindeutig eine Zeitersparnis für Aufträge und Übungen, wenn sie sich einmal bewährt hat. Außerdem ist es nützlich, in stressigen oder aufregenden Situationen, wie beispielsweise Prüfungssituationen, einen klaren Leitfaden zu haben, dem man folgen kann.

Die Herausforderung bei der Bewältigung dieser Aufgabe besteht darin, dass Konzepte je nach Aufgabenstellung stark variieren können. Es ist erforderlich, eine allgemeingültige Vorlage zu finden, die möglichst vielfältig und für eine breite Palette von Bereichen geeignet ist. Das Design muss flexibel gehalten sein und es müssen Absatz-, Zeichen-, Tabellen- und Objektformate hinterlegt sein, um bei der Anpassung an ein neues Design eine Arbeitserleichterung zu erreichen.

Format frei wählbar

3.13

3D-Grafik „Weinpralinen“

Abgabe

> JPG-Datei mit 1000 px x 250 px
> Fotomontage der Grafik auf einer Webseite

Notwendige Kenntnisse

Eine 3D-Software wie „Maxon Cinema 4D“, „Autodesk® 3Ds Max“ oder „Blender“ sollte bekannt sein und zur Verfügung stehen. Hilfreich ist es, die „Aufgabe 2.05 „Pralinenschachtel ‚Weinpralinen‘““ auf Seite 98 zu kennen, es ist aber keine Voraussetzung.

Briefing

Die Chocolatiers „Vince & Hude“ (bekannt aus Aufgabe 2.05) möchten für ihren Webauftritt eine Headergrafik verwenden, die in einem 3D-Programm entworfen werden soll.

Diese Grafik soll die Pralinen sowie für die Manufaktur wichtige Elemente ansprechend in Szene setzen. Wesentlich ist dabei, dass die Grafik in fotorealistischer Qualität erstellt, das Signet deutlich hervorgehoben wird und die gesamte Anmutung der Grafik edel und ansprechend wirkt.

Aufgabe

Für die Erstellung der 3D-Grafik werden folgende Elemente verwendet:

- Verschiedene Pralinen
- Weintrauben
- Weinglas und Weinflasche
- Pralinenschachtel
- Signet
- Firmenname

Diese Elemente müssen als 3D-Objekte gestaltet und ansprechend inszeniert werden.

Das 3D-Objekt könnte beispielsweise eine Szene zeigen, in der alle Elemente neben- und hintereinander aufgereiht auf einem Holztisch präsentiert werden. Dabei wäre darauf zu achten, dass die Pralinen und das Signet immer optisch im Vordergrund stehen.

Da die Grafik als Header auf einer Webseite platziert werden soll, benötigt sie folgende Maße: 1000 px x 250 px.

Zeitrahmen: 16 h
Schwierigkeit: **

Herausforderung bei dieser Aufgabe

Fotorealistische Formen in einem 3D-Programm so zu entwickeln, dass sie genau den eigenen Vorstellungen entsprechen und diese dann mit fotorealistischen „3D-Materialien“ zu versehen, ist oft sehr zeitaufwendig und bedarf guter Programmkenntnisse. Deshalb erweisen sich die im Internet zahlreich aufzufindenden Tutorials zum Thema als hilfreich, wenn es gilt, den Umgang mit den Programmen zu erlernen und deren „Denkweise“ nachzuvollziehen.

1000 px x 250 px

Zielgruppenanalyse Hundeschule und -hort „Villa Elbufer“

Notwendige Kenntnisse

Da es sich bei dieser Aufgabe um eine vorbereitende Übung für die Erstellung von Designkonzepten für Prüfungen, handelt ist es sinnvoll, sich zuvor mit der „Checkliste Konzeption“ auf Seite 191 und der „Checkliste Zielgruppenanalyse“ auf Seite 194 auseinanderzusetzen. Notwendig sind Kenntnisse zu den verschiedenen Analysemethoden, um die Bedürfnisse und Wünsche einer Zielgruppe zu verstehen.

Briefing

Im Hamburger Stadtteil Blankenese soll eine neue Hundeschule eröffnet werden, die gleichzeitig auch einen „Hundehort“ beinhaltet, in dem die Tiere für mehrere Stunden zur Betreuung abgegeben werden können. Diese Hundeschule befindet sich auf dem Gelände einer kleinen Villa am Elbufer mit einem parkähnlichen Grundstück.

Das besondere Konzept der Hundeschule ist, dass die Hunde mit ihrem Herrchen/Frauchen lernen oder aber, falls diese keine Zeit haben, direkt von Trainern ausgebildet werden können. Berufstätige können ihre Hunde stundenweise im Hort abgeben und verschiedenste Annehmlichkeiten für das Tier hinzubuchen. Da die Hundeschule neu gegründet wird, werden Logo und Werbematerialien benötigt.

Aufgabe

Um eine passende Werbestrategie für die Hundeschule entwickeln zu können die auf die Wunschzielgruppe zugeschnitten ist und diese direkt anspricht zu entwickeln, ist im Vorfeld eine Zielgruppenanalyse durchzuführen. Die Zielgruppe sollte im Hinblick auf die folgenden Kriterien genauer untersucht werden

- Demografischer Bereich
- Geografischer Bereich
- Psychografischer Bereich
- Soziografischer Bereich
- Wirtschaftlicher Bereich

Abgabe

Print

> Mindestens zweiseitige, ausgearbeitete Zielgruppenanalyse in DIN A4, die übersichtlich und leserfreundlich gestaltet ist

Vorgegebene Hilfsmittel

> „Checkliste Zielgruppenanalyse“ auf Seite 194

> „Checkliste Konzeption“ auf Seite 191

Zeitrahmen: 4 h
Schwierigkeit: **

Zu erstellen ist eine mindestens zwei DIN-A4-Seiten umfassende Analyse, welche die Zielgruppe für die im Briefing genannte Dienstleistung definiert. Anhand der zuvor genannten Kriterien wird die Zielgruppe detailliert durchleuchtet und werden Zielgruppenbedürfnisse sowie Problematiken hervorgehoben.

Des Weiteren sind Empfehlungen für Maßnahmen zu benennen, die hilfreich sind, um die Aufmerksamkeit dieser speziellen Zielgruppe zu erlangen. Dies kann sich beispielsweise auf die Ansprache der Zielgruppe oder Erfüllung derer Bedürfnisse beziehen. Am Ende dieser Analyse wird eine Zusammenfassung mit Fazit stehen aus der sich. eine Strategieempfehlung ableiten lässt.

Die Analyse ist möglichst übersichtlich zu gestalten, mit Grafiken zu untermauern und alle Quellen sind detailliert anzugeben. Die Entwicklung passender Personas ist hilfreich, um die Zielgruppe besser kennenzulernen und eine Beziehung zu ihr aufzubauen.

Herausforderung bei dieser Aufgabe

Bei einer Zielgruppenanalyse ist es oft schwierig, konkrete Informationen zu erhalten. Zudem kann die Gefahr bestehen, dass Informationen durch vorgefasste Meinungen und eigene Erfahrungen fehlinterpretiert werden. Gerade deshalb ist es wichtig, fundierte Informationen zu recherchieren und diese neutral zu behandeln.

3.14b
Zusatzaufgabe Logoentwicklung

Anhand der Zielgruppenanalyse soll das neue Logo für die Hundeschule mit einem zusätzlichen Claim entwickelt werden. Zudem muss der Schriftzug „Hundeschule Villa Elbufer“ Verwendung finden und mit einer zur Zielgruppe passenden Schriftart zu versehen.

DIN A4

3.15

Werbestrategie Hundeschule und -hort „Villa Elbufer“

Abgabe

Print

> Mindestens zweiseitige, ausgearbeitete Werbestrategie in DIN A4
> Berücksichtigt werden müssen dabei zuvor recherchierte Kenntnisse zu den genannten Strategien
> Fachbegriffe müssen als Marginalien oder Fußnoten erklärt werden

Vorgegebene Hilfsmittel

> „Checkliste Zielgruppenanalyse“ auf Seite 194
> „Checkliste Konzeption“ auf Seite 191

Hilfreiche Strategiemethoden

> 6-W-Modell
> Copy-Strategie
> USP (Unique Selling Proposition)
> Reason Why und Tonality

Notwendige Kenntnisse

Da es sich bei dieser Aufgabe um eine vorbereitende Übung für die Erstellung von Konzepten, insbesondere zur Erstellung von Konzepten für Prüfungen, handelt, ist es sinnvoll, sich zuvor mit der „Checkliste Konzeption“ auf Seite 191 und der „Checkliste Zielgruppenanalyse“ auf Seite 194 auseinanderzusetzen. Notwendig sind Kenntnisse der verschiedenen Techniken, um Werbestrategien zu entwickeln (6-W-Modell, Copy-Strategie, USP/UAP).

Dies ist eine Folgeaufgabe zu Aufgabe 3.14 „Zielgruppenanalyse Hundeschule und -hort „Villa Elbufer““ auf Seite 132, die zuvor gelöst worden sein sollte.

Briefing

Nach erfolgreicher Zielgruppenanalyse für die Hundeschule „Villa Elbufer“ im Hamburger Stadtteil Blankenese (Aufgabe 3.14) soll nun eine Werbestrategie entwickelt werden. Um diese sinnvoll zu formulieren und mit Argumenten zu unterlegen, ist es hilfreich, auf verschiedene Fragestellungen zurückzugreifen, die die Gegebenheiten durchleuchten.

Aufgabe

Zu verfassen ist eine Werbestrategie, die übersichtlich gestaltet und verständlich formuliert ist. Dabei sind die in Aufgabe 3.14 identifizierte Zielgruppe inklusive möglicher Nebenzielgruppen zu berücksichtigen, da diese als Grundlage zur Erarbeitung der Strategie dienen.

Hilfreich zur Entwicklung der Strategie ist eine tabellarische Gegenüberstellung der Zielgruppen (für WEN?), Vorurteile und Bedenken der Zielgruppen, Argumente und Gegenargumente des Betreibers, um die Zielgruppe zu überzeugen, und der entsprechenden Gestaltungs- bzw. Werbemaßnahmen (WELCHE Wirkung haben diese?). Aus diesen Informationen kann eine Copy-Strategie als grundsätzliche Überlegung entwickelt werden, die Consumer Benefit, Alleinstellungsmerkmal oder Unique Selling Proposition (USP), Reason Why und Tonality berücksichtigt. Darüber hinaus werden die Fragen nach dem WAS, WARUM und WIE beleuchtet und beantwortet.

Zeitrahmen: 4 h
Schwierigkeit: **

Um das 6-W-Kommunikationsmodell zu vervollständigen, muss zusätzlich die Frage nach dem „WER“ (Auftraggeber) berücksichtigt werden.

Aus diesen gesammelten Informationen lässt sich zum Schluss ein Fazit bzw. eine umfassende Strategie ableiten und empfehlen.

Besonderheiten bei dieser Aufgabe

Zur Erstellung einer Werbestrategie sind zum einen die Ergebnisse der Recherche gefragt, aber auch kreative Vorschläge gefordert, die umsetzbar sein müssen. Aus diesem Grund ist es notwendig, weitreichende Überlegungen anzustellen und nach Möglichkeit Belege oder überzeugende Argumente zur Machbarkeit zu finden.

DIN A4

3.16 Hundeschule – Persona erstellen

Notwendige Kenntnisse

Es ist notwendig zuvor die Aufgabe 3.12 zum Thema Zielgruppenanalyse Hundeschule und -hort „Villa Elbufer" erstellt und umfangreiches Wissen über die Beurteilung und Einschätzung von Zielgruppen zu haben.

Briefing

Die Zielgruppe für die neue Hundeschule steht bereits fest und wurde umfassend beschrieben. Nun gilt es darauf eine anschauliche Persona zu entwickeln die vorurteilsfrei die Eigenschaften der Gruppe in drei Beispielpersonen darstellt, damit der Kunde sich für das neu entwickelte Konzept gut in die Zielgruppe hineinfühlen kann.

Aufgabe

Es sind drei Persona unterschiedlichen Geschlechts zu entwickeln. Sie müssen verschiedene Aspekte der Gruppe vereinen aber gleichzeitig auch recht vielfältige Ansichten widerspiegeln.

Jede Persona wird in einem Profilbogen dargestellt bestehend aus: einem Bild (ein Foto oder eine Illustration), einer Beschreibung der Person (allgemeine Beschreibung und harte Fakten/Demographische Fakten wie z. B. Alter, Tätigkeitsfeld, Biografie, Einkommen, Beziehungsstatus, Wohnort), Verhaltensweisen (z. B. Wünsche/Träume/Ziele, Herausforderungen, Social.Media-Aktivität, technische Interessen, technische Kenntnisse, persönliche Interessen) sowie weiteren für die Aufgabe relevanten Aspekten.

Es ist wichtig sicherzustellen, dass jede Personengruppe der Zielgruppe berücksichtigt wird und sich in den drei Personas wiederfindet.

Abgabe

Print

> Eine gestaltete Übersicht zu drei Personas.

Zeitrahmen: 2 h
Schwierigkeit: **

Herausforderung bei dieser Aufgabe

Auch wenn eine Festlegung einer Zielgruppe dazu dient den Kreis der Personen, die angesprochen werden sollen, zu fokussieren und zu begrenzen handelt es sich dennoch um eine Gruppe verschiedenster Charaktere. Diese fiktiven Profile in nur drei repräsentativen Beispielpersonas einzufangen und anschaulich darzustellen ist eine Herausforderung um sich besser auf die Bedürfnisse und Verhaltensweisen einer Zielgruppe einzustimmen.

Personas sind somit ein wertvolles Werkzeug, um ein tieferes Verständnis für die Zielgruppe zu entwickeln und deren Bedürfnisse in den Mittelpunkt zu stellen.

Abgabe

Eine gestaltete Übersicht zu drei Personas.

freies Format

3.17 Social-Media-Strategie Gartenbau Greenscape

Abgabe

Digital

> Social-Media-Strategie

Notwendige Kenntnisse

Um eine Social-Media-Strategie zu entwickeln sind einige Grundkenntnisse zu Marketingstrategien, Funktionsweisen der verschiedenen Plattformen und Apps, sowie Methoden zur Analyse und Monitoring der verschiedenen Kanäle notwendig. Zudem ist es hilfreich einen Zugang zu den gängigen Social-Media-Plattformen zu besitzen, um verschiedene Funktionen testen zu können. Des Weiteren ist es erforderlich über aktuelle Trends und Innovationen sowie rechtliche Gegebenheiten (DSGVO und Urheberrecht) informiert zu sein.

Briefing

Das noch recht junge Gartenbauunternehmen Greenscape möchte seine Sichtbarkeit erhöhen und neben einem Webauftritt Kunden und Interessierte auch über weitere Kanäle erreichen und über Projekte und Events informieren. Bisher hat das Unternehmen noch keine Erfahrungen mit Social-Media-Kanälen und es muss eine ganz neue Strategie entwickelt werden.

Diese Strategie soll den Aufbau der Kanäle, ein Designkonzept und eine Contenstrategie umfassen. Das Social-Media-Konzept muss also alle typischen Merkmale enthalten die wichtig sind, um eine neue Präsenz in der Social-Media-Welt aufzubauen und um das Unternehmen dort bekannt zu machen. Zudem soll es unterstützen die Kanäle regelmäßig unkompliziert mit interessanten und werbewirksamen Infos zu bespielen. Es beinhaltet eine Analyse der Ziele, Zielgruppe und Konkurrenz, einen Styleguide, sowie eine Timeline für die Contentplanung und Überprüfung eines Content-Lifecycle ebenso wie eine Auswertung des Erfolgs.

Kunde

Das Unternehmen Greenscape sieht sich als moderner Dienstleister der Privatgärten und Firmengelände zu nachhaltigen und naturnahen Oasen umgestaltetet die viel Platz für das ökologische Gleichgewicht aber auch repräsentative Räume zur Erholung, zum Verweilen und repräsentative Flächen für Veranstaltungen berücksichtigt. Diese Kombination wird bereits im Namen des Unternehmens deutlich welches sich aus „Green“ und „Scape“ zusammensetzt. Wobei „Green“ die Verbundenheit zur Natur, Pflanzen und Nachhaltigkeit betont und „Scape“ ein Begriff für die „Fläche/

Zeitrahmen: 24 h
Schwierigkeit: ***

Anlage“ also die räumlichen Aspekte steht. Dass der Name des Unternehmens ein englischer ist deutet darauf hin, dass es sich modern aber auch international aufstellen möchte.

Aufgabe

Es soll eine Social-Media-Strategie entwickelt werden die die folgenden Themenschwerpunkte berücksichtigt.

- Zielsetzung (beispielsweise: Erhöhung der Reichweite/Sichtbarkeit, Kundenbindung, Markenbekanntheit, Marketing [kosteneffizient und immer up-to-date], Erreichung einer Echtzeitkommunikation [Interaktionen, Direkt Messages], Krisenmanagement [Reaktion auf aktuelles Zeitgeschehen], Möglichkeit zur Marktforschung, Veröffentlichung interaktiver Marketingmaßnahmen [beispielsweise Gewinnspiele, Fragerunden, Quiz und weitere Interaktionen], Direktmarketing oder direkter Verkauf von Produkten [beispielsweise Pflanzen, Blumensträuße, Saatgut, Werkzeuge] über die Plattform.
- Wettbewerbsanalyse, Stärken/Schwächen (SWOT) der Wettbewerber und Selbstkontrolle (neue Ideen generieren, Auswertung von Kundenreaktionen)
- Zielgruppe identifizieren, Buyer Persona, Buyer´s Journey (Was beschäftigt sie? Was sind ihre Fragen? Was sind Ihre Wünsche?)
- Wahl der Kanäle (maximal drei, beispielsweise: Blog in dem die wichtigsten Inhalte übersichtlich archiviert sind, TikTok, Instagram, Pinterest, LinkedIn, Facebook oder andere branchentypische Kanäle)
- Wording und Ansprache, Art des Storytelling
- Contentstrategie (Festlegung des Timings und eines Redaktionsplan oder eines Social-Media-Kalenders)
- Art des Contents (beispielsweise klassische Postings, Mini-Clips, Infografiken, Stories, Reels, Videoclips)
- Planung von Interaktionen und Community Management (Strategieentwicklung zur Erhöhung der Reichweite, Hashtagplanung)
- Festlegung einer einheitlichen Bildsprache
- Überprüfung der Ergebnisse, Erfolge messen, Tracking
- Budget- und Personalplanung

Herausforderungen und hilfreiche Hinweise

Der grundlegende Aufbau einer Social-Media-Strategie unterscheidet sich nicht wesentlich von anderen Marketingkonzepten. Daher ist es sinnvoll die vorherigen Aufgaben zu diesem Thema vorab zu bearbeiten. Eine besondere Herausforderung in der Social-Media-Welt besteht jedoch darin, dass die Mechanismen, die die Sichtbarkeit von Inhalten in den verschiedenen Apps steuern, oft schwer nachvollziehbar sind. Manche Inhalte werden bevorzugt, während andere nur eine geringe Reichweite erzielen. Die Tricks, um die Reichweite positiv zu beeinflussen werden nicht immer transparent kommuniziert und unterliegen regelmäßigen Veränderungen. Die Algorithmen bleiben teilweise Geschäftsgeheimnisse, haben aber einen erheblichen Einfluss auf die Reichweite von Inhalt.

Da Algorithmen dynamisch sind und sich ständig weiterentwickeln, ist es entscheidend, stets auf dem Laufenden zu bleiben und flexibel auf Änderungen zu reagieren. Kontinuierliches Lernen, Experimentieren und Anpassen sind der Schlüssel zum langfristigen Erfolg in der Beeinflussung von Social-Media-Algorithmen.

freies Format

3.18

Urheberrechtsprüfung Bildmaterial Bürgerinitiative „Für eine saubere Stadt“

Notwendige Kenntnisse

Bei der Verwendung von Materialien, die nicht selbst erstellt wurden, ist es wichtig, das Urheberrecht und die Nutzungsrechte (Recht zur Verwendung) zu überprüfen. Beispielsweise dürfen gekaufte Fotografien für den in der Lizenz vereinbarten Zweck genutzt werden, für jede weitere Verwendung ist jedoch eine erneute Prüfung der Lizenz erforderlich.

Häufig ist die Versuchung groß, Grafiken aus dem Internet zu laden und für eigene Zwecke zu nutzen. Das aber stellt eine Urheberrechtsverletzung dar und ist somit strafbar.

Zur Bewältigung dieser Aufgabe und grundsätzlich für alle Aufträge ist es erforderlich, umfassende Kenntnisse im Bereich Urheberrecht zu besitzen. Die maßgebliche Gesetzesgrundlage hierfür ist das Urheberrechtsgesetz (UrhG). Insbesondere im Designbereich umfasst dies Themengebiete wie „geistiges Eigentum“, „Copyright“, „Nutzungsrecht“, „Gebrauchsmuster“ und „Geschmacksmuster“. Alle diese Rechte und Pflichten sind im KUG (KunstUrhG/Kunsturhebergesetz) festgelegt. Da Gesetze in unregelmäßigen Zeitabständen nachgebessert bzw. aktualisiert werden, ist darauf zu achten, dass die recherchierten Informationen (z. B. auf Webseiten) sich immer auf dem aktuellsten Stand befinden.

Auch die DSGVO (Datenschutz-Grundverordnung) spielt hier eine große Rolle, insbesondere wenn Personen auf Fotos abgebildet sind

Briefing

Die Bürgerinitiative „Für eine saubere Stadt“ ist ein gemeinnütziger Verein, der sich mit wenig Kapital ehrenamtlich für die Säuberung der eigenen Stadt einsetzt. Mit bisher fünfzehn Mitgliedern werden in regelmäßigen Abständen Parkanlagen und öffentliche Plätze von Hundekot und achtlos weggeworfenem Müll befreit. Da die Bürgerinitiative neue Helfer anwerben möchte, ist geplant, eine Webseite zu entwickeln. Infomaterial wird hierzu von den ehrenamtlichen Mitgliedern geliefert.

Abgabe

Print

> Abzugeben ist ein DIN-A4-Bericht

Zeitrahmen: 4 h
Schwierigkeit: *

Aufgabe

Das vom Verein gelieferte Material ist dahingehend zu prüfen, ob es für den Einsatz im Rahmen der Webseite genutzt werden kann. Anhand der vorhandenen Informationen ist zu klären, bei wem das Urheberrecht liegt und inwiefern dem Verein Nutzungsrechte eingeräumt werden können.

Sollte die Prüfung zum Ergebnis führen, dass das Material nicht verwendet werden kann, ist dazu schriftlich Stellung zu nehmen und eine Empfehlung abzugeben, wie der Verein Material beziehen könnte, das für den Einsatz im Rahmen der Webseite genutzt werden kann.

Sollte die Prüfung zu keinem eindeutigen Ergebnis führen, wäre zu klären und ebenfalls schriftlich festzuhalten, inwieweit Maßnahmen getroffen werden können, die zu einer Freigabe der Nutzung des Materials im Rahmen der Webseite führen und in welcher Form diese Freigabe erfolgen muss.

Zudem sollen in einem Bericht grundlegende Empfehlungen festgehalten werden, wie der Verein zukünftig Materialien für seine Webseite erwerben kann die kein Recht verletzen. Darüber hinaus ist es ratsam, ein allgemeines Regelwerk für die Nutzung von Fremdmaterial auf Webseiten zu formulieren.

Besonderheiten bei dieser Aufgabe

Oft ist unklar, aus welcher Quelle die zu nutzenden Medien stammen. Es ist sicherzustellen, dass Materialien für den beabsichtigten Zweck verwendet werden dürfen und dass nur autorisierte Personen eine entsprechende Freigabe erteilen. Manchmal ist es schwierig, diese berechtigte Person ausfindig zu machen. In unklaren Situationen muss von der Verwendung des Mediums abgesehen und eine Alternative gefunden werden. Zahlreiche kostenlose und kostenpflichtige Onlineportale bieten lizenzfreie Fotografien und Bilder zum Download an, bei denen die mögliche Art der Verwendung eindeutig festgeschrieben ist. In vielen Fällen ist dann die Nennung der Quelle vonnöten und darf nicht vergessen werden.

Im Folgenden sind die Quellen und Verwendungsmöglichkeiten noch nicht eindeutig geklärt, weshalb sie genau überprüft werden müssen.

Folgende Materialien wurden von der Bürgerinitiative zur Verwendung geliefert:

1. Für die Einladungsseite zum nächsten Vereinstreffen: Anfahrtsskizze von Google Maps Deutschland als Webdownload
2. Für einen Bericht zur Stellungnahme des Bürgermeisters: Foto von den Presseseiten der Stadt im Internet oder alternativ ein Foto, das ein Mitglied beim letzten Stadtfest vom Bürgermeister erstellt hat
3. Für die Erstellung eines Logos: Foto, das bei einer Fotoagentur als Layoutfoto heruntergeladen wurde und nachgezeichnet werden soll
4. Fotomontage aus zwei Fotografien, die bei einer Fotoagentur „lizenzfrei" gekauft wurden
5. Für einen Bericht: Schnappschuss einer kleinen Menschengruppe im Park, bei der der Fokus auf einer Person liegt, die gerade Müll ins Gebüsch wirft
6. Für einen weiteren Bericht: Foto einer kleinen Menschengruppe im Gespräch, bei der der Fokus auf einem Vereinsmitglied liegt, die anderen aber unbekannt sind
7. Für einen Bericht: Foto eines Mitglieds beim Müllsammeln, wobei im Hintergrund zwei Jogger vorbeilaufen, die teilweise erkennbar sind
8. Zitat einer Webseite unter Angabe der Quelle
9. Text, der angelehnt an Informationen aus einem Zeitungsbericht einen Sachverhalt in eigenen Worten wiedergibt
10. Ein abgetippter Zeitungsartikel der örtlichen Tageszeitung, der über die Aktivitäten des Vereins berichtet
11. In einer Webgalerie mit Informationen über die Mitglieder: das Foto eines 14-jährigen Kinds, das sein Einverständnis zur Veröffentlichung gegeben hat

3.19 Werbebanner „Motolike“

Abgabe

Digital

> Werbebanner als selbstablaufender Film in einer sich wiederholenden Schleife

Vorgegebene Hilfsmittel

> 3.19_text_werbebanner.txt
> 3.19_foto1_motolike.jpg
> 3.19_foto2_motolike.jpg
> 3.19_foto3_motolike.jpg

Notwendige Kenntnisse

Um ein animiertes Werbebanner für Webseiten zu gestalten, sind Kenntnisse über die Möglichkeiten der Online-Werbung erforderlich. Hierbei ist es erforderlich, eine geeignete Software auszuwählen und sicher anzuwenden, um schlussendlich eine webfähige, selbstablaufende Datei zu generieren.

Briefing

Der Motorradteileaufbereiter „Motolike“ bietet eine Aufarbeitung und Reparatur gebrauchter Teile für Motorradoldtimer an. Mittlerweile läuft das Geschäft gut und wird immer weiter ausgebaut, da die hervorragende Qualität von „Motolike“ bei Oldtimerfans sehr geschätzt wird.

Auf den Webseiten einer Motorradzeitschrift möchte nun die Werkstatt ihren Service bewerben.

Aufgabe

Es ist ein animiertes Onlinewerbebanner zu erstellen. Die Größe des Banners ist festgelegt als „Wide Skyscraper“, 160 x 600 px. Das Banner soll zur Interaktion anregen, also möglichst interaktiv sein.

Die Kernbotschaft, die durch das Banner vermittelt werden soll, ist die herausragende Servicequalität und die hohe handwerkliche Qualität, die von der Werkstatt geboten wird. Entsprechend wurde auch der Slogan „oldie but goldie“ gewählt, da in diesem Zusammenhang die Vokabel „goldie“ die „Vergoldung“, also die Aufbereitung der alten Motorradteile, beschreibt: Aus alten, öligen, defekten Teilen wird „Gold“.

Zu verwenden sind die Texte aus „3.19_text_werbebanner.txt“ und als Hilfsmittel könnten die Bilder „3.19_foto1_motolike.jpg“, „3.19_foto2_motolike.jpg“ und „3.19_foto3_motolike.jpg“ verwendet werden.

Zeitrahmen: 8 h
Schwierigkeit: *

Herausforderung bei dieser Aufgabe

Die besondere Herausforderung bei dieser Aufgabe liegt in der Umsetzung der Animation. Um dies zu erreichen, ist zunächst die Ausarbeitung eines Drehbuchs erforderlich, das die Anforderungen einer Webseitenanimation sowie eine minimale Dateigröße berücksichtigt. Es muss mit einer Bildschirmauflösung gearbeitet werden, wobei beachtet werden muss, dass das Medium sich schlecht für Detailarbeiten vergrößern lässt. Des Weiteren muss das Banner ansprechend gestaltet sein und den Kontrast zwischen alt bzw. verrostet und neu bzw. „vergoldet" visualisieren und beide Aspekte gleichermaßen berücksichtigen.

160 px x 600 px

Scribble Kaugummiwerbespot „Chew“

Abgabe

> Sauber ausgearbeitetes Storyboard

Vorgegebene Hilfsmittel

> Verwendung von Layoutmarkern zur Erstellung von Scribbles

Notwendige Kenntnisse

Ein Scribble stellt einen Grobentwurf dar, um Ideen zu sammeln und sie anschließend detaillierter ausarbeiten zu können. Scribbles werden im Bereich der Mediengestaltung meist mit Layoutmarkern auf entsprechenden Papieren angefertigt, können aber mit passenden Apps auch gut digital erzeugt werden. Um gute Scribbles zu zeichnen, muss die Technik häufiger angewandt und geübt werden – nur so werden sie irgendwann „leicht von der Hand gehen“. Daher ist es erforderlich, erste Erfahrungen mit Storyboards sowie dem Erstellen von Scribbles und dem Umgang mit Layoutmarkern zu haben, bevor die Aufgabe gelöst werden kann. Beim Zeichnen und Skizzieren gibt es Tricks und Kniffe, die den Umgang mit Stift und Farbe erleichtern. Gute Anregungen und Tutorials sind in Büchern zu dem Thema zu finden, aber auch in Videos auf Onlineplattformen.

Benötigtes Material

Layoutblock, Bleistifte, Fineliner, Layoutmarker

Briefing

Der Kaugummihersteller „Chew“ hat einen neuartigen Kaugummi entwickelt, der prickelnd nach „Schokominze“ schmeckt. Das Besondere des Kaugummis: Nach dem Genuss lässt sich dieser leicht kompostieren. Im Gegensatz zu anderen Kaugummis, die auf Bürgersteigen, unter Schuhen und unter Schulbänken kleben bleiben, zersetzt dieser Kaugummi sich recht schnell.

Der neue Kaugummi, der ebenso wie der Hersteller „Chew“ heißt, bietet ein langes Kauerlebnis mit anhaltendem Geschmack, ist zuckerfrei und ansprechend verpackt.

Zur Markteinführung von „Chew“ ist ein Werbespot für eine Kinowerbung bzw. eine Streamingplattform zu entwickeln.

Aufgabe

Für den 20-sekündigen Werbespot wird ein Storyboard erstellt, welches die einzelnen Szenen des Films als Scribble wiedergibt.

Jedes Panel im Storyboard muss mit den wesentlichen Informationen der jeweiligen Szene versehen werden. Diese Informationen sind schriftlich zu fixieren. Für die Umsetzung gibt es keine festen Regeln.

Zeitrahmen: 16 h
Schwierigkeit: ***

Die Werbebotschaft muss aussagekräftig und verständlich sein und den Zuschauer*innen Lust auf das Kaugummi machen sowie zum Kauf anregen.

Die Story des Werbespots soll auf humorvolle Weise die Vorteile und den hervorragenden Geschmack des „Chew“ hervorheben. Es muss also eine ausgefallene und einprägsame Idee entwickelt werden. Zudem soll die Story einen einprägsamen Claim bekommen.

Um eine kreative Lösung zu finden, sind verschiedene Brainstormingtechniken hilfreich und sollten deshalb Anwendung finden. Exemplarisch für eine dieser Techniken kann das Prinzip des Clicking-Fragenkatalogs nach Mario Pricken (siehe Buch „Clou“) gesehen werden. Aber auch andere Techniken können genutzt werden.

Herausforderung bei dieser Aufgabe

Alle wichtigen Informationen müssen in einem Spot von 20 Sekunden untergebracht und überzeugend dargestellt werden. Dieses Zeitfenster beim Storyboard ist die besondere Herausforderung eines Werbespots. Die Skizzen müssen auf den ersten Blick verständlich und gut ausgearbeitet wirken, sodass sie einen Auftraggeber direkt überzeugen können.

Format freigestellt

3.21 Programmoberfläche automatisierte Fotoerstellung „Checker“

Abgabe

Print

> Ausdruck der Programmoberfläche
> Kurzkonzept zur Gestaltung

Digital

> JPG-Datei in Originalgröße

Vorgegebene Hilfsmittel

> 3.21_text_e-card.txt
> 3.21_foto1_e-card.jpg
> 3.21_foto2_e-card.jpg
> 3.21_foto3_e-card.jpg

Notwendige Kenntnisse

Da es sich bei der Erstellung dieser Grafik um ein Screendesign handelt, gelten andere Regeln als bei Printprodukten. Technische Kenntnisse im Bereich Screendesign sind hilfreich: Entsprechende Farbprofile müssen gewählt und die Besonderheiten (z. B. Auflösung sowie technische Einschränkungen und Möglichkeiten) berücksichtigt werden.

Briefing

Auf der Jugendmesse „youMe“ wird am Stand des bekannten Online-Jugendmagazins „Checker“ angeboten vor einem Greenscreen ein Foto mit beliebten Filmcharakteren, dargestellt von bekannten Cosplayern, für Social Media zu erstellen. Dabei wird das Foto von einer Webcam aufgenommen und in den Ausschnitt einer aktuellen Filmszene retuschiert die an einem Bildschirm frei ausgewählt werden kann. Dieses Foto kann direkt auf Social-Media-Kanälen veröffentlicht oder als Message an Freunde verschickt werden. An der Message hängt dann ebenfalls ein Werbelink von „Checker“.

Ziel dieser Aktion ist es, eine höhere Aufmerksamkeit für das Jugendmagazin sowie für ihren Newsletter zu erzielen und auch Personen zu erreichen, die nicht die Messe besucht haben.

Hauptthemen des Magazins das sowohl Jungen als auch Mädchen anspricht, sind Musik, Sport, Trends, Klamotten und Onlinecommunities.

Aufgabe

Für die Aufnahme des Fotos, die Auswahl der Filmszene und die Veröffentlichung muss eine „Programmoberfläche“, also ein Screendesign, entwickelt werden. Die Größe der Oberfläche soll 1000 px x 750 px betragen und ansprechend und für die Zielgruppe ansprechend gestaltet sein. Für einen erfolgreichen Fotoversand sind drei Schritte notwendig:

1. Erstellung des Fotos mit einem Charakter per Webcam und Knopfdruck
2. Wahl eines passenden Hintergrundbilds (Filmszene)
3. Eingabe persönlicher Daten, Nachricht tippen und absenden

Alle Schritte werden vom Besucher selbstständig durchgeführt und können über die Oberfläche

Zeitrahmen: 8 h
Schwierigkeit: *

ausgewählt werden. All diese Schritte müssen auf einen Blick sichtbar sein. Eine visuelle Führung durch den gesamten Vorgang ist notwendig, damit alle Funktionen sofort verstanden und genutzt werden können.

Um die Funktionen auszuführen, müssen folgende Formularfelder und Buttons vorhanden sein:

- Button: Foto erstellen
- Button: Motiv wählen
- Eingabemöglichkeit für Nachrichtentext
- Checkbox: Ja, ich möchte den Newsletter von „Checker" erhalten.
- Button: Senden
- Button: Löschen
- Formularfelder: Empfängername, Empfänger-E-Mail oder Mobilnummer, Absendername, Absender-E-Mail oder Mobilnummer

Für die Erstellung des Designs ist es wichtig, auf die Gegebenheit einer Screendarstellung unter den gegebenen (räumlichen) Umständen zu achten. Auch wenn die Umsetzung nicht Bestandteil dieser Aufgabe ist, muss das Design technisch umsetzbar sein. Es ist hilfreich, bei einem Design in einem Grafikprogramm darauf zu achten, dass alle Elemente sich auf Ebenen befinden, bis zum Schluss veränderbar und einzeln anwählbar sind.

Zur Entwicklung eines Screendesigns ist, wie bei anderen Projekten auch, ein konzeptionelles Denken wichtig, bei dem Schriften, Farb- und Bildwelten berücksichtigt werden und auch die Werbewirksamkeit nicht aus den Augen gelassen werden darf.

Herausforderung/Ziel der Aufgabe

Ziel der Aufgabe ist es, die Unterschiede zwischen einem Screen- und einem Printprodukt kennenzulernen. Dabei muss unter Berücksichtigung der technischen Gegebenheiten ein funktionaler Entwurf entwickelt werden.

1000 px x 750 px

3.22 Webseitenentwurf „Kriminaldinner“

Abgabe

Print

> Die drei Entwürfe sind auf Präsentationskarton zu präsentieren

Vorgegebene Hilfsmittel

> 3.22_text_webseite.txt
> 3.22_text_webseitennavigation.txt
> 3.22_foto1_krimidinner.jpg
> 3.22_foto2_krimidinner.jpg
> 3.22_foto3_krimidinner.jpg
> 3.22_foto4_krimidinner.jpg
> 3.22_bild5_krimidinner.tif
> 3.22_bild6_krimidinner.tif

Notwendige Kenntnisse

Die Gestaltung einer Webseite unterliegt ganz anderen Gegebenheiten und Regeln als ein Printmedium. Um diese Aufgabe zu bearbeiten, ist es deshalb notwendig, sich mit der konzeptionellen Vorgehensweise für das Design speziell für Webseiten vertraut zu machen, die technischen Voraussetzungen zu kennen und dementsprechend den Entwurf zu entwickeln. Grundkenntnisse im Bereich HTML und CSS sind hilfreich, aber für die Lösung dieser Aufgabe nicht zwingend notwendig. Es müssen gute Kenntnisse in Entwurfsprogrammen für digitale Medien vorliegen. Das können die bekannten Satz- oder Vektorprogramme sein oder spezielle Apps die für das Webdesign ausgelegt sind. Der für Aufgabe 3.11 „Allgemeiner Styleguide für „Webseiten““ auf Seite 127 entwickelte Styleguide kann hier angewandt werden.

Briefing

Das Café „Villa Bernstein“ öffnet an ausgewählten Abenden die gute Stube für eine ganz besondere Attraktion. Wo sonst nur Kaffee und Kuchen im hochkarätigen Villenambiente im Bernsteinsalon oder auf der Gartenterrasse serviert werden, geschehen abends Verbrechen. Beim Kriminaldinner im Stil der 20er-Jahre werden, angelehnt an alte Schwarz-Weiß-Filme, Kriminalfälle direkt beim Sechs-Gänge-Menü gelöst. Das Publikum erscheint in zum Thema passender Abendgarderobe und erlebt direkt beim Dinieren einen Mord, der aufgeklärt werden muss. So werden die Gäste mit in die Szene eingebunden und können aktiv an der Lösung des Falls mitwirken. Es gibt keinen festen Ablaufplan. Nur die Rollen der Beteiligten sind fest verteilt. Einzig der Mörder weiß um seine Rolle als Meuchler, alle anderen Gäste sind ahnungslos.

Das Kriminaldinner ist ein Event der Erlebnisgastronomie, welches das magische und edle Umfeld der „Villa Bernstein“ und spannende Kriminalgeschichten, die speziell für diesen Ort geschrieben wurden, gekonnt miteinander verbinden.

Zur Zielgruppe für die Veranstaltung gehören Krimialfans oder solche, die es noch werden möchten. Die Zielgruppe ist zwischen 30 und 60 Jahren alt und ein solcher Krimiabend kostet inklusive Dinner 90 Euro pro Person.

Zeitrahmen: 24 h
Schwierigkeit: **

Aufgabe

Um dieses Abenderlebnis gebührend zu bewerben, soll eine Webseite gestaltet werden, die das Ambiente und die Stimmung eines solchen Abends widerspiegelt und somit ein breites Publikum anzieht. Hierfür ist ein Kurzkonzept zu entwickeln, das die wesentlichen Bestandteile einer Webseitengestaltung berücksichtigt. Eine technische Umsetzung ist nicht notwendig. Der Entwurf soll drei beispielhafte Seiten umfassen (Home, Anmeldung/Kontakt, „Das Spiel"). Die Seiten sind responsive zu entwickeln und sollen für aktuelle Ausgabegeräte geeignet sein.

Das Konzept soll folgende Punkte beinhalten:

- Gestalterische Grundidee/Raster
- Farbschema
- Skizze des Seitenentwurfs inklusive der unveränderlichen Bestandteile
- Seitenaufbau (Spalten, Randbereiche)
- Seitennavigation (Haupt-, Sub-, Breadkrum- und Kopfnavigation)
- Einsatz von Grafiken und Bildern (Bildsprache)
- Einsatz von Text, Textgliederung (H1 bis H3) und Tabellen (Absatzformate)
- Seitenbaum (Sitemap)/Seitenarchitektur

Die Texte für die Webseite sowie die Auflistung der notwendigen Seiten sind in „3.18_text_webseite.txt" und „3.18_text_webseitennavigation.txt" zu finden und komplett zu verwenden.

Herausforderung bei dieser Aufgabe

Die Herausforderung bei der Gestaltung einer Webseite besteht häufig darin, ggf. technische Einschränkungen im Voraus zu erkennen und bei der Designentwicklung zu berücksichtigen. Je nach Kundenwunsch und Zielgruppe werden reine HTML-Seiten, Multimediawebseiten oder in Contentmanagementsysteme (CSS) eingebundene Seiten erstellt. Hier sind die gestalterischen Möglichkeiten mehr oder weniger eingeschränkt, was es schon beim Webseitendesign zu berücksichtigen gilt. Programmierkenntnisse sind deshalb hilfreich, um die technischen Voraussetzungen und Regeln, was den Inhalt und den strukturellen Aufbau betrifft, zu kennen.

frei wählbare, für Browser optimierte Webseitengröße

3.23 AIDA-Modell in Werbespots

Notwendige Kenntnisse

Um diese Aufgabe erfolgreich zu bearbeiten, ist es erforderlich, ein Verständnis für verschiedene Werbemodelle zu entwickeln. In diesem Zusammenhang ist es hilfreich, das „AIDA-Modell" und gegebenenfalls das „GIULIA-Modell" als Marketinginstrument einzusetzen. Die Prinzipien beider Modelle müssen bekannt sein und richtig eingesetzt zu einem positiven Kundenerlebnis führen (Customer Journey).

Briefing

Das AIDA-Modell ist ein Kommunikationsmodell, das angewandt wird, um einen Konsumenten werbewirksam zu einer Kaufentscheidung zu bewegen. Es besteht aus vier Phasen, die den Kunden lenken sollen: Aufmerksamkeit (Attention), Interesse (Interest), Verlangen (Desire) und Aktion (Action).

Die Marktleitung eines ortsansässigen Baumarkts möchte die Werbung der Konkurrenz mithilfe dieses Models analysieren.

Aufgabe

Die Werbestrategien von bekannten Baumärkten sind anhand ihrer aktuellen Werbemaßnahmen z. B. auf Onlineplattformen wie „youtube.com" anhand des „AIDA-Modells" zu analysieren. Hierzu kann beispielhaft eine bekannte Marke ausgewählt werden. Das AIDA-Modell soll dann dazu genutzt werden eine Stärken-Schwächen-Analyse zu verfassen, aus der sich Empfehlungen für den Auftraggeber ableiten lassen.

Diese Empfehlungen sollen Stärken einer neuen Strategie hervorheben und Vorschläge für neue Werbemaßnahmen beinhalten, um sich von der Konkurrenz abzuheben. Die gesamte Analyse ist übersichtlich und ansprechend zu gestalten.

Abgabe

Print

- Schriftliche Analyse über mindestens zwei DIN-A4-Seiten

Vorgegebene Hilfsmittel

- AIDA-Modell
- GIULIA-Modell

Zeitrahmen: 2 h
Schwierigkeit: *

Herausforderung/Ziel der Aufgabe

Bereits vorhandene und etablierte Medien müssen bewertet und analysiert werden. Das Ziel der Aufgabe liegt darin, die Modelle kennenzulernen, um sie für eigene Werbekonzepte und -maßnahmen sicher anwenden zu können.

DIN A4

3.24 Übersichtskarten für mikrotypografische Besonderheiten in Texten

Abgabe

> DIN A6 Papierkarten oder alternativ eine entsprechend übersichtliche digitale Sammlung

Notwendige Kenntnisse

Im Designbereich, ganz unabhängig davon ob ein Medium für den Printbereich oder als digitales gestaltet wird, ist ein optimierter Textsatz von besonderer Wichtigkeit. Er beeinflusst die Wahrnehmung von gelesenen Inhalten und unterstützt das Verständnis von Texten, hilft sich optimal zu orientieren und wichtige Details gut im Gedächtnis zu behalten. Als Mediengestalter ist das Wissen um diese wichtigen Details eine Grundvoraussetzung für ein gutes Design mit Text. Die einzelnen Regeln sollten zum Grundwissen eines jeden Gestalters gehören. Aber da man sich nicht immer alle Regeln merken kann ist es sinnvoll sich zum Nachschlagen eine Übersicht anzulegen. Diese Übersicht soll mit dieser Aufgabe erstellt werden. Vorkenntnisse sind sehr hilfreich, aber die wichtigsten Regen werden in dieser Aufgabe recherchiert und schriftlich festgehalten.

Briefing

Jeder Designauftrag beinhaltet in der Regel den Umgang mit Texten und die Aufgabe eines ausgebildeten Gestalters ist Texte in ihrer bestmöglichen Form in einem Medium zu platzieren. Sie werden optisch ansprechend aber auch gut lesbar gestaltet. Jeder Textsatz hat Einfluss auf die optische aber auch die psychologische Wahrnehmung des Inhaltes: ist der Text schnell lesbar und wird er gut verstanden, lässt er sich gut einprägen? Die Schriftpsychologie besagt, dass gelungene Schriften im Gedächtnis bleiben und misslungene für Verwirrung sorgen und vom Inhalt ablenken. Ein Aspekt ist die optimierte Platzierung in einem Medium und die Vorbereitung eines Gestaltungsrasters, aber ein weitaus wichtigerer und für Laien fast unsichtbarer Aspekt ist die mikrotypografische Aufbereitung.

Hierzu gehört unter anderem die Überprüfung von Textblöcken, Zeilen bis zu einzelnen Zeichen oder Zeichenabstände für die man eine persönliche Routine entwickeln sollte. In dieser Routine treten immer wieder typische Situationen auf in denen Fragen auftauchen die beispielsweise Abstandsregeln betreffen. Um diese Regeln immer schnell nachlesen zu können soll in dieser Aufgabe eine Übersicht erstellt werden die im Arbeitsalltag immer greifbar ist. Genannt wird dies in der Aufgabe „Übersichtskarten“, aber es kann ein Medium oder ein Weg gewählt werden der zur eigenen

Zeitrahmen: Daueraufgabe, die Übersicht kann fortlaufend ergänzt werden.
Schwierigkeit: **

Arbeitsweise gut passt. Diese Karten können in Papierform ausgedruckt werden, als Notizübersicht im Smartphone hinterlegt sein, als PDF auf dem PC oder als Übersicht auf einer Webseite oder im Intranet.

Aufgabe

Sollte die Wahl auf Papierkarten fallen sind diese im DIN A6-Format zu erstellen. Wenn ein anderes Medium bevorzugt wird kann das Format entsprechend angepasst werden. Die Übersicht sollte mindestens folgende Regeln/Fragestellungen übersichtlich und gestalterisch ansprechend darstellen. Die Liste kann beliebig durch eigene Regeln ergänzt werden.

- Wahl einer passenden Schriftart – welche Merkmale sind ausschlaggebend?
- Bevorzugte Einstellung für Zeilenabstände, Absatzabstände vor und nach einem Absatz in Anhängigkeit von Schriftart und -größe
- Optimierte Spaltenbreite und Satzart
- Satzregeln für den Einsatz von Binde-, Gedanken- und Halbgeviertstrichen
- Satzregeln für Abkürzungen
- Leerräume bei Nutzung von Schrägstrich und Backslash innerhalb von Worten und als Trennung zwischen Worten
- Weitere Leerräume, geschützte Leerzeichen und Ähnliches
- Regeln für %-Zeichen, Wertvorzeichen und Maßeinheiten
- Unterscheidung von Mediävalziffern und Versalziffern
- Anführungszeichen in der deutschen und englischen Sprache
- Hoch-/tiefgestellte Zahlen
- Apostroph, Auslassungspunkte
- Einsatz von Akzenten, Initialen, Ligaturen und typografischen Symbolen
- Bevorzugte Satzart für Telefonnummern, Uhrzeiten, Datum, Kontonummern, Adressen
- Genderschreibweisen
- und vieles mehr

Herausforderung bei dieser Aufgabe

Auch bei typografischen Regeln sollte man die Regeln der Barrierefreiheit beachten. Nicht alle typografisch optimierten Texte sind gleichzeitig auch barrierefrei lesbar. Aus diesem Grund sollte bei der Übersicht mit vermerkt werden, ob die Regel auch in barrierefreien Texten gilt.

DIN A6

3.25 Bildsprache „Weiser-Saat“

Notwendige Kenntnisse

Um eine Bildwelt oder eine Bildsprache für einen Kunden zu entwickeln und damit dessen Imagewert zu erhalten oder bestenfalls zu steigern, ist es notwendig, die Bedürfnisse und Wünsche des Auftraggebers genau zu kennen. Eine konsistente Bildsprache ist entscheidend für einen professionellen Auftritt, insbesondere im World Wide Web. Daher ist es von großer Bedeutung, fundierte Kenntnisse im Bereich Bildaufbau und Bildsprache aufzuweisen. Zudem ist ein Gespür für die Bedürfnisse der Zielgruppe unerlässlich.

Briefing

Der Hersteller für Rasen-Ansaaten „Weiser-Saat“ möchte seine Webseite mit neuen Fotografien schmücken. Diese sollen auf anregende, frische, kreative und moderne Weise die Produkte der Firma repräsentieren. Hierzu müssen zehn Fotos in verschiedenen Stockfotodatenbanken gefunden oder selbst erstellt werden, die folgende Webseiten-Themen bedienen:

1. Rollrasen – die einfache Art
2. Fußballrasen – die robuste Sorte
3. Golfrasen – die dichte Saat
4. Schattenrasen – der Wasserliebende
5. Krisenrasen – Rettung beanspruchter Wiesen
6. Rasenkrankheiten – Wenn der Rasen schwächelt
7. Frischluftrasen – Rasen lüften
8. Moosrasen – Abhilfe durch Vertikutieren
9. Blumenrasen – Orte zum Relaxen
10. Landschaftsrasen – Ideale Lösung für Dachbegrünungen

„Weiser-Saat“ legt bei all seinen Auftritten viel Wert auf eine hochwertige und moderne Erscheinung. Produziert werden ausschließlich Hochleistungssaaten, die für jeden Boden die richtige Lösung bieten und in aufwendig gestalteten Behältnissen verkauft werden. Die Samen werden größtenteils an Großabnehmer (Sportvereine, Landschaftsgärtner) verkauft und sind nur in ausgesuchten Gärtnereien verfügbar.

Abgabe

Print

> Abgegeben werden muss ein mindestens 4-seitiges DIN-A4-Dokument

Zeitrahmen: 2 h
Schwierigkeit: *

Aufgabe

Zu den zuvor genannten Themen müssen passende Motive gefunden und in einem Styleguide für Bildsprache zusammengefasst werden. Hierzu können Layoutbilder der Stockfotodatenbanken verwendet werden.

Dazu gehört eine Bildbeschreibung sowie eine Begründung, warum gerade das gewählte Foto optimal für das Thema geeignet ist.

Es ist eine Empfehlung für eine einheitliche Bildsprache der Webseite zu verfassen. Hierbei sind Stilrichtung, Formate, Farbigkeit, Aussage, Linienführung, Flächen und Kontraste von Bedeutung.

Besonderheiten bei dieser Aufgabe

Fotografien, die von unterschiedlichen Fotografen erstellt wurden, entsprechen in der Regel nicht dem gleichen Stil, da jeder Fotograf seinen eigenen Fotostil besitzt. Eventuell ist es schwierig, bei unterschiedlichen Anbietern Fotos zu finden, die gut zusammenpassen. Um diesem Problem entgegen zu wirken und z. B. einer Webseite einen harmonischen Look verleihen zu können ist die Festlegung einer einheitlichen Bildsprache und eines durchgehenden Bildstils von großer Bedeutung. Ein Styleguide hat hierbei die Aufgabe die Vorgaben für den Kunden, Gestalter und weitere Beteiligte verständlich, nachvollziehbar und anschaulich darzustellen.

DIN A4

Kapitel 4
Vorbereitende Übungen zur Abschlussprüfung

Vorgehen

Zu jeder gelösten Aufgabe ist neben den gefragten Medien ein Abgabebogen (zu finden in „Abgabebogen Kapitel 1–4“ auf Seite 217) einzureichen.

Des Weiteren liegen Bewertungsbogen ab Seite 198 vor.

Arbeitsdateien zu den Aufgaben finden Sie in unserem Downloadbereich online. Bitte benutzen Sie den folgenden Link und geben dort das Passwort (zu finden im Impressum) ein.

Link: lernen.christiani-digital.de/89415-2

Aufgabenübersicht Kapitel 4

Name: ....

Ausbildungsjahr: ....

Seite	Nr.	Titel	Datum	Rückgabe	Wertung	Themenbereich
160	4.01	Verpackung und Werbekonzept Duschgel „Duft der Kontinente“	______	______	______	P
162	4.02	Werbemaßnahmen Weinschorle „WeinGUT“	______	______	______	P
164	4.03	Werbekonzept Tauschbörse „Tauschklick“	______	______	______	P
166	4.04	Schild und Piktogramm „Künstlerweg“	______	______	______	P
168	4.05	Modemarke „HosenschLitz“	______	______	______	P
170	4.06	Erstellung einer Plakatreihe zur Müllproblematik in Deutschland	______	______	______	P
172	4.07	Erstellung einer Postkartenreihe zur Sicherheit von Fußgängern und Radfahrern in Deutschland	______	______	______	P
174	4.08	Aufklärungskampagne „Esst mehr Obst“	______	______	______	P
176	4.09	Gestaltung Spielzeugkatalog „Hamo“	______	______	______	P

Legende: G = Gestaltungsgrundlagen, I = Illustrative Aufgabe, T = Typografische Aufgabe,
F = Fotobearbeitung, U = Technische Umsetzung, P = Prüfungsvorbereitung

4.01

Verpackung und Werbekonzept Duschgel „Duft der Kontinente“

Abgabe

Print

> Scribbles der 12 Etiketten
> Logoscribbles
> Reinzeichnung zweier Etiketten für Asien
> Etikettenausdruck als Handmuster für Asien in Originalgröße
> Ausgearbeitetes Konzept
> Werbeplakat ausgedruckt in DIN A3 oder, wenn möglich, in DIN A2

Vorgegebene Hilfsmittel

> 4.01_text_duschgel.txt
> 4.01_foto1_duschgelflasche.jpg
> Weitere Fotos befinden sich im Verzeichnis 4.01/Bilder

Notwendige Kenntnisse

Da es sich bei dieser Aufgabe um eine vorbereitende Übung für Abschlussprüfungen handelt, werden umfassende Kenntnisse in allen Bereichen der Mediengestaltung vorausgesetzt. Hilfreich sind die „Checkliste Zeitplan/Arbeitsablauf/Planung“ auf Seite 190, „Checkliste Konzeption“ auf Seite 191, „Checkliste Zielgruppenanalyse“ auf Seite 194 und „Checkliste Analyse/Briefing“ auf Seite 184.

Briefing

Den Duft der Welt in einer Duschgel-Serie einzufangen, ist das Ziel der Kosmetikfirma „Laniva“.

Dazu bringt sie eine neue Duschgel-Serie auf den Markt, bei der zu jedem Kontinent der Erde ein „Duschgelpaar“ entwickelt wurde. Jedes Paar besteht aus einer eher herben und einer eher lieblichen Duftvariante, die eine Zielgruppe zwischen 18 und 35 Jahren ansprechen soll. Die Serie besteht insgesamt aus 12 Düften, die typisch für die sechs Kontinente Asien, Europa, Amerika, Afrika, Antarktika, Australien/Ozeanien sind.

Dem Kunden schwebt eine einheitliche Gestaltung der Verpackungen als deutlich erkennbare Serie vor, wobei die Besonderheiten der Kontinente sowie die der Düfte hervorgehoben werden müssen. Die Serie steht unter dem Namen „Du“.

Aufgabe

Es muss eine passende Flaschenform (250 ml) gefunden werden. Hierzu kann eine Flasche aus dem Supermarkt als Muster dienen oder es wird in einem 3D-Programm eine neue Form kreiert.

Zu entwickeln ist ein Konzept für die Gestaltung der Duschgele und einer Werbemaßnahme mit Plakaten sowie ein Logo für die Serie. Im Rahmen des Konzepts werden Entwürfe (Scribbles) und Ideen für die gesamte Serie erwartet. Als Reinzeichnung ist lediglich ein exemplarischer Entwurf für die herbe und liebliche Variante von „Asien“ zu erstellen. Dabei ist zu beachten, dass die Übertragbarkeit der Designidee auf die anderen fünf Kontinente gegeben sein muss.

Zeitrahmen: 32 h
Schwierigkeit: ***

Die Duftrichtungen des Beispiels sind:

- Asien lieblich: Vetiver (weißer Weihrauch) mit Jasmin und Zuckerrohr
- Asien herb: Nag Champer (asiatische Duftrichtung) mit Zimt und schwarzem Tee

Etiketten der Duschgele

Im Rahmen des Konzepts zur Gestaltung der Duschgele sind Scribbles zu erstellen. Basierend auf diesen Scribbles sind in einem zweiten Schritt die Etiketten für die Vorder- und Rückseite der Duschgelflaschen in einem Satzprogramm anzufertigen. Hierfür sind die Texte aus der Datei „4.01_text_duschgel.txt“ zu verwenden.

Werbeplakat

Zur Duschgelsorte „Asien“ ist ein Werbeplakat in DIN A2 zu erstellen, das die Exotik dieser Duftserie widerspiegelt. Hierzu muss ein Claim bzw. eine Werbeaussage gefunden werden, um das Produkt optimal bewerben zu können. Texte sind nicht vorgegeben. Auf dem Plakat muss mindestens eine Duschgelflasche inklusive Etikett als Foto, Fotomontage oder 3D-Grafik abgebildet werden.

Logo

Schließlich muss ein Logo für den Seriennamen „Du“ entwickelt werden, das auf jeder Flasche Verwendung findet. Die Nutzung von reproduzierbaren Sonderfarben ist gewünscht.

Es können zusätzlich weitere Werbemedien erstellt werden.

Herausforderung bei dieser Aufgabe

Die Herausforderung in dieser Aufgabe liegt darin, dass ein ausführliches und kundentaugliches Konzept mit kreativen Ideen entwickelt werden soll, das sich auf die eine gesamte Produktreihe übertragen lässt.

Unter Berücksichtigung der besonderen geschwungenen Form einer Duschgelflasche muss eine produzierbare Vorlage erstellt werden, die exakt an die Form der Flasche angepasst ist. Die sinnvolle Verwendung spezieller Sonderfarben muss mit berücksichtigt werden.

Werbemaßnahmen Weinschorle „WeinGUT“

Notwendige Kenntnisse

Da es sich bei dieser Aufgabe um eine vorbereitende Übung für Abschlussprüfungen handelt, werden umfassende Kenntnisse in allen Bereichen der Mediengestaltung vorausgesetzt. Hilfreich sind die „Checkliste Zeitplan/Arbeitsablauf/Planung“ auf Seite 190, „Checkliste Konzeption“ auf Seite 191, „Checkliste Zielgruppenanalyse“ auf Seite 194 und „Checkliste Analyse/Briefing“ auf Seite 184 sowie diverse Präsentationschecklisten ab Seite 188.

Briefing

Auf einem alten Weingut nahe Bozen in Südtirol wurde ein neues, junges Unternehmen gegründet. In historischer Umgebung sollen neue und moderne Wege gegangen werden. Das Ziel des Unternehmens „WeinGUT“ ist, ein einzigartiges und neues Mischgetränk zu vermarkten, das wenig Alkohol, aber viel Geschmack enthält – die Weinschorle.

Wein gilt als gesundes Getränk, das, in Maßen genossen, den Körper jung und gesund hält. Ein hoher Alkoholgehalt im Wein allerdings schadet der Gesundheit, wenn davon zu viel getrunken wird. Aus diesem Grund produziert und vermarktet das „WeinGUT“ eine Schorle, die über einen nur geringen Alkoholgehalt verfügt. Die Schorle ist ein Mischgetränk aus Fruchtwein und prickelndem, natürlichem Mineralwasser. Die folgenden Sorten sind geplant:

- Weintrauben weiß und rot
- Apfel
- Himbeere
- Johannisbeere schwarz

Die Weinschorle enthält keinen zusätzlichen Zucker und ist deshalb auch nicht sehr süß, sondern eher leicht, erfrischend, mit wenigen Kalorien.

Die Weinschorle ist im Moment noch einzigartig und soll ganz neu auf dem Markt positioniert werden. Die Zielgruppe für das Getränk liegt im mittleren Alter zwischen 18 und 55 Jahren. Suggerieren soll die Kommunikation, dass es als ideales Getränk für Partys, Fernsehabende allein, aber auch in Gesellschaft und in der Gastronomie geeignet ist.

Abgabe

Print

> Gebundenes Konzept inkl. Styleguide
> Ausdruck des Logos, geeignet für Kundenpräsentation
> Ausdruck der Fotomontage „Weingläser“ mindestens in DIN A4

Digital

> Präsentationsdatei
> Logo als Vektorgrafik
> Aufdruck Weinglas: produktionsfähige PDF-Datei

Vorgegebene Hilfsmittel

> 4.02_blindtext_weinschorle.txt
> Fotos befinden sich im Verzeichnis 4.02/Bilder

Zeitrahmen: 40 h
Schwierigkeit: ***

Aufgabe

Für das Weingut „WeinGUT“ ist eine auf das neue Produkt abgestimmte Kommunikation zu entwickeln. Dies erfordert die Konzeption eines Corporate Designs (Logo, Geschäftspapiere, Aufdruck auf Weingläser usw.). Da das Weingut sich ausschließlich auf die Produktion der Weinschorlen spezialisiert hat, entspricht die Produktmarke dem Logo.

Aufbauend auf dem Corporate Design ist ein Werbekonzept für die Produktmarke zu erstellen. Bei dem Konzept ist zu beachten, dass das Weinimage erhalten bleibt und das Getränk nicht ausschließlich als Partygetränk beworben wird, sondern ebenfalls als Genuss zu einem guten Essen gilt.

Bestandteil des Werbekonzepts ist ein Direct Mailing, das Einzelhandelsketten, Getränkemärkte und Gastronomien ansprechen soll. Ziel ist es, eine Vermarktung über diese Distributionswege sicherzustellen. Das Direct Mailing in Papierform wird ergänzt durch ein digitales Mailing, welches ausgewählte Ansprechpartner per E-Mail erreicht. Der Ablauf der Mailings findet in zwei Phasen statt:

1. Print Mailing und 2. digitales Mailing.

Weitere Vorschläge für Werbemaßnahmen sind gewünscht.

Logoentwicklung

Für „WeinGUT“ wird ein Logo/Signet entwickelt, das den Charakter des Unternehmens und der Produkte widerspiegeln soll. Zu dem Logo ist eine kurze Begründung gewünscht und ein Styleguide zu entwickeln.

Aufdruck für Weingläser

Für Weingläser, in denen die Schorlen ausgeschenkt werden, wird ein Aufdruck geplant. Hierzu wird ein Entwurf entwickelt, der das zuvor gestaltete Logo beinhaltet. Für den Aufdruck gibt es keine farblichen Einschränkungen, ebenso ist freigestellt, an welcher Stelle und in welcher Größe die Gläser bedruckt werden.

Im Anschluss ist der Aufdruck mittels Fotomontage oder Illustration so anzulegen, dass eine überzeugende Präsentationsgrafik entsteht.

Die Gläser sollen in der Gastronomie für die Schorlen Verwendung finden, aber auch als „Goodie“ beim Kauf von Weinschorle im Einzelhandel die Kaufentscheidung positiv beeinflussen.

Kundenpräsentation

Das gesamte Konzept inklusive aller Werbemaßnahmen soll als Kundenpräsentation aufgearbeitet und vorgestellt werden. Die Präsentation darf maximal 30 Minuten dauern und soll einem realen Publikum, dem das Thema nur ansatzweise geläufig ist, vorgeführt werden.

Hilfreich für die Präsentation: „Checkliste Präsentation, Selbstkontrolle vor der Präsentation/zur Vorbereitung“ auf Seite 188 und „Bewertungsbogen Präsentation III (Selbstbewertung)“ auf Seite 214.

Herausforderung/Ziel der Aufgabe

Ziel der Aufgabe ist es, in einem prüfungsähnlichen Rahmen eine umfangreiche Aufgabe zu lösen.

TIPP

Um ein umfangreiches Projekt unter Zeitdruck umzusetzen, ist es unerlässlich, einen Zeitplan zu erstellen. Es empfiehlt sich deshalb, für diese Aufgabe mit einem „Meilenstein-Zeitplan“ zu arbeiten. → „Bis wann und in welcher Zeit soll was geschafft sein?“

Für eine ansprechende Projektpräsentation empfiehlt sich der Einsatz von (PSD-)Mockups, die die Möglichkeit bieten, gestaltete Medien als Fotomontage in ihrer „natürlichen“ Umgebung zu präsentieren.

4.03 Werbekonzept Tauschbörse „Tauschklick“

Abgabe

Print

> Gebundenes Konzept
> Ausdruck des Logos, geeignet für Kundenpräsentation
> Ausdruck des Webseitenentwurfs
> Alle zusätzlichen Werbemaßnahmen als Handmuster

Digital

> Präsentationsdatei
> Logo als Vektorgrafik

Vorgegebene Hilfsmittel

> 4.03_text_tauschklick.txt
> Fotos befinden sich im Verzeichnis 4.03/Bilder

Notwendige Kenntnisse

Da es sich bei dieser Aufgabe um eine vorbereitende Übung für Abschlussprüfungen handelt, werden umfassende Kenntnisse in allen Bereichen der Mediengestaltung vorausgesetzt. Hilfreich sind die „Checkliste Zeitplan/Arbeitsablauf/Planung“ auf Seite 190, „Checkliste Konzeption“ auf Seite 191, „Checkliste Zielgruppenanalyse“ auf Seite 194 und „Checkliste Analyse/Briefing“ auf Seite 184.

Briefing

„Tauschklick“ ist ein Netzwerk sozial interessierter Menschen, dessen Ziel es ist, kostenlose Dienstleistungen aus den unterschiedlichsten Bereichen anzubieten. Zu diesen zählen Hilfen im Haushalt, Hobby, Freizeit, Handwerk, Nachhilfe, Sprachkurse, Tierbetreuungen oder einfach das Tauschen von Gegenständen sowie Selbstgemachtem.

Inhaltlich orientiert „Tauschklick“ sich an Tauschbörsen älterer Generationen, möchte aber das angestaubte Image der bekannten Börsen ablegen und mit neuen Ideen, frischem Design und Überraschungseffekten arbeiten.

„Tauschklick“ gilt als ein sehr modernes soziales Netzwerk und richtet sich an Menschen jeder Altersgruppe.

Es sollen stetig neue Mitglieder gewonnen werden, weshalb es notwendig ist, ein frisches visuelles Erscheinungsbild unter Berücksichtigung von Farbe, Form und Bildsprache zu entwickeln. Das Konzept soll sowohl die klassischen als auch die neuen Medien berücksichtigen.

Zeitrahmen: 40 h
Schwierigkeit: ***

Aufgabe

Es ist ein Konzept inklusive Corporate-Design-Maßnahmen bzw. einem Styleguide zu entwickeln, das dem Unternehmen „Tauschklick“ mit pfiffigen Ideen und Aktionen auch überregional zu einem höheren Bekanntheitsgrad verhilft.

Dies beinhaltet die Gestaltung eines Logos, das durch einen einprägsamen Claim ergänzt wird. Die Marke „Tauschklick“ soll sich etablieren und entsprechend beworben werden. Hierzu sind zusätzliche Werbemaßnahmen zu konzipieren.

Da es sich bei der Tauschbörse in erster Linie um ein Online-Angebot handelt, muss zudem ein Entwurf für eine Webseite sowie eine App entwickelt werden.

Im letzten Schritt wird eine Kundenpräsentation mit allen im Konzept erwähnten Werbemaßnahmen und entwickelten Medien erstellt. Die Präsentation darf maximal für 30 Minuten ausgelegt sein und soll einem realen Publikum vorgeführt werden.

Hilfreich für die Präsentation: „Checkliste Präsentation, Selbstkontrolle vor der Präsentation/zur Vorbereitung“ auf Seite 188 und „Bewertungsbogen Präsentation III (Selbstbewertung)“ auf Seite 214.

Besonderheiten bei dieser Aufgabe

Die unterschiedlichen sozialen Gegebenheiten der Zielgruppe sind ein wichtiger Faktor für die Erbringung einer Dienstleistung, weshalb eine sehr inhomogene Zielgruppe von den Werbemaßnahmen angesprochen werden soll. Dies muss bei der Konzeptentwicklung gesondert berücksichtigt werden. Ebenso muss das Konzept die Machbarkeit verschiedener Aktionen und Medien gewährleisten – es dürfen nur Vorschläge gemacht werden, die technisch tatsächlich umsetzbar sind.

TIPP

Bei „Tauschklick“ handelt es sich im weitesten Sinne um ein „Soziales Netzwerk“, das auch so beworben werden sollte. Hierfür bieten sich auch andere Social-Media-Komponenten an.
Für „Tauschklick“ könnte deshalb beispielsweise ein Konzept für eine Präsenz bei Facebook, Instagram, Pinterest, Twitter oder andere entwickelt werden.

4.04

Schild und Piktogramm „Künstlerweg“

Notwendige Kenntnisse

Da es sich bei dieser Aufgabe um eine vorbereitende Übung für Abschlussprüfungen handelt, werden umfassende Kenntnisse in allen Bereichen der Mediengestaltung vorausgesetzt. Hilfreich sind die „Checkliste Zeitplan/Arbeitsablauf/Planung“ auf Seite 190, „Checkliste Konzeption“ auf Seite 191, „Checkliste Zielgruppenanalyse“ auf Seite 194 und „Checkliste Analyse/Briefing“ auf Seite 184.

Briefing

Der Verein zur Förderung des Münsterlands, „Münsterland Tourismus e. V.“, plant eine neue Fahrradroute. Themenfahrradrouten gibt es viele, weshalb die Schönheit der Natur allein als Ansporn nicht mehr ausreicht, um abgelegene und bisher unbekannte Dörfer für Radwanderer attraktiv zu gestalten.

Die neu entwickelte Radroute „Künstlerweg“ wird auf gut ausgeschilderten Wegen mit einer Gesamtlänge von 250 km durch wunderschöne Ebenen – vorbei an kleinen Dörfern, in denen Künstler beheimatet sind oder waren, an Denkmälern und Ausstellungsorten – führen. Gedacht ist die Route als gemütliche Wegstrecke, an der viele Stationen zum Verweilen und Pausieren einladen.

Diese Route muss gut beschildert werden, weshalb ein Piktogramm zu entwickeln ist, das als Orientierungsschild funktioniert, aber auch für Printmedien verwendet werden kann.

Ziel der Kommunikation

Die Radroute „Künstlerweg“ soll als besonders attraktiv für jedermann beworben werden – die Wege sollen leicht zu finden sein und viele Touristen auf die Route locken.

Kommunikationsmaßnahmen

Jede Rad- oder Wanderroute besitzt Symbole, die als Schilder bzw. Wegweiser fungieren. Diese werden an Laternen, Bäumen, auf dem Boden, an Häusern befestigt, mit Pfeilen oder Texten kombiniert, um den Weg zu weisen bzw. an der Route entlang zu markieren. Es wird darauf hingewiesen, wo abgebogen werden muss oder an welcher Stelle sich eine Besichtigung lohnt.

Abgabe

Print

> Beispielhaftes Schild in Kombination mit einem Zusatzschild
> Gebundenes Konzept
> Ausdruck aller Werbemedien in Originalgröße

Digital

> Eine druckbare PDF-Datei des Logos
> Druckbare PDF/X-4-Dateien inklusive aller relevanten Marken und Informationen von allen Werbemedien und -maßnahmen

Vorgegebene Hilfsmittel

> 4.04_text_blindtext_faltblatt_kuenstlerweg.txt
> Fotos befinden sich im Verzeichnis 4.04/Bilder

Zeitrahmen: 40 h
Schwierigkeit: ***

Auch die „Künstlerweg"-Route wird mit diesen Schildern ausgestattet.

Um dies zu erreichen und die Radroute zu bewerben, muss ein Werbekonzept mit entsprechenden Werbemaßnahmen erarbeitet werden. Dies beinhaltet die Entwicklung des Signets „Radroute Künstlerweg" in Form eines Logos für Printmedien und als Wegweiser, eines Faltblatts mit einer Beschreibung der Wegstrecke und der wichtigsten Wegpunkte sowie einer Webseite.

Zielgruppen

Sportliche Naturliebhaber mittleren Alters und Familien, die neben dem sportlichen Aspekt auch die kulturelle Unterhaltung suchen.

Botschaft

Die Radroute „Künstlerweg" ist eine neue Art Freizeitspaß, die viel Abwechslung bietet.

Nutzen der Kampagne

Der Tourismus in den Dörfern nahe der Radstrecke wird gefördert. Materialien (Infomaterialien und Radwanderkarten) können vermarktet werden. Nebeneffekt: Begeisterung für den Radsport wird hervorgerufen.

Aufgabe Signet

Es muss ein Signet entworfen werden, das sich neben den anderen Radroutenbeschilderungen behaupten kann, da diese sich an manchen Orten kreuzen. Das Signet wird hauptsächlich als Orientierungsschild eingesetzt und muss aus großen Entfernungen und bei höheren Geschwindigkeiten gut erkennbar sein. Folglich muss sich das Zeichen für eine Produktion in großen Größen eignen. Da das Symbol aber auch für Radwanderkarten und Webseiten eingesetzt wird, muss es auch als sehr kleines Zeichen eine entsprechende Wirkung und gute Erkennbarkeit erzielen. Das Piktogramm soll die Themen Radfahren, Kunst, Erholung und Sport widerspiegeln.

Die Standardmaße für die Schilder liegen bei 150 x 150 mm. Diese können mit Zusatzschildern (mit Pfeilen oder dem Namen „Radroute Künstlerweg") kombiniert werden.

Spezielle Farbvorgaben gibt es nicht.

Aufgabe Konzept/Werbemaßnahmen

Es ist ein ausführliches Konzept zu entwickeln, das sowohl die Nutzung des Signets als auch weitere Werbemaßnahmen und sonstige relevante Informationen enthält. Alle Kommunikationsmaßnahmen müssen sich im Konzept wiederfinden. Zu diesen Maßnahmen gehören ein Faltblatt und eine Webseite.

Weitere Werbemaßnahmen sind zu berücksichtigen, wobei für alle Medien Blindtexte zu verwenden sind.

Die gesamte Kommunikationsstrategie soll dem Kunden präsentiert und verkauft werden. Entsprechend ist eine Präsentation mit Handmustern zu erstellen, um den Kunden vom Konzept zu überzeugen. Die Präsentation darf nicht länger als 30 Minuten dauern und sollte vor einem realen Publikum gehalten werden.

Hilfreich für die Präsentation: „Checkliste Präsentation, Selbstkontrolle vor der Präsentation/zur Vorbereitung" auf Seite 188 und „Bewertungsbogen Präsentation III (Selbstbewertung)" auf Seite 214.

Herausforderung/Ziel der Aufgabe

Ziel der Aufgabe ist es, in einem prüfungsähnlichen Rahmen eine umfangreiche Aufgabe zu lösen und zu präsentieren.

4.05 Modemarke „HosenschLitz“

Abgabe

Print

- Gebundenes Konzept
- Ausdruck aller Werbemedien in Originalgröße

Digital

- Eine druckbare PDF-Datei des Logos
- Druckbare PDF/X-4-Dateien inklusive aller relevanten Marken und Informationen von allen Werbemedien und -maßnahmen

Vorgegebene Hilfsmittel

- 4.05_text_webshop_hosenschlitz.txt
- 4.05_text_navigation_hosenschlitz.txt
- 4.05_text_geschaeftspapiere_hosenschlitz.txt
- Fotos befinden sich im Verzeichnis 4.05/Bilder

Notwendige Kenntnisse

Da es sich bei dieser Aufgabe um eine vorbereitende Übung für Abschlussprüfungen handelt, werden umfassende Kenntnisse in allen Bereichen der Mediengestaltung vorausgesetzt. Hilfreich sind die „Checkliste Zeitplan/Arbeitsablauf/Planung“ auf Seite 190, „Checkliste Konzeption“ auf Seite 191, „Checkliste Zielgruppenanalyse“ auf Seite 194 und „Checkliste Analyse/Briefing“ auf Seite 184.

Briefing

Der Modedesigner Jerome Hos und die kreative Schneiderin Sabina Litz schließen sich mit ihren Ideen zusammen und gründen gemeinsam die neue Modemarke „HosenschLitz“.

Jerome Hos produzierte bislang Designs für renommierte Modeketten, Sabina Litz war bisher als Änderungsschneiderin für Abendmoden tätig. Mithilfe ihrer praktischen Erfahrungen und ihrer besonderen Kreativität möchten sie nun ein eigenes Label entwickeln und ihre Waren in einem kleinen Laden in Dresden vertreiben. Die Kleidung wird eine bunte Mischung aus experimentellen Abendmoden werden, die sich an aktuellen Trends in Kombination mit der Mode der 30er- bis 50er-Jahre orientiert. Als Ladenlokal dient ein Studio in einem alten Gewandhaus, das vom geschichtlichen Aspekt her gut zur Stilrichtung von „HosenschLitz“ passt.

Aufgabe 1

Für die Modemarke „HosenschLitz“ muss die komplette Geschäftsausstattung gestaltet werden. Hierzu gehören die Entwicklung eines Signets, der Geschäftspapiere, des Labels und der Werbemaßnahmen. Alle Maßnahmen werden in einem Konzept bzw. Styleguide festgehalten. Die Marke soll sich regional und überregional etablieren, weshalb regionale Maßnahmen, wie zum Beispiel die Entwicklung eines eindrucksvollen und eleganten Eingangsschilds, und überregionale Werbung sowie der Entwurf einer Webseite und Vorschläge für Social-Media-Maßnahmen erforderlich sind.

Zeitrahmen: 40 h
Schwierigkeit: ***

Aufgabe 2

Zur überregionalen Bekanntheitssteigerung muss ein Konzept mit vorheriger Zielgruppen- und Konkurrenzanalyse für einen Onlineshop inklusive Werbebanner erstellt werden. Hierbei sind alle relevanten Merkmale und Vorgaben für Webseiten und Onlineshops zu berücksichtigen.

Herausforderung/Ziel der Aufgabe

Bei dieser Aufgabe ist es notwendig, eine gute Kombination von modernem Design mit dem Stil der 30er- und 50er-Jahre und dem geschichtlichen Aspekt eines Gewandhauses zu erreichen.

Für eine moderne Modemarke, die noch im Aufbau ist, ist es notwendig, breit gefächert alle Kanäle für Werbemaßnahmen zu nutzen, die zur Verfügung stehen. Deshalb bietet sich hier ein umfassendes Social-Media-Konzept an. Dieses sollte bekannte Kanäle wie Facebook, Pinterest und Instagram, aber auch Modeblogs und andere spezielle Onlinekanäle dieser Branche umfassen. Viele Künstler der Modewelt bitten bekannte Persönlichkeiten, ihre Kleidung zu tragen, oder stellen diese Modebloggern kostenlos als Testobjekte zur Verfügung. Über solche Wege kann beispielsweise ein virales Marketing ausgelöst werden, wenn eine gute Idee dahintersteckt.

Erstellung einer Plakatreihe zur Müllproblematik in Deutschland

Abgabe

Print

- > Scribbles von drei Ideen
- > Zielgruppenanalyse mit Begründung als Bestandteil des Konzepts
- > Zeitplan (beinhaltet einen Aufgabenplan, der darstellt, wie der zeitliche Ablauf bei der Erstellung der Kampagne sein wird)
- > Konzept
- > Drei Plakate

Vorgegebene Hilfsmittel

- > 4.06_text_plakat_muellsparer.txt
- > Fotos befinden sich im Verzeichnis 4.06/Bilder

Notwendige Kenntnisse

Da es sich bei dieser Aufgabe um eine vorbereitende Übung für Abschlussprüfungen handelt, werden umfassende Kenntnisse in allen Bereichen der Mediengestaltung vorausgesetzt. Hilfreich sind die „Checkliste Zeitplan/Arbeitsablauf/Planung“ auf Seite 190, „Checkliste Konzeption“ auf Seite 191, „Checkliste Zielgruppenanalyse“ auf Seite 194 und „Checkliste Analyse/Briefing“ auf Seite 184.

Zudem sind umfassende Brainstormingkenntnisse zur Ideenfindung für die Plakatkampagne notwendig.

Briefing

Deutschland produziert zu viel Müll. Die Entsorgung ist ein Problem. Müllhalden wachsen und die Verbrennung produziert Unmengen von CO_2. Die Menschen fühlen sich machtlos, selbst dieses Problem zu bekämpfen oder haben wenig Interesse daran, da die Problematik nicht offensichtlich und am eigenen Leib spürbar ist. Schon seit vielen Jahren versuchen Umweltorganisationen, gegen die Unmengen von Müll vorzugehen, doch die Industrie arbeitet kontraproduktiv, verpackt Lebensmittel doppelt und dreifach, obwohl es unnötig ist.

Der Großteil der Konsumenten hat sich an diesen Umstand gewöhnt und denkt beim Einkauf nicht über die Folgen nach. Ein gutes Gewissen wird den Konsumenten durch den Grünen Punkt oder das Flaschenpfand eingeredet, dabei wäre eine Vermeidung von unnötiger Verpackung der richtige Weg, um umweltbewusst zu leben und gleichzeitig Geld zu sparen, statt Vorhandenes einem neuen Kreislauf hinzuzufügen. Wiederverwertung ist von der Idee her zwar immer noch besser als Entsorgung, ist aber gleichzeitig auch mit vielen umweltschädlichen Faktoren verbunden (hohe Energiekosten etc.).

Ziel der Kampagne

Ein deutschlandweit agierender Naturschutzbund möchte mit einer Plakataktion eine breite Masse ansprechen und auf die Problematik aufmerksam machen, dass Deutschland zu viel Verpackungsmüll produziert. Er ist im Bereich Social Media z. B. bei Instagram sehr aktiv, weshalb die Plakatmotive auch für diese Kanäle benutzt werden sollen, um noch mehr Menschen zu erreichen.

Zeitrahmen: 40 h
Schwierigkeit: ***

Aufgabe

Aufrütteln, aufwecken, überzeugen, aufrühren, zum Handeln anregen, das sind die Ziele dieser Plakatkampagne. Es muss eine Plakatserie gestaltet werden, die aus drei Plakaten besteht. Eine Zielgruppe ist nicht fest definiert, da das Thema alle Altersgruppen und Personentypen betrifft. Das bedeutet, eine passende Hauptzielgruppe, für die die Kampagne besonders wirkungsvoll sein soll, muss selbst definiert werden.

Zu diesem Auftrag gehört einmal die Entwicklung der Plakatreihe, aber auch eine Zielgruppenanalyse mit Begründung der Auswahl, die Erstellung eines Zeitplans und eines ausführlichen Konzepts.

Ein Brainstorming soll zu drei umsetzbaren Ideen führen. Diese werden als Scribble visualisiert. Die beste Idee wird ausgesucht und zu einer Plakatreihe mit mindestens drei Motiven weiterentwickelt und im Endeffekt zu Reinzeichnungen ausgearbeitet.

Einzig der Slogan „Werde Müllsparer!“, ein kurzer erklärender Text „4.06_text_plakat_muellsparer.txt“ und ein Platzhalter für das Logo des Ministeriums sind fester Bestandteil der Kampagne.

Das Endformat der Plakate ist DIN A2. Die Zeit für die Entwicklung der Kampagne ist begrenzt. Zur Verfügung stehen fünf Arbeitstage (40 Stunden) zur Konzepterstellung und sechs Stunden für die Reinzeichnung der Plakate. Die Produktion (der Druck) der Medien ist in dieser Zeit nicht enthalten und kann anschließend vorgenommen werden.

Wichtig ist, dass die Kampagne überzeugt, ohne Negativreaktionen hervorzurufen oder ein angestaubtes Ökoimage aufzugreifen. Sie muss aufklären und gleichzeitig spannend und interessant sein.

Unter dem Slogan „Werde Müllsparer!“ soll die Plakataktion deutschlandweit Verwendung finden.

Herausforderung bei dieser Aufgabe

Die Entwicklung kreativer Ideen sowie eines Konzepts mit wenigen Vorgaben, ein großer Umfang der Aufgabe und Zeitdruck sind eine besondere Herausforderung. Das Plakat als Werbemedium ist kein leichtes; in Bruchteilen von Sekunden muss die Botschaft beim Rezipienten angekommen und aufgenommen worden sein.

4.07

Erstellung einer Postkartenreihe zur Sicherheit von Fußgängern und Radfahrern in Deutschland

Abgabe

Print

- Scribbles von drei Ideen
- Zielgruppenanalyse
- Zeitplan (beinhaltet einen Aufgabenplan, der darstellt, wie der zeitliche Ablauf bei der Erstellung der Kampagne sein wird)
- Konzept
- Drei Postkarten, ausgedruckt in DIN A6
- Handmuster und Medien für Präsentation

Digital

- Druckfähige Postkartendateien
- Präsentationsdatei

Vorgegebene Hilfsmittel

- Fotos befinden sich im Verzeichnis 4.07/ Bilder

Notwendige Kenntnisse

Da es sich bei dieser Aufgabe um eine vorbereitende Übung für Abschlussprüfungen handelt, werden umfassende Kenntnisse in allen Bereichen der Mediengestaltung vorausgesetzt. Hilfreich sind die „Checkliste Zeitplan/Arbeitsablauf/Planung“ auf Seite 190, „Checkliste Konzeption“ auf Seite 191, „Checkliste Zielgruppenanalyse“ auf Seite 194 und „Checkliste Analyse/Briefing“ auf Seite 184.

Zudem sind umfassende Brainstormingkenntnisse zur Ideenfindung notwendig.

Briefing

Fragt man Kinder und Jugendliche, was ihnen an ihrer Kleidung und ihrem Aussehen am wichtigsten ist, wird wohl kaum jemand antworten, dass es sich um den Sicherheitsaspekt handelt. Es ist ihnen wichtig, wie gut sie in einer Gruppe ankommen. Kleidung muss bequem und cool sein – Reflektoren, Licht und helle Farben spielen oft keine Rolle und werden gern vermieden. Die eigene Sicherheit und die eigene Sterblichkeit sind im Alltag kein Thema und aus diesem Grund verhalten sie sich oft unvorsichtig oder gar leichtsinnig. Häufig unterschätzte Gefahren sind das Laufen auf dunklen Straßen und das Überqueren von unbeleuchteten Fahrbahnen sowie das Radfahren ohne Licht. In einfacher, dunkler Kleidung sind Fußgänger und Radfahrer in solchen Situationen fast unsichtbar. Wenn dann noch Musik die Ohren beschallt, ist das Unfallszenario perfekt.

Aufgabe

Um Kinder und Jugendliche auf die Gefahren im Straßenverkehr aufmerksam zu machen, soll eine Postkartenreihe bestehend aus drei Motiven gestaltet werden. Sie soll jungen Menschen zeigen, dass das Fahrradfahren, Skaten und Laufen auf Straßen im Dunkeln, mit dunkler Kleidung und ohne Licht lebensgefährlich sein kann. Dabei ist es wichtig, darauf zu achten, nicht zu sehr zu schockieren, um ein Ablehnungsverhalten zu vermeiden. Die Zielgruppe soll sich mit der Kampagne identifizieren und davon überzeugt werden, in Zukunft bei Dunkelheit mehr auf die eigene Sicherheit zu achten. Die Gefahr, als Fußgänger und Radfahrer übersehen zu werden, muss deutlich in den Vordergrund treten.

Zeitrahmen: 40 h
Schwierigkeit: ***

Um die Aussage zu unterstreichen, muss ein passender Claim und ein ansprechender Copytext gefunden werden.

Diese Aufgabe soll als kompletter Designauftrag für einen realen Kunden (z. B. Umweltministerium) betrachtet werden, der an prominenter Stelle Beachtung findet.

Zu diesem Auftrag gehören die Erarbeitung einer Analyse, eines Konzepts und die Erstellung von Scribbles zu drei Ideen. Die beste Idee soll herausgegriffen und daraus eine Serie bestehend aus drei Kartenmotiven in DIN A6 als Entwurf, Reinzeichnung und Druckdatei entwickelt werden. Die zu platzierenden Texte sind als Teil des Konzepts selbst zu entwickeln.

Als zusätzlicher Bestandteil ist ein Vorschlag für die Platzierung der Karten im öffentlichen Raum zu konzipieren, um die Zielgruppe optimal zu erreichen. Mit Mockups können diese grafisch ansprechend visualisiert werden. Unterstützende Werbemaßnahmen sind ebenfalls gewünscht.

Um die Aufgabe zu erarbeiten, sind folgende Schritte notwendig:

- Erstellung eines Zeit- und Aufgabenplans
- Erarbeitung einer Analyse und eines Werbekonzepts
- Gestaltung einer Werbeidee für Postkarten und weitere Werbemaßnahmen
- Vorbereitung einer Kundenpräsentation

Hilfreich für die Präsentation: „Checkliste Präsentation, Selbstkontrolle vor der Präsentation/zur Vorbereitung“ auf Seite 188 und „Bewertungsbogen Präsentation III (Selbstbewertung)“ auf Seite 214.

Herausforderung bei dieser Aufgabe

Die Entwicklung kreativer Ideen sowie eines Konzepts mit wenigen Vorgaben, ein großer Umfang der Aufgabe und Zeitdruck ist die Herausforderung dieser Aufgabe. Die Postkarte als Werbemedium ist sehr ansprechend, da sie in die Hand genommen, genauer betrachtet und sogar weiterverwendet werden kann. Diese Eigenschaften sind zu berücksichtigen und sinnvoll einzusetzen.

4.08 Aufklärungskampagne „Esst mehr Obst“

Abgabe

Print

- Komplettes Konzept
- Druck aller Medien in Originalgröße, bzw. mindestens in DIN A3

Digital

- PDF/X-4 als Printmedien in Originalgröße und mit allen relevanten Marken und Informationen
- Präsentationsdatei
- Digitale Skizze des Messestands

Vorgegebene Hilfsmittel

- 4.08_blindtexte_faltblatt_obst.txt
- 4.08_informationen_messestand.pdf
- Fotos befinden sich im Verzeichnis 4.08/Bilder

Notwendige Kenntnisse

Da es sich bei dieser Aufgabe um eine vorbereitende Übung für Abschlussprüfungen handelt, werden umfassende Kenntnisse in allen Bereichen der Mediengestaltung vorausgesetzt. Hilfreich sind die „Checkliste Zeitplan/Arbeitsablauf/Planung“ auf Seite 190, „Checkliste Konzeption“ auf Seite 191, „Checkliste Zielgruppenanalyse“ auf Seite 194 und „Checkliste Analyse/Briefing“ auf Seite 184.

Zudem sind umfassende Brainstormingkenntnisse zur Ideenfindung notwendig.

Briefing

Der „Verband medizinischer Fachberufe“ veröffentlicht eine Ausschreibung für eine Aufklärungskampagne zum Thema „Esst mehr regionales Obst“. In dieser Kampagne sollen Menschen wieder dazu angeregt werden, gesundes, nicht genmanipuliertes Obst zu kaufen und zu konsumieren, das in der näheren Umgebung produziert wird und ohne lange Transportwege auskommt.

Als Zielgruppe soll sich vornehmlich auf Jugendliche konzentriert werden, die heute oft nicht mehr wissen, wie frisches Obst schmeckt und denen nur noch der Geschmack von Standardapfelsorten und Bananen geläufig ist. Die Sortenvielfalt ist ihnen oft nicht bekannt und so ernähren sie sich gern einseitig. Die Kampagne soll auf schmackhafte, pfiffige und ausgefallene Weise Lust auf eine gesunde Ernährung und Obst machen.

Aufgabe

Eine umfassende Kampagne inklusive Konzept muss erstellt werden. Dazu gehören die Ausarbeitung einprägsamer Plakate mit einem vielversprechenden Claim, eine Webseitengestaltung und die Planung eines Messestands zur Präsentation der Kampagne auf Volksfesten. Ergänzende Werbemaßnahmen sind ebenfalls möglich. Auf allen Medien soll das Logo des Auftraggebers vertreten sein und zusätzlich ein QR-Code, mit dem eine Webseite per Smartphone geladen werden kann. Das Logo des „Verbands medizinischer Fachberufe“ soll als Wortmarke neu erstellt und deren Verwendung in einem Styleguide festgehalten werden.

Zeitrahmen: 40 h
Schwierigkeit: ***

Informationen zum Messestand sind „4.08_informationen_messestand.pdf“ zu entnehmen.

Um diese Aufgabe zu lösen, müssen verschiedene konzeptionelle Bestandteile schriftlich zusammengefasst werden:

- Zeitplan
- Situationsanalyse
- Umfassendes Konzept mit Ideenentwicklung
- Entwicklung einer Wortmarke mit Claim
- Handschriftliche Scribbles erster Entwürfe
- Reinzeichnung einer Idee für Plakate und Messestand als druckbare PDF-Datei
- Darstellung einer Gestaltungsidee für eine Webseite
- Ideenfindung für weitere Werbemedien, die sinnvoll erscheinen
- Budgetplanung (für die Produktion der Medien) mit schriftlichem Angebot
- Vorstellung der Idee als Kundenpräsentation (maximal 30 Minuten)
- Planung des Druckauftrags aller Medien (Bedruckstoff, Farben, Weiterverarbeitung …)

Hilfreich für die Präsentation: „Checkliste Präsentation, Selbstkontrolle vor der Präsentation/zur Vorbereitung“ auf Seite 188 und „Bewertungsbogen Präsentation III (Selbstbewertung)“ auf Seite 214.

Herausforderung bei dieser Aufgabe

Die Entwicklung kreativer Ideen sowie eines Konzepts mit wenigen Vorgaben unter Zeitdruck stellt die Herausforderungen dieser Aufgabe dar, da es sich um einen sehr umfangreichen Auftrag mit unterschiedlichen Medien handelt. Es muss dabei darauf geachtet werden, dass alle Medien möglichst einheitlich auftreten, um eine Zusammengehörigkeit zu demonstrieren.

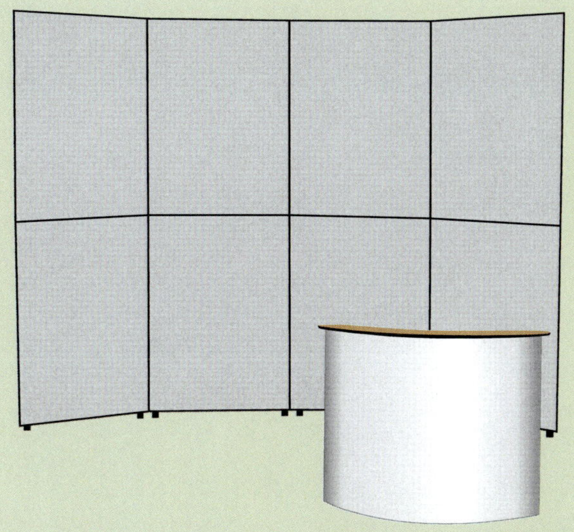

4.09 Gestaltung Spielzeugkatalog „Hamo“

Abgabe

Print

- Komplettes Konzept
- Druck aller Medien in Originalgröße

Digital

- PDF/X-4 als Printmedien in Originalgröße und mit allen relevanten Hilfszeichen und Informationen
- Darstellung Webseite/Webshop

Vorgegebene Hilfsmittel

- 4.09_texte_katalog_kaufladen.txt
- Fotos befinden sich im Verzeichnis 4.09/Bilder

Notwendige Kenntnisse

Da es sich bei dieser Aufgabe um eine vorbereitende Übung für Abschlussprüfungen handelt, werden umfassende Kenntnisse in allen Bereichen der Mediengestaltung vorausgesetzt. Hilfreich sind die „Checkliste Zeitplan/Arbeitsablauf/Planung“ auf Seite 190, „Checkliste Konzeption“ auf Seite 191, „Checkliste Zielgruppenanalyse“ auf Seite 194 und „Checkliste Analyse/Briefing“ auf Seite 184.

Zudem sind umfassende Brainstormingkenntnisse zur Ideenfindung notwendig.

Briefing

Das Kinderspielzeugkaufhaus „Hamo“ ist ein in Norddeutschland angesiedeltes Unternehmen mit mehreren größeren Kaufhäusern in Hamburg und Niedersachsen. Trotz der hohen Verbreitung ist die Positionierung auf dem Markt noch recht zurückhaltend und die Konkurrenz anderer Ketten ist sehr groß. Aus diesem Grund plant „Hamo“ eine Umgestaltung des eigenen Geschäftsauftritts. Vorrangig sollen ein modernes Logo entwickelt, ein Katalog (Print) und ein Webkatalog erstellt werden, die Kinder und deren Eltern gleichermaßen ansprechen.

Ziele der Kommunikation

„Hamo“ soll sich als Name etablieren und neben der Konkurrenz behaupten können. Neue Kunden sollen gewonnen und das Internetangebot durch einen Webshop erweitert werden. Die Übersichtlichkeit des Angebots soll verbessert und der Zielgruppe angemessen gestaltet werden, wobei eine psychologisch sinnvolle Führung durch das Angebot den Verkauf anregen soll.

Zielgruppe

Die Zielgruppe für einen Spielzeugkatalog ist leicht einzugrenzen. Für das Konzept ist diese deutlich und ausführlich auszuwerten.

Zeitrahmen: 40 h
Schwierigkeit: ***

Aufgabe

Da die gesamte Geschäftsausstattung überarbeitet werden soll, ist es notwendig, ein neues Firmenlogo zu gestalten, das auf allen Medien Anwendung findet.
Hierzu ist die Erstellung eines kurzen Styleguides geplant. Zum Logo ist ein passender Claim, der ansprechend, einzigartig und einprägsam ist, gewünscht.

Des Weiteren wird ein Designkonzept unter Berücksichtigung aller gängigen Elemente entwickelt. Bestandteile des Konzepts werden ein Printkatalog und ein Webshop/-katalog sein.

Für den Katalog ist es notwendig das Cover, das Inhaltsverzeichnis und eine Doppelseite zum Thema „Kaufladen" zu gestalten. Texte sind aus „4.09_texte_katalog_kaufladen.txt" zu verwenden. Auf den Contentseiten soll neben Fotografien der Produkte eine Zeichnung eines Kinderkaufladens platziert werden.

Weitere Werbemaßnahmen und -medien sind möglich.

Herausforderung bei dieser Aufgabe

Die Entwicklung kreativer Ideen sowie eines Konzepts mit wenigen Vorgaben unter Zeitdruck stellt die Herausforderungen dieser Aufgabe dar, da es sich um einen sehr umfangreichen Auftrag mit unterschiedlichen Medien handelt. Es muss dabei darauf geachtet werden, dass alle Medien möglichst einheitlich auftreten, um eine Zusammengehörigkeit zu demonstrieren.

Es gibt verschiedene Arten von elektronischen Katalogen. Eine Möglichkeit, einen solchen Katalog zu erstellen, ist die Ausgabe eines EPUBs oder E-Books, das auf verschiedenen mobilen Geräten in entsprechenden Apps geöffnet werden kann.
Auch ein interaktives PDF kann als elektronischer Katalog angesehen werden. Dieses lässt sich aber erst lesen, wenn es auf dem Computer oder Mobilgerät gespeichert wurde. Die Erweiterung hiervon sind blätterbare E-Kataloge, die sich direkt auf einer Webseite interaktiv durchblättern lassen. Hierfür gibt es zahlreiche Onlineangebote, die auch in einer kostenlosen Testumgebung angeboten werden.

Erklärung zu den Checklisten

Die folgenden Checklisten dienen als Hilfsmittel, um Übungen professioneller zu lösen, aber auch um Bewertungen zu erleichtern. Sie sind sowohl für Auszubildende als auch für Ausbildende gedacht. Die Listen bieten einen allgemeinen Überblick über häufige Themengebiete oder dienen als Anregung. Entsprechend der Übungen und eigenen Bedürfnisse können sie erweitert und ergänzt werden.

Tipps zur Wahl von Schriften

Im Gestaltungsprozess gehört zu den grundlegenden Dingen die Gestaltung mit Schrift dazu. Dabei muss zuerst eine entsprechende Schrift unter funktionalen und ästhetischen Gesichtspunkten ausgewählt werden, die für die entsprechende Aufgabe angemessen ist und das Gestaltungsziel unterstützt.

Aus diesem Grund ist es hilfreich konzeptionell vorzugehen, sich Charaktereigenschaften, Schriftfamilien aber auch Sonderzeichen und den Lauf verschiedener Fonts im Mengensatz anzuschauen und zu bewerten.

Das Brainstorming

Anhand eines Briefings oder einer Aufgabenbeschreibung sollten bereits genügend Informationen zur Verfügung stehen, um ein Brainstorming zu den gewünschten Eigenschaften einer möglichen Schrift durchführen zu können. Dieses sollte nicht länger als fünf Minuten dauern. Hierbei werden alle Begriffe und Charaktereigenschaften aufgeschrieben, die in diesem Zeitraum ungefiltert in den Sinn kommen. Anschließend wird ein Leitfaden für die Recherche erstellt.

Freefont oder kostenpflichtige Schrift?

Grundsätzlich kann davon ausgegangen werden, dass Fonts von namhaften Anbietern von Typografen gestaltet wurden, die sich schon viele Jahre beruflich mit dem Thema beschäftigen. Aus diesem Grund werden die dort angebotenen Schriften auch meist mit unterschiedlich umfangreichen Schriftschnitten angeboten. Eine wirklich gute Schrift braucht mehrere Monate, um reif für eine Veröffentlichung zu sein. Freefonts hingegen werden oft von Laien erstellt und sind nicht bis ins Detail ausgereift. Auch die Frage des Urheberrechts ist oft nicht ausreichend geklärt. Allerdings sind auch dort Glücksgriffe möglich und so lassen sich bei verschiedenen Anbietern von Freefonts kreative und verwendbare Schriften finden. Mit einer Schrift, die sich beispielsweise für alle Bereiche einer Hausschrift für ein Unternehmen eignet, ist dort aber eher nicht zu rechnen.

Die Typografie im Detail

Ob eine Schrift für ein zu designendes Medium geeignet ist, kann nicht vom ersten Eindruck abhängig gemacht werden. Die Schrift muss im Detail untersucht und der Eindruck einzelner Buchstaben wie auch der eines gesamten Fließtexts geprüft werden. Schrift übt unterbewusst eine Wirkung auf den Betrachter aus. Ähnlich wie Bilder beeinflussen auch Schriftbilder die Wirkung eines kompletten Entwurfs und die Reaktion eines Betrachters.

Im Detail muss geschaut werden nach:

- einem einheitlichen Buchstabenbild (Strichstärken, Ober- und Unterlängen, Symmetrieachse, Harmonie zwischen Versalien und Gemeinen); die in Aufgabe 1.01 angefertigte Übersicht erweist sich hierbei als hilfreich.
- Vollständigkeit des landestypischen Zeichensatzes (Sind alle Sonderzeichen für den entsprechenden Sprachraum vorhanden, wie z. B. für Deutschland Umlaute und Eszett?)
- Nutzungsrechten (Welche Rechte und Lizenzen werden erworben?)

Hilfsmittel zur Überprüfung

Auf den folgenden Seiten sind Checklisten zu finden, die helfen sollen, den Font-Dschungel zu lichten und einen zielgerichteten Weg zur richtigen Schrift zu bereiten.

Hierbei ist zuallererst die Charakterisierung des Mediums, für das die Schrift gefunden werden soll, zu analysieren (print, digital, mobil, Logo, Katalog, Großformat, Fließtext, Hausschrift ...).

Als Nächstes müssen die Zielgruppe und die zu erzielende Werbeaussage berücksichtigt werden.

Die nachstehenden Checkpunkte sind je nach Medium alle oder nur teilweise zu beachten. Es kann sein, dass manche der gelisteten Fragestellungen weniger wichtig als andere und manche ggf. sogar in speziellen Projekten vernachlässigt werden können.

Checkliste Schriftwahl und Beurteilung

Das 5-Minuten-Brainstorming

Benötigt werden 1–2 Personen, eine Stoppuhr, Papier und Zettel. Innerhalb von fünf Minuten werden Begriffe gesammelt, die den Teilnehmenden spontan zum gewünschten Medium, der Zielgruppe und der Kernaussage einfallen. Beim Aufschreiben wird nicht gefiltert – alle Einfälle werden notiert. Im zweiten Schritt werden alle Begriffe farblich hervorgehoben, die zum Thema passen und die den Charakter einer Schrift beschreiben können. Hierbei ist zu beachten, dass diese Wertung unabhängig von Vorlieben, Zeitgeschmack und weiteren subjektiven Kriterien sein muss und nur praxisbezogene Eigenschaften aufweist.

- [ ] Die Brainstormingergebnisse sind brauchbar und eine übersichtliche Liste der Eigenschaften wurde erstellt

Strategie für die Suche festlegen

Da es eine sehr unübersichtliche Anzahl von Angeboten für Fonts gibt, sollte direkt vor der Suche eine Liste von Anbietern angelegt werden, die seriös erscheinen und ein übersichtliches und zum Budget sowie zum Brainstorming passendes Angebot bieten.

- [ ] Anbieterliste verschiedener Font Foundries liegt vor

Technische Grundlagen

Bevor die Wahl der charakterlich passenden Schrift stattfinden kann, müssen noch die technischen Möglichkeiten überprüft werden.

- [ ] Benötigter Dateityp bzw. Fontformat (TrueType, PostScript, OpenType, Bitmap-Font, App-Font, Webfont/WOFF)
- [ ] Kompatibilität mit unterschiedlichen Plattformen und Betriebssystemen
- [ ] Funktionalität auf verschiedenen Peripheriegeräten und in verschiedenen Produktionsverfahren
- [ ] Umwandelbarkeit in Vektoren ohne augenscheinliche Veränderung des Schriftbilds

Die Typografie im Detail

Eine Schrift dient als Schnittstelle zwischen Gestaltung und Kommunikation und sollte diese Aufgabe perfekt erfüllen.

Funktion der Fonts

- [ ] Festlegung, welche Teildisziplinen die Schrift erfüllen muss (Print, digital, animiert, Lese- oder Gebrauchstypografie, Eyecatcherfunktion)
- [ ] Festlegung der benötigten Schriftschnitte und Auszeichungsmöglichkeiten
- [ ] Festlegung des Sprachraums und der benötigten
    - [ ] Satzzeichen und Sonderzeichen,
    - [ ] Ligaturen,
    - [ ] Glyphen und
    - [ ] Akzente
- [ ] Vorgabe des Aussehens von Ziffern/Zahlen (z. B. Mediävalziffern etc.)

Charakter eines Schriftzugs

- [ ] Festlegung des Zeichencharakters, Schriftstils und der Schriftgattung (Schriftklassifikationen wie: Typeface Design Grouping according to AFI, DIN 16 518, Ordnungssystem nach Bollwage, Willberg und Kupferschmid oder nach Beinert)
- [ ] Charakterisierung orientiert an Medium, Produkt und Zielgruppe

Das Rechercheergebnis

Ist eine passende Schrift gefunden, ist der wichtigste Schritt getan. Da es aber nicht nur eine universelle Lösung bei der Wahl einer Schrift gibt, bietet es sich an, diese immer mit zwei ähnlichen Alternativen zu vergleichen.

- [ ] Auswahl von zwei Alternativen

Überprüfung im Detail

Je nach Anwendungszweck oder den zusätzlichen Teildisziplinen muss nun die ausgewählte Schrift einem umfassenden Test unterzogen werden:

Schriftcharakter

Jede Schrift hat einen eigenen Charakter, der mit unterschiedlichen Adjektiven umschrieben werden kann: laut, leise, fröhlich, dynamisch, statisch, aufdringlich, zurückhaltend, frei, eng, weich oder hart, zart, rund oder eckig, elegant oder grob und vieles mehr.

- [ ] Die Schrift zeigt folgende Charakterzüge: ______________________________
- [ ] Die Charakterzüge passen zum Brainstorming

Buchstabendesign

Alle Buchstaben des Alphabets und alle Sonderzeichen müssen im Detail betrachtet und folgende Dinge geprüft werden

- [ ] Grundlinie, x-Höhe/Mittellänge, Oberlänge, Unterlänge, Überhang, Versalhöhe
- [ ] Analyse der Buchstabenanatomie (Anstrich, Abstrich, Auslauf, Bauch, Bogen, Endstrich, Fähnchen, Fuß, Punzen, i-Punkt, Querstrich, Schatten- oder Symmetrieachse, Scheitel, Schleife, Schulter, Serife, Tropfen [siehe Aufgabe 1.01])
- [ ] Aufbau der einzelnen Buchstaben und Sonderzeichen: Sind alle einheitlich? Gibt es ungewöhnliche oder unübliche Zeichen, die nicht allgemein bekannt sind? Wie sehen die Ober- und Unterlängen aus – sind diese besonders auffällig? Besteht Verwechslungsgefahr mit anderen Buchstaben oder Zahlen, beispielsweise bei „I“, „i“, „l“, „L“ und „1“?

Überprüfen der Lesbarkeit

- [ ] Bietet der Font von Haus aus ein ausgeglichenes Kerning und gut ausgeglichene Wortzwischenräume?
- [ ] Sind Mediävalziffern (Ziffern, die unterschiedliche Höhen haben, damit sie sich besser ins Schriftbild einfügen und schneller zu lesen sind) vorhanden und gewünscht?
- [ ] Enthält die Schrift eine ausreichende Anzahl an Schriftschnitten (Expertensatz)?
- [ ] Sind alle Arten von horizontalen Strichen (Binde-, Gedanken-, Trenn- und Geviertstriche) und Anführungszeichen (deutsche, englische und französische) vorhanden?
- [ ] Bietet der Mengensatz eine leitende Grundlinie und somit eine gute Lesbarkeit?

Aufbau der Buchstaben

- [ ] Besitzt die Schrift Serifen und sind diese für den Zweck angemessen?
- [ ] Handelt es sich bei den Buchstaben um geschlossene, reproduzierbare Formen?
- [ ] Laufen die Buchstaben eher breit oder eher schmal?
- [ ] Sind die Buchstaben ausgeglichen gestaltet und wirken in starken Vergrößerungen ebenso gut wie in kleinen Schriftgraden?

Gesamteindruck der Schriftart im Fließtext

- [ ] Gibt es Unterschneidungen bei den Buchstabenabständen? Stehen Buchstaben zu eng bzw. berühren sich (z. B. „Ta“), laufen sie zu weit auseinander oder sind sie angemessen?
- [ ] Sind die Wortzwischenräume gut ausgeglichen oder sind Wortlücken entstanden?
- [ ] Bildet der Mengensatz einen gleichmäßigen Grauwert oder stechen einzelne Buchstaben, Zahlen oder Zeichen hervor?
- [ ] Wirkt das gesamte Schriftbild angenehm oder ist der Text zu luftig, fleckig, fett oder unruhig?
- [ ] Harmonisiert die Schrift gut mit dem Bedruckstoff in Hinsicht auf Papierfarbe und -typ (matt, glänzend)? Wird z. B. eine sehr zarte Schrift von einem sehr weißen Papier überstrahlt?
- [ ] Ist die Schrift auch in sehr kleinen Größen noch gut zu lesen (z. B. in 6 pt auf Visitenkarten oder als Marginalie) und wirkt auch in sehr großen Größen, z. B. auf Plakaten?
- [ ] Lässt sich die Schrift auch als Initial verwenden und gibt es zwischen Initial und Text eine passende Zusammengehörigkeitswirkung?

Wirkung/Überprüfung einer Schrift im Mengensatz

- [ ] Entspricht die Zeilenbreite dem Optimum für angenehmes Lesen?
- [ ] Sind alle Auszeichnungen und Betonungen deutlich genug erkennbar?
- [ ] Ist der Durchschuss nicht zu groß oder zu klein? Entsteht beim Blick mit zusammengekniffenen Augen ein einheitlich graues Schriftbild?
- [ ] Wirken Schriftgröße und Zeilenabstand sowie Schriftgröße und Buchstabenlaufweite zusammen harmonisch?
- [ ] Werden die für den gewählten Sprachraum richtigen Sonderzeichen verwendet und im gesamten Text einheitlich verwendet?
- [ ] Wird im gesamten Text nur eine Art von Anführungszeichen verwendet?
- [ ] Sind alle Worte an der richtigen Stelle getrennt?
- [ ] Werden die richtigen horizontalen Striche verwendet (z. B. Binde- und Trennstriche)?
- [ ] Werden alle Leerzeichen richtig verwendet, z. B. bei Interpunktionen, Abkürzungen und Zahlen (Datum, Prozentwerte …)?
- [ ] Gibt es Übersatztext?
- [ ] Werden Schriftmischungen sinnvoll verwendet oder kann darauf verzichtet werden?
- [ ] Ist die Schrift in der gewählten Schriftfarbe auf dem Dokumenthintergrund noch optimal lesbar?
- [ ] Ist die Buchstabenbreite angemessen für das gesamte Textbild?
- [ ] Ist die Schrift gut für die entsprechende Satzart geeignet (Schreibschriften lassen sich z. B. nicht im Blocksatz verwenden.)?
- [ ] Sind Absatzabstände angenehm eingesetzt (Absätze sollten nicht durch eine Leerzeile getrennt sein, da diese in der Regel zu groß ist)?
- [ ] Ist der Text barrierefrei lesbar?

Checkliste Analyse/Briefing

Ein gutes Briefing enthält alle relevanten Informationen, die zur Erstellung eines Medienprodukts notwendig sind. Ein Briefing kann dabei für den Informationsaustausch zwischen Dienstleister und Kunde oder intern (Vorgesetzten und Mitarbeitenden) notwendig sein. Dabei ist ein sinnvolles und gutes Briefing in erster Linie kurz, konkret, komplett, klar und konsequent.
All diese Informationen dienen als Arbeitsgrundlage und zur Kontrolle, ob Dienstleister und Kunde den gleichen Wissensstand über den Auftrag haben. Briefingarten gibt es viele, ebenso wie der Aufbau eines Briefings je nach Zweck ganz unterschiedlich sein kann. In manchen Fällen wird ein Briefing während eines Auftrags noch modifiziert.
Die nachstehende Checkliste dient als Beispiel zur Überprüfung eines Grundbriefings sowie als Kurzbeschreibung für den Ablauf eines Designauftrags.

Aufgabenstellung/Grundsätzliche Fakten zum Projekt

Die Ausgangslage bzw. Grundsituation (ggf. Zusammenfassung der Aufgabenstellung) wird erfasst. ________
Grundsätzliche Fakten, die schon zu Beginn bekannt sind, werden aufgelistet. ________
Probleme der bisherigen Kommunikation sind festgehalten. ________

Ausgangslage/Informationen über den Kunden

Angebotsumfeld/Tätigkeitsbereich ________
Aktuelles Image (Wo liegen Probleme?) ________
Bekanntheit ________
Konkurrenten ________
Abgrenzung des Markts ________
Beurteilung der bisherigen Werbung ________
Besonderheit (Was ist neu am Produkt oder Image?) ________
Budgetangabe/Finanzieller Spielraum/Werbeetat ________

Kundenvorgaben

Welche Kommunikationsmaßnahmen werden vom Kunden erwartet? ________
Wer ist der Wunschrezipient/Abnehmer? ________

Zielgruppen

Was ist über die Zielgruppe bekannt? (Sammlung aktueller Informationen zur Zielgruppe) ________
Nennung von Nebenzielgruppen ________

Botschaften

Kommunikationsgrundlage (Was soll kommuniziert werden?) ________
Kundenlenkung (Was soll der Rezipient denken und tun, wenn kommuniziert wurde?) ________
Zielgruppenbezogene Zielerreichung (Was soll bei der Zielgruppe erreicht werden?) ________
Nutzen des Produkts oder Nutzen der Kampagne (Welchen Nutzen erfährt der Rezipient durch das Produkt?) ________

Ziele

Die Ziele der Kommunikation durch das vorgesehene Medium erfassen. (z. B. Umsatzsteigerung, Imageverbesserung, Steigerung des Bekanntheitsgrads etc.) ________

Unternehmerische Zielerreichung (Was sind die Ziele der Kommunikation aus der Sicht des Unternehmens und aus kommunikativer Sicht?) ________

Realisierbarkeit (Wie realistisch ist das Ziel?) ________

Ausführung/Strategie (Unter Berücksichtigung konkreter Kundenvorstellungen)

Erstellung eines Zeitplans über den Gesamtumfang ________

Zusammenstellen von Detailinformationen (Konkurrenzunterlagen, Logos, Farben etc.) ________

Zusammenstellen von Informationen zu den gewünschten Medien und Kommunikationsmitteln ________

Erstellen einer Strategie oder eines Konzepts ________

Anlagen

Bisherige Medien ________

Design-Manual ________

Checkliste Logobewertung/-kontrolle

Die folgende Checkliste dient der kritischen Überprüfung (auch der Selbstüberprüfung) von Logoentwürfen in Bezug auf die Brauchbarkeit sowohl in der Scribble- als auch in der Reinzeichnungsphase.
Nicht alle Punkte müssen auf das Logo zutreffen, die Beurteilung sollte aber in den meisten Punkten positiv ausfallen.

Briefing

Entspricht das Logo den Vorgaben (Signet, Wortmarke, Wort-Bildmarke, Buchstabenzeichen)? ________

Entspricht das Logo den Kundenvorstellungen bzw. dem Briefing?

Stellt das Logo auch die Leistungen bzw. Eigenschaften des Unternehmens oder Produkts dar? ________

Inhaltliche Beurteilung

Ist das Logo einzigartig und unverwechselbar? ________

Handelt es sich um eine zeitgemäße bzw. moderne Gestaltung und entspricht diese nicht einer aktuellen, kurzlebigen Modeerscheinung? ________

Ist das Logo zurückhaltend genug, um mit anderen Elementen kombiniert zu werden? ________

Ist die Gestaltung innovativ? ________

Handelt es sich um eine möglichst einfache und einprägsame Form? ________

Wurden nicht mehr als drei Farben gewählt und lassen sich diese auch in einem Styleguide für weitere Medien verwenden? ________

Technische Beurteilung

Lässt sich das Logo technisch reproduzieren (Strichstärken, Transparenzen, Vektoren etc. wurden überprüft)? ________

Ist es frei skalierbar und ist die Schriftgröße in allen Skalierungsstufen noch gut lesbar? ________

Wirkt das Logo auch in anderen Extremgrößen (extrem groß, z. B. für Fahnen, oder extrem klein, z. B. für Visitenkarten) optisch gleich? ________

Funktioniert das Logo auch einfarbig bzw. in Schwarz-Weiß oder Graustufen (z. B. für Faxvorlagen)? ________

Funktioniert das Logo als invertierte Darstellung (z. B. negativ/weiß auf dunklem Grund)? ________

Ist es mit geringer Auflösung und in geringer Größe in digitalen Medien erkennbar? ________

Funktioniert der Entwurf auch als Favicon oder Thumbnail? ________

Handelt es sich um geschlossene Formen, die mit verschiedenen Techniken reproduziert werden können (z. B. Schneideplott für Schilder)? ________

Ist das Logo als Vektordatei ohne überflüssige Ankerpunkte erstellt worden? ________

Sind aus der Logo-Datei alle überflüssigen Inhalte entfernt worden (Verknüpfungen, Farben)? ________

Alle Dateitypen beschreiben die endgültige Form des Logos (es gibt keinen überflüssigen Rahmen). ________

Beurteilung nach Marketinggesichtspunkten

Sind keine ähnlich aussehenden Logos bekannt? _______
Hebt sich das Logo in Qualität und Prägnanz von den Mitbewerbern ab? _______
Hat das Logo eine starke Eyecatcher-Funktion? _______
Funktioniert das Logo auf allen Medien, die der Kunde wünscht bzw. in Zukunft noch benötigen könnte? _______
Passt/passen die Schrift/en zum Thema bzw. zur Branche? _______
Passt/passen die Farbe/n zum Thema bzw. zur Branche? _______

Beurteilung im Kundenbezug

Passt die Gestaltung zu schon bestehenden Produkten oder zu einem bestehenden Corporate Design? _______
Passt das Logo zu den Zielen, die der Auftraggeber damit verfolgt? _______
Hat das Logo eine emotionale Aussage? _______

Zielgruppe

Wird das Logo die Zielgruppe ansprechen? _______
Versteht die Zielgruppe das Logo sofort mit einem Blick? _______

Abgabe

Können die notwendigen Dateitypen für Logos in allen Farbmodi, Auflösungen und Größen erstellt werden? _______

Fazit/Selbstbeurteilung

Bin ich mit dem Logo rundum zufrieden? _______
Lässt es sich gut präsentieren und verkaufen? _______
Habe ich bei mehreren Entwürfen einen Favoriten, der sich hervorheben lässt? _______
Gibt es genügend Argumente, die für das Logo sprechen, um den Kunden zu überzeugen? _______

Checkliste Präsentation Selbstkontrolle vor der Präsentation/ zur Vorbereitung

Thema ______ Datum ______

Planung

- Gibt es einen Zeitplan für die Vorbereitung? ______
- Wurde rechtzeitig eingeladen? ______
- Wurde ein Zeitplan für den Ablauf festgelegt? ______
- Ist die Kundenpräsentation von der Länge her angemessen? ______
- Wurden Räume ausgesucht, besichtigt und hergerichtet? ______
- Ist die notwendige Technik und sind die notwendigen Medien vorhanden und getestet worden? ______
- Gibt es ein Wegeleitsystem zum Raum? ______
- Ist die Begrüßung beim Eintreffen der Zuschauer und die Zuweisung der Sitzplätze geplant? ______

Ablauf

- Begrüßung ______
- Einleitung: Beinhaltet sie die Vorstellung der eigenen Person, des Sachverhalts (der Ausgangslage) und des Ablaufs? ______
- Kann ich mit meiner Einleitung das Publikum bereits neugierig machen? ______
- Hauptteil: Ist der Inhalt gut strukturiert und nachvollziehbar? ______
- Sind Pausen (auch Sprechpausen) eingeplant? ______
- Schluss: Ist eine Diskussion geplant? ______
- Steht am Ende eine Zusammenfassung oder ein Appell? ______

Inhalt

- Gibt es eine sinnvolle und übersichtliche Gliederung? ______
- Bietet die Präsentation neue Informationen? ______
- Ist ein „AHA"-Effekt oder ein Überraschungsmoment eingeplant? ______

Zielgruppe

- Weiß ich alles über meine Zielgruppe? ______
- Welche Verhaltensänderung möchte ich auslösen? ______
- Passen meine Texte und Medien zur Zielgruppe? ______
- Weiß ich, wie ich die Zuschauer zu Diskussionen und Fragen anregen kann? ______

Medien

- Verwende ich spannende, angemessene Medien und Kommunikationsmittel? ______
- Sind alle Medien gestalterisch gut aufbereitet? ______
- Sind alle Medien von jedem Zuschauerplatz aus gut lesbar? ______
- Gibt es Handmuster oder Zuschauermaterial (Handout)? ______

Vorbereitung

- Wurde die Präsentation geübt? ______
- Gibt es Hilfsmittel für den Vortragenden (Stichwortkarten o. Ä.)? ______
- Habe ich mehr als nur das notwendige Wissen zum Thema? ______
- Bin ich auf Fragen vorbereitet? ______
- Bin ich auf Kritik vorbereitet? ______
- Bin ich den Ablauf vom Eintreffen der Zuschauer bis zur Verabschiedung durchgegangen? ______

Gefühl

Fühle ich mich sicher?	________
Bin ich auf alles vorbereitet?	________
Kenne ich mich mit der Technik aus?	________
Finde ich das, was ich präsentiere, gut und richtig?	________
Ist alles vollständig?	________
Werde ich mit der geplanten Zeit auskommen?	________
Werde ich begeistern können?	________
Liefert der Vortrag genug Informationen, um zu überzeugen, ohne zu überfordern oder zu langweilen?	________

Checkliste Zeitplan/Arbeitsablauf/Planung

Bei einem Werbeauftrag handelt es sich in der Regel um eine sehr umfangreiche Aufgabe, an der viele Personen beteiligt sind. Es werden verschiedene Phasen durchlaufen, die alle ihre Besonderheiten haben. Um dabei nicht die Deadline aus dem Auge zu verlieren und alle Aufgaben im Zeitrahmen zu erledigen, ist ein detaillierter Zeitplan notwendig. Die folgenden Punkte sind beispielhaft für einen Zeitplan. Er kann für einen realen Auftrag oder aber auch für die Umsetzung der Übungs- und Prüfungsaufgaben angepasst werden.

1. Startphase/Ausganslage	geplanter Zeitrahmen
Erstes Briefinggespräch, Input durch Kunden, Vorbesprechungen, Äußerung von Wünschen und Bedenken	________
Verschriftlichung des Briefings	________
Fragerunde mit Kunden und eventuelles Rebriefing	________
Situationsanalyse (Zielgruppe, Markt, Konkurrenz)	________
2. Werbestrategieentwicklung	
Entwicklung einer Strategie (Strategiepapier)	________
Brainstorming-/Ideenfindungsphase	________
3. Konzeptphase	
Definition Marketingziele	________
Konzeptentwicklung	________
Mediastrategie/Gestaltungsstrategie	________
Planung eines Grobbudgets	________
Konzeptpräsentation	________
Entwicklung von Scribbles und Entwürfen	________
Auswahl der Entwürfe	________
4. Layoutphase	
Umsetzung der Konzeptidee (visualisieren, texten, planen)	________
Organisation von Fotoshootings	________
5. Umsetzungsphase	
Detailgestaltung, Adaption	________
Erstellung präsentationsreifer Reinzeichnung	________
Kontrollphase	________
Endpräsentation und Freigabe durch Kunden	________
Ausführungsphase (Vorbereitung für Druck, Programmierung, Weiterverarbeitung)	________
6. Fertigung	
DTP-Kontrolle, Lithoarbeit, Druck (inkl. Proof, Konfektionierung, Versand)	________
Platzierung an geplanten Mediastandorten	________
Kontrollphase	________
7. Administrationsphase (Belege, Archivierung, Rechnungsstellung, -kontrolle, Kundenfeedback)	
Ermittlung des Werbeerfolgs	________
Kritische Überprüfung der vorherigen Phasen in Bezug auf Zeit, Kosten etc.	________
8. Projektabschlussphase	
Archivierung	________

Checkliste Konzeption

In einem Konzept geht es nicht darum, eine Fleißarbeit abzuliefern, sondern darum, einen wesentlichen Punkt zu definieren, um den sich eine Idee dreht, und diesen, nachvollziehbar für alle Beteiligten, auszuformulieren.
Ist dies erreicht, lässt sich daraus eine Linie oder ein Leitfaden – ein roter Faden – entwickeln, der sich durch das gesamte Konzept zieht und am Ende ein Ziel erreicht.
Dabei geht es nicht darum, einen Fragenkatalog abzuarbeiten, sondern einen konzeptionellen Weg zu finden, der zum Designer und Kunden, aber hauptsächlich zu dem beworbenen Medium passt. Aus diesem Grund gibt es viele Arten von Konzepten. Es gibt z. B. gelistete Konzepte ohne Bewertungen, Emotionen und Ziele, sondern nur mit beschreibenden Informationen. Diese werden hier nicht behandelt und sind in den Übungsaufgaben nicht gefragt. Hier geht es um Konzepte, die sowohl für Prüfungen als auch für reale Kunden funktionieren würden. Sie enthalten Ideen, Begründungen, Visionen, immer mit Bezug zum Briefing und Kunden.
Für ein gutes Konzept ist es notwendig, sich in jeder Phase zu fragen: Was würde die Zielgruppe wollen, was würde sie interessieren? Für die zu erstellende Konzeption in einer Abschlussprüfung ist es wichtig sich an die Aufgabenstellung zu halten. Seit einigen Jahren wird dort z. B. manchmal auf eine detaillierte Zielgruppenanalyse verzichtet. Da aber die Zielgruppe einer der wichtigsten Bestandteile bei der Ideenentwicklung darstellt, darf sie dennoch nicht vernachlässigt werden.

Infos zur Gestaltung des Konzepts

- ☐ Auch das Konzept als Medium muss gestaltet sein, nach einem eigenen Corporate Design oder passend zum Produkt (Titel und Umschlag sollten Kontaktdaten enthalten).
- ☐ Ein Konzept muss übersichtlich, ansprechend, spannend und leicht verständlich sein und ein Inhaltsverzeichnis enthalten.
- ☐ Es muss auf Neuigkeiten ausgerichtet sein. Wiederholungen bekannter Sachverhalte (z. B. Aufgabenstellungen) dürfen nur wenig Raum einnehmen.
- ☐ Insgesamt sollten relevante Fachbegriffe Verwendung finden, die als Fußnoten oder Marginalien erklärt werden.
- ☐ Alle Behauptungen sollten durch Belege untermauert werden.

Die Vorarbeit

Aufgabenbeschreibung (Zusammenfassung der Aufgabe, des Themas/Briefings in den wesentlichen und richtungsweisenden Punkten. Inhalte zusammenstellen und gewichten) _______

Analytische Betrachtung der Aufgabe _______

Analyse bereits vorhandener Medien _______

Analyse der Zielgruppe (allgemeine, soziologische Besonderheiten und Konsumgewohnheiten), optimalerweise unter Berücksichtigung geprüfter Methoden _______

Formulierung der Grundidee für die Werbestrategie in Bezug auf die Aufgabenstellung und das Briefing. Hierbei sollten Werbeprinzipien berücksichtigt werden (AIDA, GUILIA, 6W). _______

Grundidee im Hinblick auf die Wahrnehmung überprüfen _______

Beigabe von Scribbles. Der Weg der Ideenfindung (falls relevant für die Aufgabe) _______

Warum sieht die Gestaltung so aus, wie sie aussieht? Wie war der Weg dorthin? Weiterentwicklungen und Verbesserungen. Mögliche Alternativen _______

Eventuell einen Zeitplan für die geplanten Werbeaktionen beifügen _______

Die Umsetzung

Das Logo

Eingruppierung in Piktogramm, Signet, Logo, Bildmarke, Wortmarke, Wort-Bildmarke ________

Beschreibende Übersicht und Zusammenfassung der Idee und der Wirkung ________

Abbildung des Logos einfügen in Farbvarianten-Darstellung für die gefragten Medien in passender Größe ________

Graustufen- und Schwarz-Weiß-Abbildung, um die Wirkung für bestimmte Medien (z. B. Faxvorlage) hervorzuheben ________

Beschreibung und Begründung von Aufbau, Farben, Formen und Linien, Symbolen, Schrift, Modifikationen an den Buchstaben ________

Styleguides (falls gefragt)

Ein Styleguide sollte im Umfang der Fragestellung in der Aufgabe/dem Briefing entsprechen. Detaillierte Angaben sind in Aufgabe 3.10 „Allgemeiner Styleguide für „Geschäftspapiere““ auf Seite 126 und Aufgabe 3.11 „Allgemeiner Styleguide für „Webseiten““ auf Seite 127 zu finden. ________

Werbemedien – Gestaltung allgemein (Print und digital)

Die Idee (Beschreibung der Idee für die einzelnen Medien) ________

Gestaltung in Hinblick auf die Wahrnehmung überprüfen (Wie funktioniert die Wahrnehmung [Gestaltgesetze, Aufmerksamkeit, Blickführung, Formen und Linien]?) ________

Grundelemente überprüfen auf visuelles Gewicht, Spannungen, Unterteilungen, Gleichgewicht ________

Liste aller gewählten Medien anfügen mit Abbildung, Raumaufteilung/Satzspiegel ________

Farbklima (Farbbedeutung) ________

Medienformate mit Orientierung (geschlossen und offen) ________

Farbwiedergabe (evtl. Hinweis auf Gefahren bzw. Risiken bei der Farbausgabe digital und Druck) ________

Werbemedien – Gestaltung Typografie („Tipps zur Wahl von Schriften“ auf Seite 180 ist hierbei hilfreich)

Alle Werbemedien werden einzeln detailliert erklärt ________

Schriftwahl mit -schnitten, -größen und Begründung der Eigenschaften (Lesbarkeit, Textanordnung, Raumaufteilung, Schriftcharakter, Schriftmuster) ________

Falls gewünscht, Informationen über die Schrift (Entwickler, Vertrieb) ________

Satzspiegel (Bund, Kopf, Rand, Fuß, Steg) Gestaltungsraster (Spalten/Zeilenbreite, Spaltenhöhe etc.), Grundlinienraster darstellen und begründen ________

Satzart (inkl. Zeilenabstand, Auszeichnungen, Breite, Gliederung ...) ________

Begründung und Darstellung von Schriftmischungen ________

Werbemedien – Gestaltung Bildsprache

Begründung der Auswahl (Bildsprache, Gesamteindruck, Besonderheiten) ________

Anordnung der Bilder/Fotos/Grafiken ________

Begründung und Wirkung der gewählten Bildausschnitte ________

Bildbearbeitung (Modifikationen an der Grafik/am Bild) ________

Eventuelle zusätzliche grafische oder grafisch aufbereitete Elemente

Tabellen, Infografiken, schematische Darstellungen und Keyvisuals beschreiben ________
Beispiele für weitere geplante Werbemedien und Anwendungsmöglichkeiten ________
Beispielmedien, auf die sich die Idee oder das Design künftig übertragen lassen könnte ________

Werbemedien – Produktion

Wahl und Begründung möglicher Bedruckstoffe (siehe auch Aufgabe 1.11 „Bedruckstoffe und Formate“ auf Seite 30) mit Handmuster ________
Weiterverarbeitung (Falzung, Veredelung, Bindungsarten – evtl. mit Abbildung) ________
Weiterverarbeitungsmöglichkeiten, bezogen auf Notwendigkeit und Werbewirkung für das Produkt ________

Zusatzangaben (bei Prüfungen)

Abweichungen vom Grundbriefing oder vorgegebenem Material (z. B. Textänderungen) begründen ________
Abweichungen vom Scribble begründen ________
Angabe der verwendeten Hard- und Software ________

Zusammenfassung/Fazit

Informationen und Ziele zum Schluss auf den Punkt bringen und zusammenfassen ________
Quellenangaben ________

Checkliste Zielgruppenanalyse

Allgemeine Info

Für die Zielgruppenanalyse gibt es verschiedene Methoden und ganz unterschiedliche Eingruppierungen. Voraussetzung für eine sinnvolle Einordnung der Gruppen ist ein reales Projekt und eine reale Umfrage bei echten Kunden und Mitarbeitern, um wirklich verwert- und belegbare Informationen zu erhalten. Die Möglichkeit besteht bei Übungs- und Prüfungsaufgaben natürlich nicht, weshalb sich dabei die Zielgruppenanalyse nur auf Vermutungen, eigene Erfahrungen und Ergebnisse aus Recherchen (z. B. Fachliteratur, Studien, Internet) stützen kann.

Die Ergebnisse einer Zielgruppenanalyse stützen sich in der Realität zum Beispiel auf die Forschungsergebnisse von erfahrenen Instituten und Marketingexperten und werden nicht vom Gestalter selbst erhoben. Die folgenden Tipps der Checkliste sind demnach als Anregung zur Lösung von Übungs- und Prüfungsaufgaben zu sehen, um die Richtung der Werbemaßnahmen im Konzept zu stützen und zu begründen.

Mögliche Vorgehensweise zur Lösung von Aufgaben, bei denen Zielgruppenanalysen gefragt sind

1. Potenzielle Personengruppen können in einem Brainstorming wahllos aufgeschrieben werden.
2. Die Personengruppen werden sortiert und genauer charakterisiert.
3. Mit unten stehender Checkliste können die Personengruppen noch erweitert oder spezialisiert werden.
4. Anhand unterschiedlicher Analysemethoden können die Personengruppen nun verschiedenen Milieus (bspw. Sinus-Milieus®) oder Bereichen (Analysebereiche wie in Aufgabe 3.14 „Zielgruppenanalyse Hundeschule und -hort „Villa Elbufer"" auf Seite 132) zugeordnet und charakterisiert werden.
5. Falls möglich, kann eine Befragung einer Personengruppe durchgeführt werden.
6. Berücksichtigt werden die Unterschiede der Bedürfnisse, Wünsche und Probleme in einem der o. g. Milieus oder Bereiche.
7. Zum Schluss wird eine grafische Darstellung und Zusammenfassung, Beschreibung der Methode sowie ein Vergleich vorgenommen. Am Ende sollte ein Fazit stehen.
8. Ergänzend kann die Persona-Methode angewandt werden, um die Zielgruppe darzustellen.

Hilfreiche Fragestellungen

- ☐ Wer ist die Zielgruppe? Handelt es sich um Privatpersonen oder Unternehmen?
- ☐ Welche demografischen Merkmale beschreiben die Zielgruppe?
- ☐ Welche psychografischen Merkmale liegen vor?
- ☐ Welche persönlichen Gegebenheiten liegen vor (Alter, Geschlecht, Familienstand, Haushaltsgröße)?
- ☐ Wie war der bisherige Lebensweg (Bildungsabschlüsse/Bildungsniveau, Beruf bzw. berufliche Situation, Einkommensgruppe, soziale Schicht)?
- ☐ Welche geografische Herkunft spielt eine Rolle? Wie weit kann das Einzugsgebiet zur Erreichung der Zielgruppe sein? Wie ist die geografische Herkunft zu bewerten (Ortsgröße, Bundesland, wirtschaftlicher Status)?
- ☐ Was sind die Charaktereigenschaften, Gewohnheiten, persönlichen Einstellungen (modern, konservativ, sportlich …), Vorlieben und politischen Interessen?
- ☐ Gibt es Informationen zur Freizeit- und Urlaubsgestaltung? Wie mobil und flexibel ist die Zielgruppe?

- ☐ Wie ist das sonstige soziologische Verhalten (Kontaktfreude, Sozialengagement), Konsumverhalten bzw. Kaufverhalten?
- ☐ Wie ist die ökologische Einstellung?
- ☐ Falls interessant für das Produkt oder die Dienstleistung: Welche technologischen Voraussetzungen und Kenntnisse liegen bei der Zielgruppe vor?
- ☐ Welchen Service ist die Zielgruppe in Bezug auf ein Produkt oder eine Dienstleistung gewohnt?
- ☐ Wie sind die aufgabenspezifischen Erwartungen an ein Produkt/einen Hersteller oder Auftraggeber (Luxusartikel, Gebrauchsgegenstand, Qualitätsanspruch)?
- ☐ Wie waren bisherige Erfahrungen der Zielgruppe mit einem Produkt und wie der Umgang damit?
- ☐ Wie hat die Zielgruppe in der Regel auf das Produkt bzw. den Hersteller reagiert? Wie bekannt waren sie ihr?
- ☐ Wie reagiert die Zielgruppe auf die Konkurrenz?
- ☐ Wie wird sich eine Zielgruppe auf Dauer weiterentwickeln?

Auftragsspezifisch lässt sich diese Auflistung, die Bestandteil einer jeden Zielgruppenanalyse sein sollte, noch entsprechend erweitern oder abzukürzen.

Kapitel 6
Bewertungsbogen und Lösungshilfen

Erklärung zur Bewertung

Die Bewertung der Aufgaben mithilfe der Bewertungsbogen in diesem Kapitel sollten alle nach einem einheitlichen Schema erfolgen. Hierzu empfiehlt sich eine Bewertung mit Punkten von 0 bis 2.

0 = nicht erfüllt/schlecht gelöst, muss auf jeden Fall verbessert werden

1 = teilweise erfüllt/einigermaßen gut gelöst, einige Punkte müssen verbessert werden

2 = voll erfüllt/sehr gut gelöst, durchgehend positiv, wenig zu bemängeln

Kurzbewertung (Kapitel 1)

Bewertung mit Punkten von 0 bis 2. 0 = nicht erfüllt/schlecht gelöst, 1 = teilweise erfüllt/einigermaßen gut gelöst, 2 = voll erfüllt/sehr gut gelöst.

Thema .... Datum ....

Name ....

1. Gestalterischer Gesamteindruck

Allgemein

Vollständigkeit	______
Gesamteindruck Gestaltung (kreativ und ansprechend)	______
Übersichtlichkeit der Gesamtgestaltung (Blickführung, Blickfang)	______
Qualität der Ausarbeitung (professioneller Einsatz aller Werkzeuge)	______
Schlüssigkeit Farbkonzept	______
Beachtung der Gestaltgesetze	______
Ausdrucksweise textlicher Ausarbeitungen (Fachbegriffe/Rechtschreibung)	______

2. Visualisierung

Gestalterisch allgemein

Gestaltungsraster/Satzspiegel	______
Verwendung Motive (Bildwahl/-wirkung, Anschnitt, Modifikationen)	______
Typografie (Schriftwahl, Größe, Mischung)	______
Schriftsatz/Schriftbild (Übersichtlichkeit, Mikro- und Makrotypografie)	______
Einsatz von Farbe	______
Kreativer Einsatz gestalterischer Elemente	______

Einzelne Elemente

Logo/Piktogramme/Icons (Qualität der Umsetzung, Kreativität)	______
Fotos/Illustrationen (Qualität der Umsetzung, Kreativität)	______
Infografiken/Diagramme (Qualität der Umsetzung, Kreativität)	______

Einzelnes Medium

Werbewirkung (zielgruppenorientiert)	______
Kreativität/Originalität (überzeugende Idee zur Veranschaulichung)	______
Umsetzung des Mediums (Format, Weiterverarbeitung, Bedruckstoff)	______

3. Technische Ausführung

Sauberkeit der Gesamtausarbeitung und der Präsentation/Ausgabemedien	______
Zeitvorgaben wurden eingehalten	______
Verwendung der richtigen Software	______
Verwendung der passenden Hardware	______

Print

Ausdrucke entsprechen den Vorgaben (Farben, Größe, Anzahl, Qualität, Sauberkeit)	______

Digital

Ausgabedateien entsprechen den Vorgaben bzw. sind dem Zweck/der Weiterverarbeitung angepasst (Qualität, Anzahl, Anschnitt, Größe, Marken, Informationen, sinnvolle Dateinamen) ______

Druckfähige Ausgabedatei erstellt nach einem zur Ausgabe passenden PDF/X-Standard ______

Bemerkungen____

____

____

____

Ergebnis ______

Detaillierte Überprüfungen können anhand der „Aufgabenschwerpunkte“ auf Seite 220, Checklisten „Tipps zur Wahl von Schriften“ auf Seite 180, „Checkliste Logobewertung/-kontrolle“ auf Seite 186 und „Lösungshilfe Aufgabe 1.26“ auf Seite 239 vorgenommen werden.

Kurzbewertung (Kapitel 2)

Bewertung mit Punkten von 0 bis 2. 0 = nicht erfüllt/schlecht gelöst, 1 = teilweise erfüllt/einigermaßen gut gelöst, 2 = voll erfüllt/sehr gut gelöst.

Thema .... Datum ....

Name ....

1. Gestalterischer Gesamteindruck

Allgemein

Vollständigkeit	______
Gesamteindruck Gestaltung (kreativ und ansprechend)	______
Übersichtlichkeit der Gesamtgestaltung (Blickführung, Blickfang)	______
Qualität der Ausarbeitung (professioneller Einsatz aller Werkzeuge)	______
Schlüssigkeit Farbkonzept	______
Beachtung der Gestaltgesetze	______
Ausdrucksweise textlicher Ausarbeitungen (Fachbegriffe/Rechtschreibung)	______

2. Visualisierung Hauptaufgabe

Typografisches

Typografie (Schriftwahl, Größe, Mischung)	______
Schriftsatz/Schriftbild (Übersichtlichkeit, Mikro- und Makrotypografie)	______

Einzelne Elemente

Logo/Piktogramme/Icons (Qualität der Umsetzung, Kreativität, Symbolik)	______
Fotos/Illustrationen (Qualität der Umsetzung, Kreativität, Modifikationen)	______
Infografiken/Diagramme (Qualität der Umsetzung, Kreativität, Aussagekraft)	______

Einzelnes Medium

Werbewirkung (zielgruppenorientiert)	______
Kreativität/Originalität (überzeugende Idee zur Veranschaulichung)	______
Gestaltungsraster/Satzspiegel	______
Verwendung Motive (Bildwahl/-wirkung, Anschnitt, Modifikationen)	______
Qualität der Umsetzung des Mediums (Formatwahl, Weiterverarbeitungsmöglichkeiten)	______
Farbklima	______
Kreativer Einsatz gestalterischer Elemente	______

3. Zusatzaufgabe (Vektorisierung, Redesign oder Fotomontage)

Qualität der Umsetzung	______
Detailtreue	______
Technische Ausführung	______

4. Technische Ausführung

Sauberkeit der Gesamtausarbeitung und Präsentation/Ausgabemedien ______

Berücksichtigung eines Bedruckstoffs ______

Zeitvorgaben wurden eingehalten ______

Verwendung der richtigen Software ______

Verwendung der passenden Hardware ______

Print

Ausdrucke entsprechen den Vorgaben (Farben, Größe, Anzahl, Qualität, Sauberkeit) ______

Digital

Ausgabedateien entsprechen den Vorgaben bzw. sind dem Zweck/der Weiterverarbeitung angepasst (Qualität, Anzahl, Anschnitt, Größe, Marken, Informationen, sinnvolle Dateinamen) ______

Druckfähige Ausgabedatei erstellt nach einem zur Ausgabe passenden PDF/X-Standard ______

Bemerkungen____

____

____

____

Ergebnis ______

Detaillierte Überprüfungen können anhand der „Aufgabenschwerpunkte" auf Seite 220, Checklisten „Tipps zur Wahl von Schriften" auf Seite 180, „Checkliste Logobewertung/-kontrolle" auf Seite 186 und „Lösungshilfe Aufgabe 1.26" auf Seite 239 vorgenommen werden.

Kurzbewertung (Kapitel 3)

Bewertung mit Punkten von 0 bis 2. 0 = nicht erfüllt/schlecht gelöst, 1 = teilweise erfüllt/einigermaßen gut gelöst, 2 = voll erfüllt/sehr gut gelöst.

Thema .... Datum ....

Name ....

1. Gestalterischer Gesamteindruck

Allgemein

Vollständigkeit ________
Gesamteindruck Gestaltung (kreativ und ansprechend) ________
Übersichtlichkeit der Gesamtgestaltung (Blickführung, Blickfang) ________
Qualität der Ausarbeitung (professioneller Einsatz aller Werkzeuge) ________
Schlüssigkeit Farbkonzept ________
Beachtung der Gestaltgesetze ________
Ausdrucksweise textlicher Ausarbeitungen (Fachbegriffe/Rechtschreibung) ________

2. Visualisierung Hauptaufgabe

Typografisches

Typografie (Schriftwahl, Größe, Mischung) ________
Schriftsatz/Schriftbild (Übersichtlichkeit, Mikro- und Makrotypografie) ________

Einzelne Elemente

Logo/Piktogramme/Icons (Qualität der Umsetzung, Kreativität, Symbolik) ________
Fotos/Illustrationen (Qualität der Umsetzung, Kreativität, Modifikationen) ________
Infografiken/Diagramme (Qualität der Umsetzung, Kreativität, Aussagekraft) ________
Scribbles/Zeichnung/Ideenfindung (Sauberkeit, Vollständigkeit) ________
Claim/Werbeaussage (Kreativität, Zielgruppenaffinität) ________
Styleguide/Vorlagen (Qualität der Umsetzung, Übersichtlichkeit, Vollständigkeit) ________

Einzelnes Medium

Werbewirkung (zielgruppenorientiert) ________
Kreativität/Originalität (überzeugende Idee zur Veranschaulichung) ________
Gestaltungsraster/Satzspiegel ________
Detailtreue ________
Verwendung Motive (Bildwahl/-wirkung, Anschnitt, Modifikationen) ________
Qualität der Umsetzung des Mediums (Formatwahl, Weiterverarbeitungsmöglichkeiten) ________
Farbklima ________
Kreativer Einsatz gestalterischer Elemente ________

Schriftliche Ausarbeitung

Schriftliche Ausarbeitungen (Ausdrucksweise, Fachbegriffe, Rechtschreibung) ________
Gut recherchierte und belegte Ergebnisse (Quellen) ________

3. Technische Ausführung

Sauberkeit der Gesamtausarbeitung und Präsentation/Ausgabemedien ______
Berücksichtigung eines Bedruckstoffs ______
Zeitvorgaben wurden eingehalten ______
Verwendung der richtigen Software ______
Verwendung der passenden Hardware ______

Print

Ausdrucke entsprechen den Vorgaben (Farben, Größe, Anzahl, Qualität, Sauberkeit) ____

Digital

Ausgabedateien entsprechen den Vorgaben bzw. sind dem Zweck/der Weiterverarbeitung angepasst (Qualität, Anzahl, Anschnitt, Größe, Marken, Informationen, sinnvolle Dateinamen) ______
Druckfähige Ausgabedatei erstellt nach einem zur Ausgabe passenden PDF/X-Standard ______

Bemerkungen ____

____

____

____

Ergebnis ______

Detaillierte Überprüfungen können anhand der „Aufgabenschwerpunkte" auf Seite 220, Checklisten „Tipps zur Wahl von Schriften" auf Seite 180, „Checkliste Logobewertung/-kontrolle" auf Seite 186 und „Lösungshilfe Aufgabe 1.26" auf Seite 239 vorgenommen werden.

Kurzbewertung (Kapitel 4)

Bewertung mit Punkten von 0 bis 2. 0 = nicht erfüllt/schlecht gelöst, 1 = teilweise erfüllt/einigermaßen gut gelöst, 2 = voll erfüllt/sehr gut gelöst.

Thema ______________________ Datum ______________________

Name ______________________

1. Gestalterischer Gesamteindruck Hauptaufgabe

Allgemein

Gestalterisches Gesamtbild ________

2. Visualisierung Hauptaufgabe

Typografisches

Typografie (Schriftwahl, Größe, Mischung, Übersichtlichkeit, Mikro- und Makrotypografie) ________

Einzelne Elemente

Logo/Piktogramme/Icons (Qualität der Umsetzung, Kreativität, Symbolik) ________

Styleguide/Vorlagen (Qualität der Umsetzung, Übersichtlichkeit, Vollständigkeit) ________

Claim/Werbeaussage (Kreativität, Zielgruppenaffinität) ________

Fotos/Illustrationen (Qualität der Umsetzung, Kreativität, Modifikationen) ________

Infografiken/Diagramme (Qualität der Umsetzung, Kreativität, Aussagekraft) ________

Scribbles/Zeichnung/Ideenfindung (Sauberkeit, Vollständigkeit) ________

Zusätzliche Werbemedien ________

Hauptmedium

Bezeichnung: ______________________

Kreativität/Originalität (überzeugende Idee zur Veranschaulichung) ________

Qualität der Umsetzung ________

Verwendung Motive (Bildwahl/-wirkung, Anschnitt, Modifikationen) ________

Farbklima ________

Weitere Medien

Bezeichnung: ______________________

Kreativität/Originalität (überzeugende Idee zur Veranschaulichung) ________

Qualität der Umsetzung ________

Verwendung Motive (Bildwahl/-wirkung, Anschnitt, Modifikationen) ________

Farbklima ________

3. Konzeption

Gesamtlayout (Gestaltung, Übersichtlichkeit, Aufbau) ________

Vollständigkeit ________

Ausdrucksweise/Schreibstil (Erläuterungen, Fachbegriffe, Rechtschreibung) ________

Richtigkeit der Angaben (Quellen, belegte und begründete Ergebnisse) ________

4. Technische Ausführung

Sauberkeit der Gesamtausarbeitung ______

Verwendung der richtigen Software ______

Verwendung der passenden Hardware ______

Ausdrucke entsprechen den Vorgaben (Farben, Größe, Anzahl, Qualität, Sauberkeit) ______

Ausgabedateien entsprechen den Vorgaben (Qualität, Anzahl, Anschnitt) ______

Bemerkungen____

____

____

____

Ergebnis ______

Detaillierte Überprüfungen können anhand der „Aufgabenschwerpunkte“ auf Seite 220, Checklisten „Tipps zur Wahl von Schriften“ auf Seite 180, „Checkliste Logobewertung/-kontrolle“ auf Seite 186, „Lösungshilfe Aufgabe 1.26“ auf Seite 239, „Checkliste Zielgruppenanalyse“ auf Seite 194, „Checkliste Analyse/Briefing“ auf Seite 184 und „Checkliste Konzeption“ auf Seite 191 vorgenommen werden.

Ausführliche Bewertung (Kapitel 4)

Bewertung mit Punkten von 0 bis 2. 0 = nicht erfüllt/schlecht gelöst, 1 = teilweise erfüllt/einigermaßen gut gelöst, 2 = voll erfüllt/sehr gut gelöst.

Thema ________ Datum ________

Name ________

1. Gestalterischer Gesamteindruck Hauptaufgabe

Allgemein

Vollständigkeit ________
Übersichtlichkeit der Gesamtgestaltung (Blickführung, Blickfang) ________
Qualität der Ausarbeitung (professioneller Einsatz aller Werkzeuge) ________
Farbkonzept ________

2. Visualisierung Hauptaufgabe

Typografisches

(Es ist zur Bewertung von Typografie ein eigener ausführlicher Bewertungsbogen vorhanden.)

Typografie (Schriftwahl, Größe, Mischung) ________
Schriftsatz/Schriftbild (Übersichtlichkeit, Mikro- und Makrotypografie) ________

Einzelne Elemente

Logo/Piktogramme/Icons (Qualität der Umsetzung, Kreativität, Symbolik) ________
Styleguide/Vorlagen (Qualität der Umsetzung, Übersichtlichkeit, Vollständigkeit) ________
Claim/Werbeaussage (Kreativität, Zielgruppenaffinität) ________
Fotos/Illustrationen (Qualität der Umsetzung, Kreativität, Modifikationen) ________
Infografiken/Diagramme (Qualität der Umsetzung, Kreativität, Aussagekraft) ________
Scribbles/Zeichnung/Ideenfindung (Sauberkeit, Vollständigkeit) ________
Zusätzliche Werbemedien ________

3. Hauptmedium

Bezeichnung: ________________________
Werbewirkung (zielgruppenorientiert) ________
Kreativität/Originalität (überzeugende Idee zur Veranschaulichung) ________
Gestaltungsraster/Satzspiegel ________
Detailtreue ________
Verwendung Motive (Bildwahl/-wirkung, Anschnitt, Modifikationen) ________
Qualität der Umsetzung des Mediums ________
Farbklima ________
Kreativer Einsatz gestalterischer Elemente ________

Weitere Medien

Bezeichnung: ________________________
Werbewirkung (zielgruppenorientiert) ________
Kreativität/Originalität (überzeugende Idee zur Veranschaulichung) ________
Verwendung Motive (Bildwahl/-wirkung, Anschnitt, Modifikationen) ________
Qualität der Umsetzung des Mediums ________

4. Konzeption

(Es sind diverse Medien und Hilfsmittel zur ausführlichen inhaltlichen Bewertung von Konzeptionen vorhanden: „Checkliste Konzeption“ auf Seite 191, Ausarbeitung Aufgabe 3.10 „Allgemeiner Styleguide für „Geschäftspapiere““ auf Seite 126 bis Aufgabe 3.12 „Aufbau und Vorlage Gestaltungskonzept“ auf Seite 128, „Kurzbewertungsbogen Konzeption (Kapitel 4)“ auf Seite 208 und „Ausführliche Bewertung Konzeption (Kapitel 4)“ auf Seite 209.)

Gesamtlayout (Gestaltung, Übersichtlichkeit, Aufbau) _______

Vollständigkeit _______

Ausdrucksweise/Schreibstil (Erläuterungen, Fachbegriffe, Rechtschreibung) _______

Richtigkeit der Angaben (Quellen, belegte und begründete Ergebnisse) _______

5. Präsentation

(Es sind ein „Bewertungsbogen Präsentation I (Kurzbewertung)“ auf Seite 211 und ein „Bewertungsbogen Präsentation II (Detailliertes Feedback)“ auf Seite 212 vorhanden, um während des Vortrags alle Eindrücke festzuhalten.)

Gestalterische Qualität/Visualisierung _______

Präsentationsaufbau _______

Einsatz von Medien (Hardware, Software, Handmuster/Anschauungsmaterial) _______

Mimik, Sprechweise, Gestik/Haltung des Präsentierenden _______

6. Technische Ausführung

Sauberkeit der Gesamtausarbeitung und Präsentation/Ausgabemedien _______

Zeitplanung _______

Verwendung der richtigen Software _______

Verwendung der passenden Hardware _______

Print

Ausdrucke entsprechen den Vorgaben (Farben, Größe, Anzahl, Qualität, Sauberkeit) _______

Digital

Ausgabedateien entsprechen den Vorgaben bzw. sind dem Zweck/der Weiterverarbeitung angepasst (Qualität, Anzahl, Anschnitt, Größe, Marken, Informationen, sinnvolle Dateinamen) _______

Druckfähige Ausgabedateien erstellt nach einem zur Ausgabe passenden PDF/X-Standard _______

Bemerkungen____

____

____

____

Ergebnis _______

Detaillierte Überprüfungen können anhand der „Aufgabenschwerpunkte“ auf Seite 220, Checklisten „Tipps zur Wahl von Schriften“ auf Seite 180, „Checkliste Logobewertung/-kontrolle“ auf Seite 186, „Lösungshilfe Aufgabe 1.26“ auf Seite 239, „Checkliste Zielgruppenanalyse“ auf Seite 194, „Checkliste Analyse/Briefing“ auf Seite 184 und „Checkliste Konzeption“ auf Seite 191 vorgenommen werden.

Kurzbewertungsbogen Konzeption (Kapitel 4)

Bewertung mit Punkten von 0 bis 2. 0 = nicht erfüllt/schlecht gelöst, 1 = teilweise erfüllt/einigermaßen gut gelöst, 2 = voll erfüllt/sehr gut gelöst.

Thema Datum

Name

1. Gesamteindruck

Vollständigkeit ________
Konzeptgestaltung ________
Technische Ausführung (Ausgabedateien, Drucke, Handmuster) ________
Schreibstil (Ausdrucksweise, Fachvokabular, Rechtschreibung) ________

2. Vorarbeit/Analyse

Analyse (Situationsanalyse/Marktanalyse, Zielgruppenanalyse) ________

3. Umsetzung

Grundidee, Strategieentwicklung (Werbeprinzipien) ________

Medien/Werbeträger

Styleguide/Corporate Design (Logo, Claim/Slogan, Geschäftspapiere) ________
Hauptmedium ________
Zusatzmedium ________
Weitere Werbemaßnahmen (Crossmedia, Produktgestaltung etc.) ________

4. Gestaltungsmaßnahmen/Visualisierung

Gestaltungsidee einzelner Medien (Gestaltgesetze, Aufmerksamkeit, Blickführung, Seitenformate) ________
Farbklima ________
Schriftkonzept/Typografische Ausführung ________
Formensprache/Bildsprache ________

5. Zusammenfassung/Fazit

Fazit/Resümee/Schlussbemerkung ________

Bemerkungen ____

____

____

____

Ergebnis ________

Detaillierte Überprüfungen können anhand der „Checkliste Analyse/Briefing“ auf Seite 184, „Checkliste Logobewertung/-kontrolle“ auf Seite 186, „Checkliste Konzeption“ auf Seite 191, „Checkliste Zielgruppenanalyse“ auf Seite 194 und „Aufgabenschwerpunkte“ auf Seite 220 vorgenommen werden. Insgesamt müssen nicht alle Punkte dieser Auflistung bewertet werden. Die Wahl der Punkte steht in Abhängigkeit zur Aufgabe.

Ausführliche Bewertung Konzeption (Kapitel 4)

Bewertung mit Punkten von 0 bis 2. 0 = nicht erfüllt/schlecht gelöst, 1 = teilweise erfüllt/einigermaßen gut gelöst, 2 = voll erfüllt/sehr gut gelöst.

Thema ______ Datum ______

Name ______

1. Gesamteindruck

Vollständigkeit (Grundgerüst: Titel/Umschlag, Kontakt, Inhaltsverzeichnis, Umfang, Quellenangaben etc.) ______

Konzeptgestaltung, Übersichtlichkeit der Gesamtgestaltung (Seitengestaltung, Typografie) ______

Qualität der Ausarbeitung (professioneller Einsatz aller Werkzeuge, Software, Hardware) ______

Technische Ausführung (Ausgabedateien, Drucke, Handmuster) ______

Schreibstil (Ausdrucksweise, Fachvokabular, Rechtschreibung) ______

2. Vorarbeit/Analyse

Situationsanalyse/Marktanalyse ______

Zielgruppenanalyse ______

Zielsetzung ______

3. Umsetzung

Strategie

Grundidee, Strategie (Werbeprinzipien) ______

Wahrnehmung (Gestaltgesetze, Aufmerksamkeit, Blickführung) ______

Scribbles/Weg der Ideenfindung ______

Zeitplan ______

Zielgruppenerreichung (Positionierung im Raum) ______

Medien/Werbeträger

Logo ______

Claim/Slogan ______

Styleguide/Corporate Design (Geschäftspapiere) ______

Hauptmedium ______

Zusatzmedium ______

Weitere Werbemaßnahmen (Crossmedia) ______

Produktgestaltung ______

4. Gestaltungsmaßnahmen/Visualisierung

Übergeordnetes Gestaltungsraster (Grundlayout aller Medien) ______

Gestaltungsidee einzelner Medien (Gestaltgesetze, Aufmerksamkeit, Blickführung) ______

Farbklima ______

Schriftkonzept/Typografische Ausführung (Schriftschnitte, -größen, -muster, -charakter, Lesbarkeit, Textanordnung, Raumaufteilung/Satzspiegel, Gestaltungsraster einzelner Medien etc.) ______

Formensprache ______

Bildsprache ______

Produktionsstrategie (Bedruckstoffe, Weiterverarbeitung, Farbwiedergabe) ______
Satzspiegel und Seiten/Medienformate ______

Zusammenfassung/Fazit

Fazit/Resümee/Schlussbemerkung ______

Bemerkungen____

Ergebnis ______

Detaillierte Überprüfungen können anhand der „Checkliste Analyse/Briefing“ auf Seite 184, „Checkliste Logobewertung/-kontrolle“ auf Seite 186, „Checkliste Konzeption“ auf Seite 191, „Checkliste Zielgruppenanalyse“ auf Seite 194 und „Aufgabenschwerpunkte“ auf Seite 220 vorgenommen werden. Insgesamt müssen nicht alle Punkte dieser Auflistung bewertet werden. Die Wahl der Punkte steht in Abhängigkeit zur Aufgabe

Bewertungsbogen Präsentation I (Kurzbewertung)

Bewertung mit Punkten von 0 bis 2. 0 = nicht erfüllt/schlecht gelöst, 1 = teilweise erfüllt/einigermaßen gut gelöst, 2 = voll erfüllt/sehr gut gelöst.

Thema .... Datum ....

Name ....

Präsentationsaufbau

Begrüßung, Einleitung	______
Hauptteil, Pointe	______
Schluss, Fazit, Diskussion/Fragerunde	______
Spannungsreicher Aufbau	______
Übersichtliche Gliederung	______
Inhaltlich komplett und fachlich richtig	______

Visualisierung

Gestalterische Qualität/Gestalterischer Gesamteindruck	______
Überzeugende und verständliche Idee, um das Thema zu präsentieren	______
Professionelle und kreative Umsetzung	______
Effektvolle Stilmittel und Schaubilder	______

Bewertung des Präsentierenden

Sprechweise	______
Körpersprache, Haltung	______
Mimik	______
Interaktion mit Publikum (Blickkontakt etc.)	______
Überzeugend und glaubwürdig	______
Medieneinsatz (abwechslungsreich, zielgruppenangemessen)	______
Sicherer Umgang mit Hard- und Software	______
Dialogfähigkeit	______

Bemerkungen ______________________________

____

____

____

Ergebnis ______

Bewertungsbogen Präsentation II (Detailliertes Feedback)

Bewertung mit Punkten von 0 bis 2. 0 = nicht erfüllt/schlecht gelöst, 1 = teilweise erfüllt/einigermaßen gut gelöst, 2 = voll erfüllt/sehr gut gelöst.

Thema .... Datum ....

Name ....

Vor der Präsentation

Kontakt zu Gästen, Auflockerung der Stimmung/Atmosphäre	______
Aufbau/Umgang mit Medien und Technik/Pünktlichkeit	______

Einleitung

Begrüßung, Vorstellung des Präsentierenden	______
Angaben zu Problem- oder Aufgabenstellung	______
Information über den Ablauf	______

Hauptteil

Gut strukturiert	______
Ziel erkennbar	______
Dramatische bzw. spannende Präsentation	______

Schluss

Zusammenfassung, Fazit	______
Aufforderung zu Fragen/Diskussion	______
Zeitplanung angemessen bzw. eingehalten	______

Beantwortung von Fragen/Umgang mit Kritik

Beantwortung anschaulich, fachlich richtig	______
Immer eine Antwort parat/zufriedenstellende Antworten	______

Gesamtausarbeitung der Aufgabe (nicht der Präsentation)

Gestalterische Qualität/Gestalterischer Gesamteindruck	______
Überzeugende und verständliche Idee, um das Thema umzusetzen	______
Passende und kreative Idee, um das Konzept zu präsentieren	______
Überzeugungsfähigkeit des Konzepts bzw. der Idee	______

Gesamtausarbeitung der Präsentation

Gestalterische Qualität/gestalterischer Gesamteindruck	______
Professionelle Umsetzung (Software, Nutzung von Musterseiten oder Mastern)	______
Inhaltlich komplett und fachlich richtig	______

Sprechweise

Deutlich/Ausgeglichenes Sprechtempo/Gute Betonung	______
Angemessene Lautstärke	______
Verständlicher Satzbau und Wortwahl/Sicher im Ausdruck	______
Erklärung/Verwendung von Fachbegriffen	______
Überzeugend und glaubwürdig	______
Spannend und interessant	______
Dialogfähigkeit	______

Körpersprache

Herstellung von Blickkontakt/Jeder Zuschauer fühlt sich angesprochen	______
Haltung aufgeschlossen und entspannt	______
Mimik entspannt	______
Bewusster Einsatz von Gesten und Mimik	______

Medieneinsatz

Wahl abwechslungsreicher Medien	______
Gut terminiert	______
Sicherer Umgang mit Technik	______
Sachlich richtiger Einsatz der Medien	______
Übersichtlicher Aufbau (z. B. unterstützt durch Tabellen und Schaubilder)	______
Publikumsfreundliche Umsetzung (Schriftgröße, Bildschärfe, Qualität)	______
Einsatz von Handmustern oder Teilnehmerunterlagen	______
Einbeziehung des Publikums	______

Bemerkungen ____

____

____

____

Ergebnis ______

Bewertungsbogen Präsentation III (Selbstbewertung)

Bewertung mit Punkten von 0 bis 2. 0 = nicht erfüllt/schlecht gelöst, 1 = teilweise erfüllt/einigermaßen gut gelöst, 2 = voll erfüllt/sehr gut gelöst.

Thema .... Datum ....

Name ....

Anwesende Zuschauer ....

Allgemeines Gefühl

Habe ich mich sicher gefühlt?	______
Habe ich nichts vergessen und immer die richtigen Worte gefunden?	______
War alles verständlich?	______
Habe ich die Zuschauer überzeugt?	______

Ablauf

Habe ich den Zeitplan eingehalten?	______
Gab es einen geregelten Ablauf, der auch erkennbar war?	______
War der Ablauf gut?	______
Habe ich alles gesagt, was geplant war?	______

Sprechweise

War das Redevolumen angemessen?	______
War die Sprache laut und deutlich?	______
War die Geschwindigkeit o.k.?	______
Gab es eine freie Rede?	______
Wurden Fachbegriffe verwendet und u. U. erklärt?	______

Medieneinsatz

Sind alle geplanten Medien so angekommen, wie es geplant war?	______
Hat die Technik funktioniert?	______
Waren die Medien für alle Zuschauer sichtbar?	______

Wirkung auf Zuschauer

War die Körperhaltung offen und aufgeschlossen?	______
Wurden Gesten und Mimik passend eingesetzt?	______
Wurde Kontakt zu allen Zuschauern hergestellt (Blickkontakt)?	______
Habe ich entspannt gewirkt?	______

Reaktion der Zuschauer

Kamen unaufgefordert Nachfragen?	______
Haben sich die Zuschauer an der Enddiskussion beteiligt?	______
Habe ich alle Fragen richtig beantwortet?	______
Welche Note würde ich mir geben? Schulnote:	______
Was kann ich verbessern?	______

Bemerkungen (ggf. Rückseite verwenden):______________________________

____

____

____

Bewertungsbogen Typografie

Bewertung mit Punkten von 0 bis 2. 0 = nicht erfüllt/schlecht gelöst, 1 = teilweise erfüllt/einigermaßen gut gelöst, 2 = voll erfüllt/sehr gut gelöst.

Thema .... Datum ....

Name ....

1. Typografischer Gesamteindruck

Medien- und zielgruppenaffine Schriftwahl (Schriftcharakter/Wirkung, Lesbarkeit, Symmetrieachsen, Strichstärken, Serifen) ______
Schriftmischung (Auszeichnungen, Betonungen) ______
Medien- und zielgruppenaffine Satzart
Übersichtlichkeit der Gesamtgestaltung/Schriftbild ______
Qualität der Ausarbeitung (professioneller Einsatz aller Werkzeuge) ______
Farbkonzept/Farbauszeichnungen ______
Berücksichtigung Trägermaterial (Bedruckstoff, Hintergrund) ______
Sprachenberücksichtigung ______

Zeichensatzbeurteilung (zweckbezogen)

Vollständigkeit der notwendigen Schriftschnitte (Schriftzeichenbreite, -stärke, -lage) ______
Vollständigkeit Zeichensatz (Umlaute, notwendige Sonderzeichen, Akzente, Mediävalziffern, horizontale Striche, Anführungszeichen, Ligaturen) ______
Einheitlichkeit aller Buchstabenformen (Buchstabenarchitektur) ______
Kerningtabellen ______
Schrifttechnologie (Übertragbarkeit, Anwendbarkeit) ______

2. Makrotypografie

Schriftgrößen/-grad ______
Laufweitenanpassung ______
Trennungen ______
Zeilenlängen/Spaltenbreiten ______
Zeilenabstände/Durchschuss ______
Schriftschnitte ______
Seitengliederung ______
Textgliederung ______
Verwendung und Platzierung von Grafiken ______
Silbentrennung ______

3. Mikrotypografie (Feinabstimmungen, Ästhetik im Detail)

Kerning/Unterschneidung, Spationierung/Zeichenabstände ______
Wortabstände ______
Sonderzeichen/Glyphen (z. B. Apostroph, ß im Versalsatz) ______
Aufzählungszeichen ______
Ziffergliederungen ______

4. Analyse typischer Fehler

Umbruchfehler im Schriftsatz (umgangssprachlich: Hurenkinder/Witwe, Schusterjunge/Findelkind) ______
Leerzeichenfehler/Geviert (Geschützte, Interpunktionen, Ziffern) ______
Bindestriche/Gedankenstriche/Trennstriche (Geviertstriche) ______
Randausgleich (Satzkante) ______
Flattersatzausgleich ______
Rechtschreibung/Orthografie ______
Absatzabstände ______

5. Technische Ausführung

Einbettung der Schriften ______

Bemerkungen____

____

____

____

Ergebnis ______

Weitere Überprüfungen können anhand der „Aufgabenschwerpunkte“ auf Seite 220 und „Tipps zur Wahl von Schriften“ auf Seite 180 vorgenommen werden. Insgesamt müssen nicht alle Punkte dieser Auflistung bewertet werden. Die Wahl der Punkte steht in Abhängigkeit zur Aufgabe.

Abgabebogen Kapitel 1–4

Der Abgabebogen ist mit der Gesamtaufgabe an den Ausbildenden abzugeben, um besser auf Probleme in der Aufgabe eingehen zu können und gezielter vorzubereiten.

Thema .... Datum ....

Name ....

Benötigte Zeit ____________________

Verwendete Software ____________________

Verwendete Hardware ____________________

Infos zum verwendeten Material (Fotos, Texte, Urheberrecht etc.)

____

Infos zum Anhang ____________________

Wo gab es besondere Schwierigkeiten? ____________________

Kapitel 7
Lösungshilfen

Aufgabenschwerpunkte

Kapitel 1

Die in Kapitel 1 gestellten Aufgaben behandeln jeweils spezielle Schwerpunkte, die zur Erlangung wichtiger Kompetenzen in der Ausbildung zum Mediengestalter notwendig sind. Zu jeder Übung sollte ein Abgabebogen („Abgabebogen Kapitel 1– 4“ auf Seite 217) beigefügt sein. Jede Aufgabe verlangt ein anderes Vorgehen bei der Bewertung. Unterstützend liegen Bewertungsbogen (Kapitel 6 „Bewertungsbogen und Lösungshilfen“ ab Seite 197) vor.

1.01 Buchstabenanatomie, DIN-A3-Zeichnung, 2 h, *

Die vorgegebenen Buchstabenelemente und Fachbegriffe müssen korrekt in einer Handzeichnung hervorgehoben und sauber ausgearbeitet sein. Bewertet werden muss insbesondere die Qualität der Zeichnung sowie die Übersichtlichkeit und Richtigkeit der Umsetzung. Eine Lösungshilfe („Lösungshilfe Aufgabe 1.01 (Buchstabenanatomie)“ auf Seite 227) liegt vor.

1.02 Farbwahrnehmung Plakat „Jahreszeiten“, DIN-A3-Plakat und schriftliche DIN-A4-Ausarbeitung, 8 h, *

Wechselwirkungen und Einflüsse bzgl. der Wahrnehmung von Farben müssen kreativ und ansprechend gestaltet sowie inhaltlich korrekt als Plakat ausgearbeitet sein. Dabei ist darauf zu achten, dass zuvor eine schriftliche Erläuterung inhaltlich korrekt und übersichtlich ausgearbeitet wurde. In der Bewertung sollte besonders viel Wert auf die kreative Umsetzung gelegt werden.

1.03 Bildbeeinflussung durch die Berücksichtigung und Anwendung von Gestaltgesetzen, DIN-A4-Übersicht, 4 h, *

In dieser Aufgabe ist der Umgang mit Fotografien in Bezug auf Wahrnehmung und Gestaltgesetze zu bewerten. Eine Lösung („Lösungshilfe Aufgabe 1.03 (Bildbeeinflussung durch die Berücksichtigung und Anwendung von Gestaltgesetzen)“ auf Seite 228) liegt vor.

1.04 Scribble your day, freies Format, 8 h, *

Es handelt sich um eine Fingerübung, die nur der Erprobung von Zeichenmaterial dient.

1.05 Sportplakat Bewegung „40. Volkslauf“, DIN-A3-Plakat, 2 h, *

Die rein illustrative Umsetzung und Verwendung nur eines grafischen Elements unter Berücksichtigung des Gestaltungselements der Bewegung ist in dieser Aufgabe zu bewerten.

1.06 Typoplakat Antiaggressionstraining, drei DIN-A2-Plakate, 2 h, **

Die rein typografische Umsetzung eines Themas unter Verwendung einer Sonderfarbe und Berücksichtigung aller Vorgaben ist in dieser Aufgabe zu bewerten.

1.07 Ein optimierter Arbeitsplatz, frei, *

Es muss überprüft werden, ob in der Ausarbeitung alle Arbeitsmittel berücksichtigt wurden und es sinnvolle Vorschläge für mögliche Verbesserungen gibt. Eine Lösungsdatei („Lösungshilfe Aufgabe 1.07 (Ein optimierter Arbeitsplatz)“ auf Seite 231) liegt vor.

1.08 Optimierung Zeitungsanzeige „Tag der offenen Tür“, Anzeige, 148 x 190 mm, 2 h, *

Das Redesign einer Anzeige ist unter Berücksichtigung der Kundenvorgabe, dass die Anmutung der Anzeige erhalten bleiben, sie aber typografisch professioneller gesetzt werden soll, zu bewerten. Ebenso muss die Änderung der Seiteneinteilung bzw. das Gestaltungsraster geprüft werden.

1.09 Briefbogen nach DIN 5008:2019-04 „Justizvollzugsanstalt Meisterstadt“, DIN-A4-Briefbogen, 2 h, *

Zu bewerten ist die Umsetzung eines Briefbogens nach DIN 5008:2011-04, Form A, unter Verwendung einer vorgegebenen Schrift. Dabei ist der richtige Einsatz einer Monospaceschrift zu kontrollieren und die ordnungsgemäße Gruppierung von Zahlen zu prüfen. Eine Lösungsmöglichkeit („Lösungshilfe Aufgabe 1.09
(Briefbogen nach DIN 5008:2020-03 [Form

A])" auf Seite 232) ist vorhanden.

1.10 Gestaltungsraster bzw. Satzspiegel anhand einer Vorlage erklären, DIN A3, 4 h, **

Die Aufgabe besteht darin, das vorliegende Gestaltungsraster einer Zeitschrift zu analysieren. Eine Lösungsdatei („Lösungshilfe Aufgabe 1.10
(Gestaltungsraster bzw. Satzspiegel anhand einer Vorlage erklären)" auf Seite 234) liegt vor. Es ist zu bewerten, wie genau die Analyse erfolgt ist, ob alle Elemente gefunden, mit Fachbegriffen beschrieben und Bewertungen vorgenommen wurden. Ebenso ist die Qualität der neu erstellten Datei zu beurteilen.

1.11 Bedruckstoffe und Formate, DIN-A4-Ausarbeitung, 2 h, *

Die Wahl von Bedruckstoffen und Seitenformaten, passend zu einer Zielgruppe und einem speziellen Medium, soll unter Berücksichtigung von Wirkung und Haptik bewertet werden. Ein Lösungsvorschlag („Lösungshilfe Aufgabe 1.11
(Bedruckstoffe und Formate)" auf Seite 235) liegt vor.

1.12 Pflanzschild „Borretsch", kleinformatiges Schild, Kantenmaß 60 x 136 mm, 8 h, **

Unter Berücksichtigung aller Vorgaben und Texte soll die Gestaltung eines Sonderformats bewertet werden. Die Schwierigkeit in dieser Aufgabe liegt in einem relativ langen Text, der ungewöhnlichen Form und der Aufgabe, eine schematische Darstellung zu erstellen.

1.13 Schriftwahl für Wortmarken, vier Wortmarken und konzeptionelle Ausarbeitung, 3 h, **

Anhand von Schriftklassifikationen und Charaktereigenschaften sind die vier Wortmarken zu bewerten. Hierbei sind einmal die Schriften an sich, die Kreativität bei der Umsetzung, aber auch mikrotypografische Gegebenheiten sowie die konzeptionelle Ausarbeitung zu prüfen.

1.14 Erstellung eines Briefmarkendesigns „Jahr der Geometrie", Briefmarke: 46 x 27,32 mm, Briefmarkenblock: 102 x 62 mm, 16 h, **

Die Gestaltung eines Kleinformats unter Berücksichtigung der gängigen typografischen und gestalterischen Gesetze sollen in dieser Aufgabe bewertet werden.

1.15 Fotomontage „Aufhebung der Schwerkraft", Anzeige, 310 x 350 mm, 4 h, **

In dieser Aufgabe soll ausschließlich die Fertigkeit in der Fotobearbeitung und Kreativität bei der Entwicklung der Anzeigenidee bewertet werden.

1.16 Erstellung eines Gestaltungsrasters für die Sportzeitschrift „Run On", Format wählbar, 4 h, **

In dieser Aufgabe ist anhand der Vorgaben (Zielgruppe) das erstellte Gestaltungsraster in Bezug auf Idee, Umsetzung und Vollständigkeit sowie der Verwendbarkeit zu bewerten. Hierbei wird zwischen Umschlag und Innenseiten unterschieden.

1.17 Miniaufgabe Flattersatzausgleich, DIN-A5-Bogen, 1 h, *

Im DIN-A5-Bogen muss ein gut ausgeglichener Flattersatz erstellt werden, dessen Umsetzung zu bewerten ist.

1.18 Aufspüren mikrotypografischer Fehler, Korrekturbogen, 2 h, *

23 Satzfehler müssen in der Vorlage gefunden und verbessert werden. Es ist zu bewerten, ob alle Fehler gefunden wurden. Eine Lösungsdatei (Seite 218) ist vorhanden.

1.19 Motivationsstempel „Grundschule", vier runde Stempelvorlagen, 28 mm Durchmesser, 8 h, *

Illustrative Fähigkeiten sowie der Umgang mit nur einer möglichen Sonderfarbe sind die Schwerpunkte dieser Aufgabe, die es zu prüfen gilt.

1.20 Erste Schritte im Colormanagement am Arbeitsplatz, 4 h, **

Als Endergebnis muss bei dieser Aufgabe ein gut kalibrierter Bildschirm stehen und eine Grafik- und Satzsoftware, die mit den gängigen ICC-Profilen ausgestattet ist.

1.21 Satz Packungsbeilage Medizinprodukt „Bronchial", Faltblatt: 162 x 420 mm, 4 h, **

Der Umgang mit Mengentext auf kleinem Raum ist in dieser Aufgabe zu bewerten. Dabei ist insbesondere die Übersichtlichkeit und Hervorhebung wichtiger Inhalte („lebensrettende Maßnahmen") zu prüfen.

1.22 Piktogrammentwicklung „Mongolisches Restaurant", 10 Piktogramme (Beschreibung zur Verwendbarkeit dieser als Tischnummern, Klammern und Symbole in Speisekarten und Webseiten), 16 h, **

Es sind die einzelnen Symbole und deren Ausarbeitung sowie der Zeichenstil zu bewerten, ebenso wie der Gesamteindruck der Reihe und deren technische Verwendbarkeit. Zudem sind die Beschreibungen zu Piktogrammen und deren erweiterte Verwendbarkeit zu beurteilen. Illustrative Fähigkeiten und konzeptionelles Denken sind in dieser Aufgabe gefragt.

1.23 Logo und Geschäftspapiere „Lochfras" und „Formbau", zwei Logos, Styleguide für Geschäftspapiere, 16 h, **

Es sind zwei Logos zu bewerten, die eine Zusammengehörigkeit demonstrieren sollen. Zudem ist ein Styleguide inklusive der Geschäftspapiere zu beurteilen, wobei dieser eher kurz und einfach gehalten sein kann. Der Schwerpunkt liegt auf der Logogestaltung.

1.24 Anzeigenserie Tierbund, drei Anzeigen als Reihe: 200 x 140 mm, 8 h, **

Unter Berücksichtigung der Perspektive als Gestaltungselement zur Unterstützung einer Aussage sind illustrative Fähigkeiten zu bewerten, ebenso wie die kreative Lösung der Aufgabe.

1.25 Messepräsentation Testkaufagentur „Clientcheck", Bildschirmpräsentation, 1920 x 1080 dpi, 12 h, ***

Die Erstellung und Gestaltung einer Bildschirmpräsentation unter Berücksichtigung der Zielgruppe, räumlichen Möglichkeiten am Präsentationsstandort und der technischen Gegebenheiten sind in dieser Aufgabe zu bewerten.

1.26 Erstellung von PDF-Daten für Prüfungsaufgaben (Zwischenprüfung und Abschlussprüfung), Faltblatt: 210 x 148 mm, 1 h, **

Die Einhaltung der technischen Vorgaben der Aufgabe zur Erstellung eines druckfähigen Faltblatts ist zu bewerten. Dazu ist die PDF-Datei per Preflight und mithilfe der „Lösungshilfe Aufgabe 1.26" auf Seite 239 zu prüfen.

1.27 Web-Icon-Entwürfe „Druckhaus", neun Icons: 32 x 32 Pixel, 16 h, **

Die illustrativen Fähigkeiten unter Berücksichtigung der Vorgaben sind für die Webicons zu bewerten. Dabei ist darauf zu achten, dass sie einen einheitlichen Stil haben, verständlich sind und technisch einwandfrei umgesetzt wurden.

1.28 Logoentwurf „Museum Burg Lärchenhain", Wort-Bildmarke, 8 h, **

Die Gestaltung einer Wort-Bildmarke im Stil eines Wappens mit moderner Anmutung ist in dieser Aufgabe zu bewerten. Dabei sind insbesondere die Formensprache und das Farbklima unter Berücksichtigung der Gegebenheiten des Briefings zu prüfen.

1.29 Wegeleitsystem „Museum Burg Lärchenhain", Wegweiser, 8 h, **

Für verschiedene Standorte müssen Wegweiser und ein Kurzkonzept mit einer Erklärung zur Gestaltung entwickelt werden. Die optimalen Standorte sind aus den Plänen im Anhang der Aufgabe zu ermitteln. Zu bewerten ist einmal die Wahl des Standorts, die Vollständigkeit des Wegweisers und das Design (Wirkung, Größe, Schrift).

1.30 Erstellen einer Vorlage für Beschilderung Prüfinstitut „Chemische Wasser Analytik", 200 x 90 cm, 2 h, **

Eine einfache Textvorlage inklusive Vektorgrafik muss so erstellt werden, dass sie für Ausgabegeräte wie Schneideplotter verwendet werden kann. Es muss bewertet werden, wie gut die Datei weiterverarbeitbar ist (geschlossene Pfade, Umwandlung aller Schriften in Vektoren, Berücksichtigung von Spiegelung je nach Material, Ausgabeformat etc.).

1.31 Illustration Geschenkkarte „Sanitätshaus Stich", Kartenformat: 85 x 54 mm, 8 h, *

Für diese Aufgabe müssen die Kreativität, illustrativen Fähigkeiten und der Umgang mit Typografie bewertet werden.

1.32 Gestaltung Anfahrtsskizze „Kiebitzweide", Plan: DIN A6, 16 h, **

Ein Lageplan ist zu gestalten, wobei dieser ein eigenes Design benötigt und nicht einfach nur nachgezeichnet sein darf. Es ist die grafische ebenso wie die technische Umsetzung zu bewerten. Dabei ist darauf zu achten, dass ein geeignetes Programm zur Erstellung von Vektoren angewandt und dieses professionell genutzt wurde (geschlossene Vektoren, keine Überlagerungen etc.).

1.33 Takeaway-Display „Tee", Display zur Aufnahme und Präsentation eines Produkts, 16 h, **

Die Gestaltung und technische Umsetzung des Displays ist zu bewerten, dabei sollte ein Handmuster zur Kontrolle zur Verfügung stehen.

1.34 Textgliederung Jahreszeitung, Kontrolle einer Vorlage und Erstellung einer Zeitungsseite, 6 h, **

Die gegliederten Texte einer Zeitung sollen mit Fachbegriffen versehen werden. Die Vollständigkeit der Ausführung und deren Richtigkeit sind dabei zu bewerten. Zudem muss eine Titelseite für eine Zeitung neu und mit Absatzformaten erstellt werden. Die professionelle Umsetzung und Verwendung der Absatzformate ist hier zu prüfen.

1.35 Fotokorrektur „Miniatureffekt", Fotobearbeitung, 2 h, **

Aus der Kirchenansicht im Ursprungsbild soll eine Miniaturwelt entstehen, indem Korrekturmaßnahmen nach einer Vorlage durchgeführt werden. Beim Ergebnis ist die Gesamtumsetzung und Sauberkeit der Ausarbeitung zu bewerten, ebenso wie die Deutlichkeit des „Miniatureffekts". Lösungsmöglichkeit („Lösungshilfe Aufgabe 1.35" auf Seite 241) vorhanden.

1.36 Projektplanung unter Umweltschutzaspekten, textliche Ausarbeitung, 10 h, *

Anhand der Anregungen aus der Lösungsmöglichkeit („Lösungshilfe Aufgabe 1.36 (Projektplanung unter Umweltschutzaspekten)" auf Seite 242) sind die vorgeschlagenen Maßnahmen der textlichen Ausarbeitung zu prüfen und zu bewerten.

1.37 Organigrammerstellung „TiBu", Organigramm/Schematische Darstellung, 4 h, *

Die kreative und aussagekräftige Umsetzung des Organigramms ist zu bewerten. Es ist darauf zu achten, dass die Ausarbeitung gestalterisch kreativ, modern und übersichtlich vorgenommen wurde.

1.38 Fotografie nach Anweisung erstellen „Flukx Uhren", zwei Fotos, eine Anzeige: 216 x 160 mm, 8 h, **

Nach genauen Anweisungen sind zwei Fotos und eine Anzeige zu erstellen dabei sind für die Fotos die Qualität, Entsprechung der Vorgaben, Szenenaufbau und der Lichteinsatz zu bewerten. Die Erstellung der Anzeige ist eher nebensächlich.

1.39 Foto freistellen für Küchenkatalog, Anzeige: DIN A4, 4 h, **

Die technische Umsetzung der Fotomontage, insbesondere die Freistellung der Haarpartie und Ergänzungen der Fotografien, ist genau zu beurteilen.

1.40 Fotomontage „Artgerechte Tierhaltung“, Fotomontage: 205 x 302 mm, 8 h, **

Das aus drei Fotos zusammenmontierte Bild muss unter Berücksichtigung der Aussage, technischen Umsetzung, Kreativität der Idee und Gestaltgesetze bewertet werden.

Kapitel 2

Die in Kapitel 2 gestellten Aufgaben dienen der konkreten Vorbereitung auf Zwischenprüfungen, weshalb diese entsprechend bewertet werden müssen. Das bedeutet, dass sowohl der gestalterische Gesamteindruck als auch die Visualisierung einzelner Elemente sowie die technische Ausführung bewertet werden müssen. Zu jeder Übung sollte ein Abgabebogen („Abgabebogen Kapitel 1–4“ auf Seite 217) beigefügt sein. Unterstützend liegen Bewertungsbogen („Bewertungsbogen und Lösungshilfen“ ab Seite 197) vor.

2.01 und 2.01b Erstellung eines Etiketts und eines Aufdrucks für einen Eierkarton und Fotoretusche, Etikett, „Innendruck“, drei Fotomontagen, 6 h, **

2.02 und 2.02b Hörbuch-Booklet Krimireihe Titel „Der letzte Fahrgast“, CD-Booklet/ Verpackung, Logodesign, 6 h, **

2.03 und 2.03b Verpackungsdesign „Spinat aus der Dose“, Dosenetikett: 250 x 103 mm, Logoredesign, 6 h, **

2.04 und 2.04b Kursplan „Thai Bo“, Trainingsplan: DIN A4 und DIN A2, Icon, 6 h, **

2.05 und 2.05b Pralinenschachtel „Weinpralinen“, Verpackungsgestaltung, Logogestaltung, 6 h, **

2.06 und 2.06b Faltblatt „naturAnsichten“, Faltblatt: 200 x 210 mm, Logoreplikat, 6 h, **

2.07 Chipkartendesign „Universität Meisterstadt“, Chipkarte: 85,7 x 54 mm, Fotomontage, 6 h, **

Kapitel 3

In diesem Kapitel werden Aufgaben zur Vorbereitung auf komplexe Tätigkeiten und konzeptionelle Ausführungen gestellt. Jede Aufgabe ist unterschiedlich zu bewerten, dabei stehen Bewertungsbogen („Bewertungsbogen und Lösungshilfen“ ab Seite 197) zur Verfügung.

3.01 Plakat „Europaschule“, drei Scribbles, Wortmarke mit Claim, 12 h, ***

Die Idee zur Werbekampagne, die Visualisierung in Form von Scribbles, Entwicklung einer Wortmarke und eines Claims sind zu bewerten. Ebenso ist die Art der Ideenfindung (Anwendung von bekannten Methoden) zu prüfen.

3.02 Diagramm/Schematische Darstellung „Wasserverbrauch“, DIN-A4-Anzeige, 8 h, ***

Die kreative Lösung der Aufgabe muss unter Berücksichtigung der Vorgaben (maximal drei Farben, modern, mit eigener Werbewirkung, passend zur Zielgruppe) bewertet werden. Das Ergebnis soll ein einfallsreiches Diagramm darstellen.

3.03 Scribble „Computermaus“, Produktskizze, 4 h, **

Die ideenreiche Umsetzung einer Produktskizze mit Layoutmarkern muss beurteilt werden. Dabei sind sowohl die Idee, Realisierbarkeit und die Qualität der Skizze zu bewerten.

3.04 Englische Übungsaufgabe Werbeagentur „Lütte und Partner“, zweisprachiges Faltblatt: DIN A5, 8 h, *

Für diese Aufgabe ist zu prüfen, ob die Typografie in beiden Sprachen richtig gesetzt und alle Regeln berücksichtig wurden. Eine Lösungshilfe („Lösungshilfe Aufgabe 3.04 (Englische Übungsaufgabe Werbeagentur „Lütte und Partner“)“ auf Seite 244) hierzu ist vorhanden. Nebensächlich zu bewerten ist die gestalterische Umsetzung des gesamten Faltblatts.

3.05 Zielgruppenanalyse Zeitschrift „Apothekeninfo", mehrseitige Zielgruppenanalyse nach Sinus-Milieus®, DIN A4, 4 h, **

Anhand des Briefings ist eine ausführliche Zielgruppenanalyse auf Vollständigkeit, Form der Umsetzung (siehe „Checkliste Zielgruppenanalyse" auf Seite 194 und „Checkliste Analyse/Briefing" auf Seite 184) zu prüfen und zu bewerten.

3.06 Absatzmarkt- bzw. Bedarfs- und Konkurrenzanalyse „Kopfkino", mehrseitige Markt- und Konkurrenzanalyse, DIN A4, 8 h, **

Die Analyse muss auf Vollständigkeit, Wahrheitsgehalt und Umsetzung geprüft werden. Dabei muss am Ende ein gut begründetes Fazit stehen, das eine Empfehlung (Äußerung von Bedenken) beinhaltet (siehe „Checkliste Analyse/Briefing" auf Seite 184).

3.07 Farbklima festlegen, fünf Ausarbeitungen zum Thema „Farbklima" anhand der Vorgaben aus dem Briefing, DIN A4, 8 h, **

Es ist zu prüfen, wie gut die Farbwahl zum Kunden oder Thema passt, sowie wie vollständig und inhaltlich korrekt die Ausarbeitungen durchgeführt wurden. Ebenso ist die gestalterische Form der Ausarbeitung zu bewerten.

3.08 Allgemeiner Styleguide für „Geschäftspapiere", Format frei wählbar, 10 h, *

Die Ausarbeitung ist auf Vollständigkeit (wurden alle Eventualitäten berücksichtigt?) und die gestalterische Form zu prüfen.

3.09 Allgemeiner Styleguide für „Webseiten", 10 h, *

Die Ausarbeitung ist auf Vollständigkeit (wurden alle Eventualitäten berücksichtigt?) und die gestalterische Form zu prüfen.

3.10 Aufbau und Vorlage Gestaltungskonzept, 4 h, **

Die Ausarbeitung ist auf Vollständigkeit (wurden alle Eventualitäten berücksichtigt?) und die gestalterische Form zu prüfen (siehe auch „Checkliste Konzeption" auf Seite 191). Zudem ist die technische Umsetzung zu prüfen und zu kontrollieren sowie zu beurteilen, wie flexibel das Layout an Kunden und Projekte anpassbar ist.

3.11 3D-Grafik „Weinpralinen", 3D-Grafik: 1000 px x 250 px, 16 h, **

Die fotorealistische Umsetzung einer Szene ist zu bewerten. Hierbei ist der Einsatz einer professionellen Software vonnöten.

3.12 Zielgruppenanalyse Hundeschule und -hort „Villa Elbufer", mehrseitige Zielgruppenanalyse, 4 h, **

Anhand des Briefings ist eine ausführliche Zielgruppenanalyse auf Vollständigkeit („Checkliste Zielgruppenanalyse" auf Seite 194 und „Checkliste Analyse/Briefing" auf Seite 184) und die Form der Umsetzung zu prüfen und bewerten.

3.13 Werbestrategie Hundeschule und -hort „Villa Elbufer", mehrseitige Werbestrategie, 4 h, **

Zu bewerten ist die Ausführung einer Werbestrategie unter Berücksichtigung der im Briefing erwähnten Methoden (z. B. USP, 6-W-Modell).

3.14 Urheberrechtsprüfung Bildmaterial Bürgerinitiative „Für eine saubere Stadt", Empfehlungsbericht, 4 h, *

Es ist ein Empfehlungsbericht zu prüfen und mit der Lösungshilfe („Lösungshilfe Aufgabe 3.14
(Urheberrechtsprüfung Bildmaterial Bürgerinitiative „Für eine saubere Stadt")" auf Seite 245) zu vergleichen.

3.15 Werbebanner „Motolike", Wide Skyscraper: 160 x 600 px, animiert, 8 h, *

Die Kreativität, technische und gestalterische Umsetzung sind bei dieser Aufgabe zu bewerten.

3.16 Scribble Kaugummiwerbespot „Chew", Scribble 20 Sekunden Werbespot, 16 h, *

Für den Werbespot sind die zeichnerische Darstellung, die Idee, der Ablauf und die technischen Details zu bewerten. Zudem ist der entwickelte Claim zu prüfen.

3.17 Programmoberfläche E-Card-Versand „Checker", Kurzkonzept Programmoberfläche, 8 h, *

Beim Screendesign ist die Übersichtlichkeit, gestalterische Qualität und technische Umsetzung zu bewerten. Zudem ist das Kurzkonzept zu prüfen.

3.18 Webseite „Kriminaldinner", Webseitenentwurf: drei Seiten, Konzept, 24 h, **

Die gestalterische Qualität, Umsetzbarkeit und Berücksichtigung aller Vorgaben ist bei dieser Aufgabe zu bewerten. Zudem ist das Konzept auf Vollständigkeit zu prüfen.

3.19 AIDA-Modell in Werbespots, Analyse von Werbemaßnahmen und Empfehlung, DIN A4, 2 h, *

Die schriftliche Ausarbeitung ist unter Berücksichtigung typischer Werbemodelle zu prüfen und zu bewerten.

3.20 Formularentwicklung „Superhandwerker", Formular: DIN A4, 6 h, *

Das Formulardesign und die technische Umsetzung bzw. Funktionsweise sind zu bewerten.

3.21 Bildsprache „Weiser-Saat", 10 Layoutbilder, schriftliche Empfehlung, 2 h, *

Zu den vorgegebenen Themen sind die Layoutbilder auf Verwendbarkeit und Themenaffinität zu prüfen. Dabei ist zu beurteilen, ob Gestaltgesetze Anwendung gefunden haben und die schriftliche Empfehlung überzeugend und fachlich richtig ist.

Kapitel 4

Die in Kapitel 4 gestellten Aufgaben dienen der konkreten Vorbereitung auf Abschlussprüfungen. Das bedeutet, dass sowohl der Gesamteindruck als auch die konzeptionelle Umsetzung sowie die Visualisierung einzelner Maßnahmen bewertet werden müssen. Bewertungsbogen („Kurzbewertung (Kapitel 4)" ab Seite 204) zur Überprüfung dieser Aufgaben liegen vor.

4.01 Verpackung und Werbekonzept Duschgel „Duft der Kontinente", Scribbles, zwei Flaschenetiketten, Konzept, Werbeplakat, Logoentwicklung, Werbemedien, 32 h, ***

4.02 Werbemaßnahmen Weinschorle „WeinGUT", Logo, Styleguide, Werbekonzept, Direkt- und digitales Mailing, Werbemaßnahmen, Glasaufdruck, Fotomontage, Präsentation, 40 h, ***

4.03 Werbekonzept Tauschbörse „Tauschklick", Logogestaltung, Styleguide, Werbekonzept, zusätzliche Werbemaßnahmen, Webseitenentwurf, Präsentation, 40 h, ***

4.04 Schild und Piktogramm „Künstlerweg", Signet, Konzept, weitere Werbemaßnahmen, Präsentation, Faltblatt, Webseite, Handmuster, 40 h, ***

4.05 Modemarke „HosenschLitz", Geschäftsausstattung, Signet, Label, Werbemaßnahmen, Konzept, Eingangsschild, Webseite, Onlineshop, Werbebanner, 32 h, ***

4.06 Erstellung einer Plakatreihe zur Müllproblematik in Deutschland, Analyse und Konzept, Ideenscribbles, Plakatreihe: DIN A2, weitere Werbemaßnahmen, 32 h, ***

4.07 Erstellung einer Postkartenreihe zur Sicherheit von Fußgängern und Radfahrern in Deutschland, drei Postkarten: DIN A6, Konzept, Werbemaßnahmen, Kundenpräsentation, 40 h, ***

4.08 Aufklärungskampagne „Esst mehr Obst", Plakate, Faltblatt, Webseitenentwurf, Messestand, Werbemaßnahmen, Wortmarke, Claim, Konzept inkl. Styleguide, 40 h, ***

4.09 Gestaltung Spielzeugkatalog „Hamo", Firmenlogo und Claim, Styleguide und Konzept, Printkatalog, Webshop, E-Katalog, weitere Werbemaßnahmen, 32 h, ***

Lösungshilfe Aufgabe 1.01 (Buchstabenanatomie)

1. Grundstrich (auch Hauptstrich/ Stamm); *stem*
2. Balken; *bar, crossbar* (auch Querstrich)
3. Haarlinie; *hairline* (auch Haarstrich)
4. Serife; *serif*
5. Einseitige Serife
6. Scheitel; *apex*
7. Verdickung; *bowl, lobe* (auch Bogen)
8. Bauch; *bowl, lobe*
9. Punze; *counter*
10. Abstrich; *downstroke* (auch Endstrich)
11. Anstrich; *serif, upstroke*
12. Symmetrieachse; *axis*
13. Grundlinie/Schriftlinie; *baseline*
14. Gesamthöhe; *cap height*
15. Oberlänge; *ascender*
16. Unterlänge; *descender*
17. x-Höhe (auch Höhe der Gemeine); *x height*
18. Versalhöhe; *cap height*

Die englische Bezeichnung ist cyanfarben markiert.

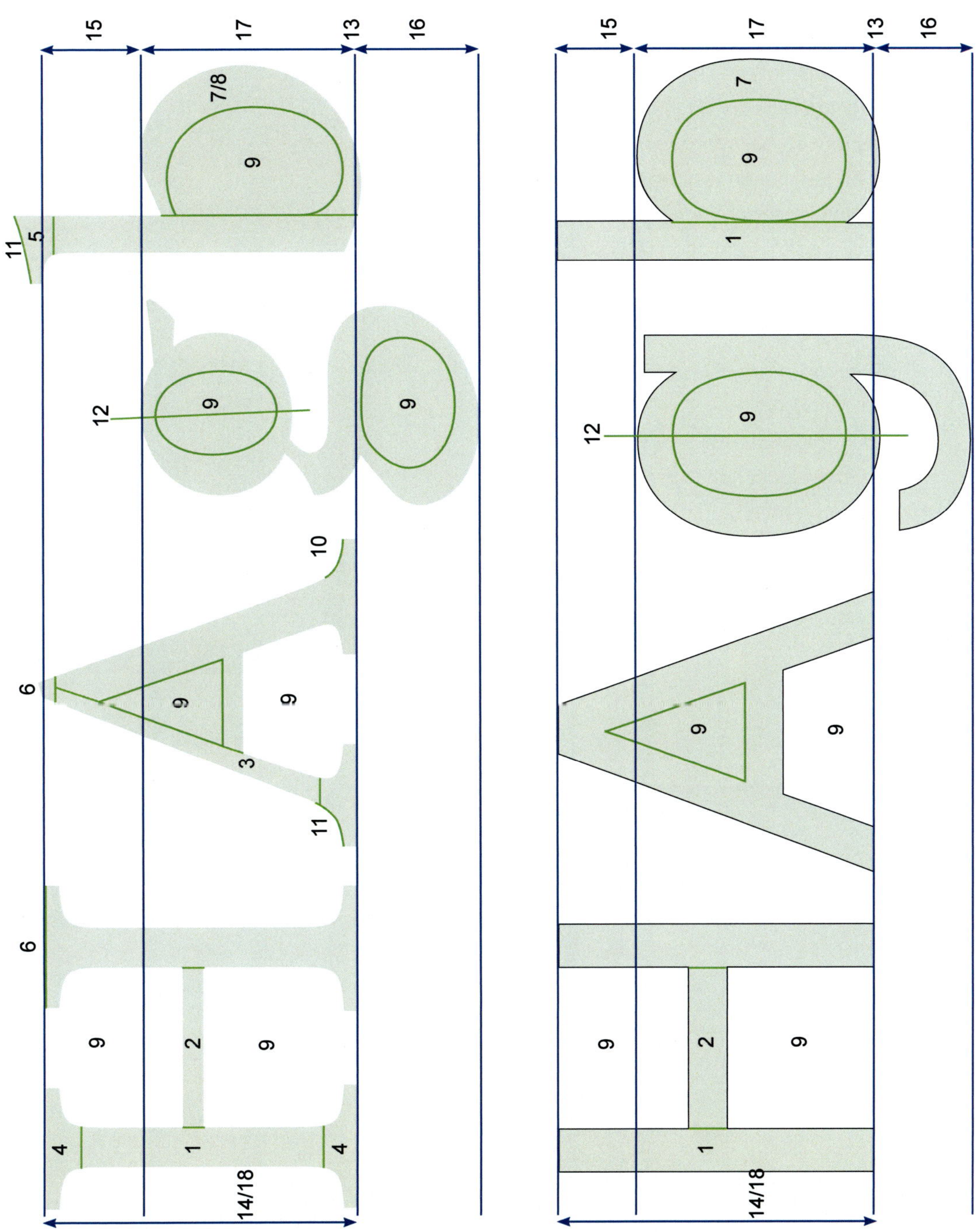

Die Lösung der Zusatzaufgabe lautet: „Caslon (Bd bt)“.

Lösungshilfe Aufgabe 1.03 (Bildbeeinflussung durch die Berücksichtigung und Anwendung von Gestaltgesetzen)

1. Optische Mitte

Die optische Mitte hängt im Grunde immer vom Betrachter und dessen Position beim Betrachten des Motivs ab.

In der Regel liegt die optische Mitte aber immer etwas über der geometrischen Mitte. Wenn das Hauptmotiv in diesem Bereich platziert ist, wirkt das Gesamtbild harmonischer.

2. Goldener Schnitt

Bei diesem Foto lässt sich der Goldene Schnitt beispielsweise durch eine Neunerteilung (Drittelregel) erreichen. Um ein harmonisches Bild zu bekommen und das Augenmerk auf den gefallenen weißen König zu lenken, lässt sich dieser an einem Schnittpunkt und einer Geraden ausrichten. Ein so gewählter Bildausschnitt wirkt spannender als eine Orientierung an der geometrischen Mitte.

3. Farbkontraste, Simultankontraste und deren Wirkung

Bei den folgenden Bildern sind ein paar Beispielfarben zu sehen, die die Aussage der Texte unterstützen und gleichzeitig das Motiv in der (Farb-)Wirkung beeinflussen, um so die gewünschten Reaktionen beim Betrachter auszulösen.

4. Quantitäts- und Simultankontrast

Farben, die sehr dominant in einem Motiv auftreten, beeinflussen extrem die Wirkung aller Bildelemente. So wirkt die Gesichtsfarbe der Person bei einem blauen oder grünen Hintergrund wesentlich blasser als bei einem rötlichen.

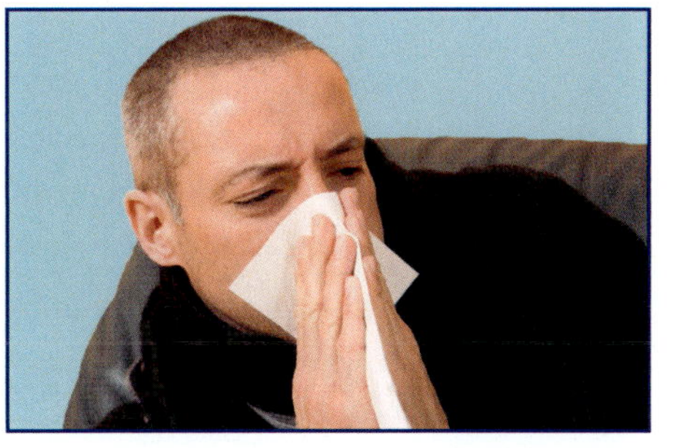

5. Bewegung, Perspektive und Richtung

Ob eine Person scheinbar vorwärts- oder rückwärts-/zurückfährt, hängt mit deren Orientierung bzw. Blickrichtung zusammen.

Ein positiver Trend bzw. eine Vorwärtsbewegung strebt immer zum rechten Bildrand hin. Noch einmal zurückzufahren bedeutet demnach für dieses Motiv, sich wieder nach links zu wenden. Um den Eindruck zu erwecken, „fast schon da" zu sein, muss der Abstand zum bereits zurückgelegten Weg (also rechter Bildrand) größer sein als zum linken Bildrand (der in diesem Fall das Ziel symbolisiert).

Um ein scheinbares Fortkommen in diesem Motiv zu demonstrieren, allein durch eine Änderung des Ausschnitts, ohne das Bild selbst zu verändern, wird das Motiv gespiegelt, um eine Orientierung nach rechts zu bekommen. Wichtig ist auch, die Parkmarkierung aus dem Motiv auszublenden um den Eindruck zu erwecken, dass der Autobus sich auf der Straße bewegt.

6. Der Einfluss eines Anschnitts

Um den Eindruck zu verstärken, dass die anderen Kinder sich in einer größeren Gruppe befinden, werden diese in den Anschnitt gestellt. Dadurch vermutet der Betrachter, dass die Gruppe aus mehr Personen besteht, als gezeigt werden. Die weiße Lücke zum Rand verschwindet dadurch und lässt die Kinder optisch zusammenrücken. Der Weißraum um das Kind mit dem grünen Pullover wirkt somit größer und der Abstand scheint ebenfalls größer zu sein. Um den Eindruck zu verstärken, dass der Junge gerne zur Gruppe aufschließen möchte, wird das Motiv gespiegelt. Somit schaut der Junge in die Richtung, die als positive Bewegung zu deuten ist. Er strebt also ein Aufschließen zur Gruppe an.

Dadurch, dass das Motiv gespiegelt und in den Anschnitt gestellt wurde, scheint die rote Figur zur Gruppe zu streben. Der Außenseiterstatus wird dadurch aufgehoben, dass die rote Figur nicht mehr so viel Freiraum rundherum hat. Zudem wurde bei dem Ursprungsmotiv durch starke Schärfe-Unschärfe-Verhältnisse ein Eindruck von großer Tiefe und Entfernung erzeugt. Durch den neuen Bildausschnitt wurde dies ein wenig entschärft.

Lösungshilfe Aufgabe 1.07 (Ein optimierter Arbeitsplatz)

Schauen Sie sich Ihr Büro/Ihren Arbeitsplatz an

- ☐ Auflistung vorhandener Arbeitsgeräte
- ☐ Kontrolle des Arbeitsplatzes (Schreibtisch, Stuhl, Ausrichtung der Geräte, Beleuchtung, Ordnung). Ist der Arbeitsplatz ergonomisch an die körperlichen Gegebenheiten angepasst und bietet genügend Flexibilität? Nehmen Sie Handbücher zur Hand und informieren Sie sich über die Möglichkeiten zur Anpassung.

Überprüfen Sie die Computerhardware

- ☐ Auflistung und Überprüfung der Aktualität und Rechenleistung der vorhandenen Computerhardware

Überprüfen Sie die Software auf Ihrem Computer

- ☐ Auflistung der vorhandenen Software und Überprüfung der Aktualität inkl. Gerätetreibern
- ☐ Zusammenstellung benötigter und evtl. modernerer, noch nicht vorhandener Software für den Arbeitsbereich

Erstellen Sie eine Liste aller Handwerkzeuge

- ☐ Auflistung aller Handwerkzeuge, die in Entwurfsphasen (z. B. Scribble), zur Ergebniskontrolle (z. B. von Druckmedien) dienen und zur Erstellung von Handmustern benutzt werden können. Sind alle Werkzeuge und Hilfsmittel noch zeitgemäß?

Erstellen Sie eine Liste aller Fachbücher

- ☐ Kontrolle vorhandener Fachbücher und digitaler Literatur. Auflistung der für die Ausbildung hilfreichen und notwendigen Literatur.

Informieren Sie sich über Sicherheitsmaßnahmen am Arbeitsplatz

- ☐ Computersicherheit
- ☐ Erste-Hilfe
- ☐ Brandschutz/Fluchtwege/Sammelstellen
- ☐ Umgang mit gefährlichen Gütern/Gegenständen
- ☐ Lernen Sie Ihren/Ihre Sicherheitsbeauftragten kennen
- ☐ Stellen Sie eine Strategie zusammen, mit welchen Maßnahmen Sie die Sicherheit am Arbeitsplatz einhalten oder verbessern können.
- ☐ Erstellen Sie eine Liste über notwendige Fortbildung oder Schulungen im Bereich Sicherheit am Arbeitsplatz.

Überprüfen Sie Ihre Gewohnheiten

- ☐ Beobachten Sie sich und ihren Tagesablauf an einem repräsentativen Arbeitstag. Wie ist ihr Tagesablauf? Welche Dinge klappen gut, welche nicht? Achten Sie ausreichend auf ihre Gesundheit (Bewegung, Ernährung, Einhaltung von Pausenzeiten)?

Sammeln Sie Vorschläge zur Optimierung Ihres Arbeitsplatzes

- ☐ Fassen Sie die zuvor gesammelten Informationen zu einer präsentationsreifen Übersicht zusammen, in der Verbesserungsvorschläge gesammelt sind.
- ☐ Stellen Sie sich eine persönliche Übersicht zusammen, in der Maßnahmen zusammen gefasst sind wie Sie persönlich Ihren Arbeitsplatz und Ihr Verhalten optimieren können.
- ☐ Kontrollieren Sie, ob alle Hilfsmittel zur Erfüllung des Lernziels im Bereich der Berufsausbildung vorhanden sind.

x: 0 mm, y: 0 mm, B: 125 mm, H: 27 mm

Lösungshilfe Aufgabe 1.09
(Briefbogen nach DIN 5008:2020-03 [Form A

x: 25 mm, y: 32 mm, B: 80 mm, H: 12,7 mm

x: 25 mm, y: 44,7 mm, B: 80 mm, H: 27,3 mm

x: 125 mm, y: 32 mm, B: 75 mm, H: 40 mm
(Breite variabel max. 75 mm)

Falzmarke 1
bei 87 mm

x: 25 mm, y: 80, 46 mm, B: 165 mm, H: variabel

Lochmarke
bei 148,5 mm

Falzmarke 2
bei 192 mm

JUSTIZVOLLZUGSANSTALT
MEISTERSTADT

Lösungshilfe Aufgabe 1.09
(Briefbogen nach DIN 5008:2020-03, Form A)

Justizvollzugsanstalt Meisterstadt, 23456 Meisterstadt

Ihr Zeichen	RK
Ihre Nachricht vom	12.11.2016
Unser Zeichen	HM

Oberlandesgericht
Richter Kurz
Gerichtshof 25
23456 Meisterstadt

Name	Hans Mesiter
Telefon	+49(0)456 87641
Fax	+49(0)456 87642
E-Mail	poststelle@jva-meisterstadt.de

13.11.2016

Betrifft Gefangene Ulrike Muster

Sehr geehrter Herr Richter Kurz,

tiam, ommoluptate et vel is sime di derit as aut voloremperes et voluptus qui sequasita aut am ut quatur sit, iminvera porrum alit a vel id eum as nime audae re nem quaecae et at ullatinis cor a senis etur sinulparum fugia sus volore veribea turion evel in pre, nonseque nonsediosam nonsedio dolorep eribus ratiaerum endis qui officil liquam ea culles debitio ipsum qui rereiur accullupta atis volenit vellaut esto et perferem unt as estis seque ea is sam, quat volest, sed ma et moluptatur?

Nihilit quasper ferrum volo et opta volore, omnit ea corit est aditaturia dolliti orrumqu osapitatur? Tor as quistotatem evenia qui ipicidignam diciis ilicatus, ut pratem faccumqui re, omnis sequis sit lam, quo maximus arument exped molut event.
Nime voluptatiis atur? Dunt, sum aces quos molut voluptat.

Rum sint. Poruptas eum quis minte sit doluptatest aut audi nobisquibus sum que quae inum dollibus, aut et inctorum harchil laborerum et a quos eaquidus evenistio. Namet volest doluptati velignam quo cum hici autem quossit estiunt harchicimpor sapedit aspiciliati bearunte porentias perum quam as si bea verro magnienet fugit lab imagnia tendunt quateni odis utectatium quia dem quibus santo quam renihicilla nimi, odi atur?

Mit freundlichen Grüßen,

Justizvollzugsanstalt Meisterstadt

Hans Mesiter

Hans Mesiter
Der Anstaltsleiter

Zustell- und Lieferanschrift: Gerichtshof 81, 23456 Meisterstadt

Lösungshilfe Aufgabe 1.10 (Gestaltungsraster bzw. Satzspiegel anhand einer Vorlage erklären)

Die unten stehende Grafik zeigt das Grundraster der Übungsdatei. Die folgenden Begriffe müssen in der Lösung richtig platziert sein: Innenbund/Bundsteg, Fußsteg, Kopfsteg, Außenrand, Spaltenanzahl, Raster, Spaltenabstand, Grundlinienraster (evtl. auch Zeilenabstand), Seitengröße. Zu allen Begriffen müssen die jeweiligen Maße vermerkt sein.

Lösungshilfe Aufgabe 1.11 (Bedruckstoffe und Formate)

Minikicker

Die Formatwahl sollte für Dynamik, Jugend, Energie, Bewegung stehen. Beispielhaft wären hier ein Hochformat oder ein nicht rechteckiges Sonderformat zu erwähnen. Das Seitenformat sollte aus der Rolle fallen und etwas Besonderes darstellen. Die DIN-Reihe wäre unangemessen. Die Papierwahl sollte klare Farben im Druck zulassen, die strahlen können. In der Regel werden Medien für Kinder bunter gestaltet, weshalb dieses bei der Papierwahl berücksichtigt werden muss.

Wellness- und Saunabad

Das Format soll für Entspannung, Wärme, Modernität, Ruhe stehen. Schmale Querformate strahlen Ruhe aus. Die gleichen Vorgaben müssen auch bei der Papierwahl wiederzufinden sein. Extrem weiße, strahlende, glänzende Papiere mit optischen Aufhellern wären eher unpassend. Besser wären Papiere, die an sich schon Wärme ausstrahlen durch eine leichte Farbigkeit oder eine angenehme Haptik.

Konzeptionelles

Zur Darstellung von Format und Bedruckstoff in einer konzeptionellen Ausarbeitung sollten Handmuster vorliegen. Diese lassen sich bei Papierherstellern oder -lieferanten anfordern. Schriftlich sollten dann Haptik und Farbe, Oberflächenbeschaffenheit, Papierart, Dimension, Gewicht mit folgenden Eigenschaften (beispielhaft) beschrieben werden:

- Gerippt, glatt, matt, glänzend, satiniert, gestrichen und ungestrichen
- Holzfreie, holzhaltige, Recycling- und Zeitungspapiere
- Optisch aufgehellt
- Weiße, Opazität, Wolkigkeit
- Saugfähigkeit, Dimensionsstabilität
- Zweiseitigkeit
- Beständigkeit bei unterschiedlichen Licht- und Feuchtigkeitsverhältnissen
- Laufrichtung

Eine überzeugende und gut recherchierte Begründung ist dabei wertvoller als die Vollständigkeit der Liste mit wenig überzeugenden Argumenten.

Des Weiteren ist der Kostenfaktor für das Papier, bezogen auf die Verwendung, zu berücksichtigen.

In Ausführungen, die die Mediengestalterausbildung betreffen, ist zusätzlich die Beurteilung unter Umweltschutzaspekten notwendig.

Lösungshilfe Aufgabe 1.18 (Aufspüren mikrotypografischer Fehler)

Bleiwüste und Texttuning

Bei diesem Text handelt es sich um ei-
nen Blindtext, der dazu dienen soll, mi-
krotypografische Fehler aufzuspüren
und zu beheben. Es ist nicht sinnvoll
für einen Blindtext, sich ständig wie-
derholende Worte zu verwenden oder
ein Textfeld durch langes Drücken ei-
1 nes Buchstabens (z.B.iiiiiiiiii) zu er-
zeugen, um die Wirkung von Schrift
2 zu prüfen, da der Eindruck bei echten
Texten wesentlich genauer wiederge-
geben wird. Sinnvoll ist es
auch, für anderssprachige Medi-
en die Blindtexte in einer ähn-
3 lichen Sprache zu wählen. Manche Spra-
chen laufen anders als die deutsche. In English
and German texts, the texts vary in length. So
sind zum Beispiel englische Texte in der Regel
4 etwas kürzer, was
deutlich auffällt, wenn in Medien beide Sprachen
einander gegenüber dargestellt werden.
Wichtig ist auch, dass es immer wieder
eine gute Mischung zwischen kurzen
5 und langen Sätzen gibt. Das hilft beim
Überblick. Unwichtig hingegen ist, ob
der Text in sich Sinn macht. Viel wich-
tiger ist, dass alle möglichen Bestand-
teile vorhanden sind. Zahlen sind zum
Beispiel wichtige Bestandteile, um die
Wirkung einer Schrift in allen Facetten
zu prüfen. Dabei gibt es die Möglich-
keit, eine Jahreszahl 1954 zu prüfen oder
6 mit MAßZAHLEN zu arbeiten in einer
Schriftgröße von 12 pt. Auch die Wir-
kung von Paragrafenzeichen in Kom-
bination mit Zahlen tun ihre Wirkung
nach § 503 Typografischem Gesetzbuch.
7, 8 1994–2001 vergaß man dies in Blind-
texten und musste eine Strafgebühr von
245 € entrichten. Diese Information 9
richtet sich grob nach www.blindtextge- 10
nerator.de, wo schon fertige Blindtexte
zum Download angeboten werden. Ein
eingetragenes Warenzeichen blindtext-
generator^{2} oder blindtextgenerator^{tm} gibt 11
es jedoch dort nicht. Weiterhin wer-
den dort aber „Anführungszeichen"
verwendet, die aber wieder au- 12
ch je nach Sprache ganz unterschied-
lich angewendet werden müssen. Im
"Deutschen" ist man auch nicht so ganz 13
festgelegt. Mischen sollte man sie aber
keinesfalls. Manche Programme/ Anwen- 14
dungen bieten farbige Hervorhebungen 15
für unschön gesetzte Texte an, mit deren 16
Hilfe Lücken im Text besser gesch lossen 17
werden können.

Zu guter Letzt sollen natürlich auch Kapitälchen und Ligatu-
ren Erwähnung finden, da diese auch Einfluss auf das Ausse- 18
hen und die Wirkung(Lesbarkeit) von Texten nehmen. Unter 19
der Telefonnummer 0123654987 soll man angeblich Infor- 20
mationen zum Satz von Zahlen bekommen. Noch besser ist
aber, nach DIN zu arbeiten. Beim Satz dieses Texts ist eini-
ges durcheinandergeraten, was es zu finden gilt. Ziel hierbei
ist, den Text *optimal* zu setzen und, unter Berücksichtigung 21
des Blocksatzes, Lücken zwischen Worten zu vermeiden, eine
optimale Schriftgröße zu wählen, die Spaltenbreite passend
zu wählen sowie Zeichen und Absatzabstände auszugleichen.
Hervorhebungen im Text können optimiert und so mancher
Abstand zwischen Zeichen und Buchstaben verbessert wer-
den. Alle Trennungen sollten zudem geprüft und korrigiert 22
werden. Insgesamt sind mindestens 23 Fehler zu finden. Hilf-
reich ist es, den Text als Ausdruck aus verschiedenen Blick-
winkeln zu betrachten - mal kopfüber, mal mit zusammenge- 23
kniffenen Augen.

Allgemeine Hinweise

Die Spalten sind mit etwa 40 Zeichen zu schmal, dadurch entstehen große Lücken im Text. Die Schriftgrößen variieren zwischen 8 und 12 pt. Dabei muss eine einheitliche und angenehm lesbare Schriftgröße gefunden werden. Für diesen Text wären 10 oder 11 pt optimal.

Entsprechend zur Schriftgröße muss ein passender Zeilenabstand gefunden werden. Optimal wären etwa 120% des Schriftgrads. Ein häufiger Wechsel der Einstellungen ist nicht empfehlenswert.

Zudem müssen Absatzabstände vereinheitlicht werden und sollten zu den Texten inhaltlich passen. Sie dienen der besseren Lesbarkeit und dürfen nicht durch die Verwendung von Absatzmarken erzeugt werden, sondern sollten immer Bestandteil eines Absatzformats sein. Darin lassen sich auch die maximal aufeinanderfolgenden Trennstriche einrichten, nach Möglichkeit sollten mehr als zwei Trennungen nacheinander vermieden werden.

Hinweise zu einzelnen Textstellen

1 Ein Leerzeichen vor „i“ fehlt.

2 Die Wortabstände sind zu groß und müssen ausgeglichen werden. Im folgenden Text taucht das Problem häufiger auf, wird aber nicht mehr extra hervorgehoben.

3 Innerhalb eines Absatzes findet ein Schriftgrößenwechsel statt.

4 Es wird ein falsch gesetzter erzwungener Umbruch verwendet, der vermutlich schon im gelieferten Originaltext fälschlich vorhanden war. Das ist ein beliebter Fehler in gelieferten Textvorlagen durch Kunden. Gern werden auch erzwungene Trennungen in den Kundenvorlagen durch Bindestriche erzeugt. Diese müssen in jedem Fall entfernt werden.

5 Wechsel der Schriftart innerhalb eines Absatzes. Vermischung von Schriftarten ohne ersichtlichen Grund müssen vermieden werden.

6 „Binnen-ß“; „ß“ wird bei Majuskeln oder Kapitälchen nicht benutzt.

7 Abstandsoptimierung vor und nach dem Binde-/Gedankenstrich ist notwendig.

8 Sowohl ein Schusterjunge als auch eine Trennung über Spalten oder Seiten hinweg gelten als typografische Fehler.

9 Abstand/Leerraum vor „€“ sollte durch einen geschützten Leerraum festgelegt sein.

10 Trennungen innerhalb von Webadressen können zu Verwirrungen führen und sollten vermieden werden.

11 Die zu enge Laufweite behindert die Lesbarkeit.

12 Falsche bzw. ungünstige Trennung eines Worts mit nur vier Buchstaben.

13 Es werden mehrere Arten von Anführungszeichen im Text verwendet. In der deutschen Sprache kann zwischen verschiedenen Arten gewählt werden, innerhalb eines Texts müssen sie aber einheitlich angewandt werden.

14 Schrägstriche, wenn sie als Trennung in bindender Funktion verwendet oder als „oder“ gelesen werden können, werden ohne Leerraum gesetzt. Sollten dadurch die Abstände vor und nach dem Schrägstrich unausgeglichen wirken, kann dies optisch durch Spationierung angeglichen werden.

15 Die Buchstabenabstände (Laufweite) sind verändert worden, das Wort passt optisch nicht mehr zum übrigen Text.

16 Das Wort „Hilfe“ steht nicht mehr auf der Grundlinie.

17 Zwischen „h“ und „l“ ist der Abstand zu groß, das Kerning sollte verringert werden.

18 Es werden nicht durchgehend die gleichen Regeln für Ligaturen eingehalten.

19 Ein Leerzeichen vor der Klammer fehlt.

20 Zahlengliederungen werden sehr unterschiedlich gehandhabt. Es gibt hierfür verschiedene Empfehlungen in Lehrbüchern. Insgesamt gilt aber, dass Telefonnummern für eine bessere Lesbarkeit gruppiert gesetzt werden sollten. Hierzu können sie zum Beispiel in Zweiergruppen durch ein Achtelgeviert getrennt werden. Die DIN 5008 schreibt eine andere Art von Gruppierung vor, die in der digitalen Textverarbeitung Anwendung finden sollte.

21 Hervorhebungen sollten nicht übertrieben, also nicht gleichzeitig durch mehrere Effekte erzielt werden. Eine Hervorhebungsart reicht aus.

22 Unterstreichungen müssen die Unterlängen mit berücksichtigen und sollten diese nicht berühren.

23 Ein Gedankenstrich wird als Halbgeviertstrich gesetzt.

Lösungshilfe Aufgabe 1.26 (Erstellung von PDF-Daten für Prüfungsaufgaben [Zwischenprüfung und Abschlussprüfung])

Zu den gefragten Überprüfungskriterien der Liste aus Aufgabe 1.26 sollten folgende Informationen und Voreinstellungen eingerichtet oder festgehalten sein.

Farbprofil (ICC-Profil) bzw. Farbraum in den Ausgangsdaten und der Ausgabedatei

In der Übungsdatei sind unterschiedliche Farbprofile für die Satzdatei und die einzelnen verknüpften Fotos vorhanden. Das Ganze muss vereinheitlicht werden und im Ausgabe-PDF darf nur ein Profil (z. B. PSOcoated_v3.icc oder FOGRA51) hinterlegt sein. Für den Offsetdruck ist ein CMYK-Farbmodell als Grundlage in der Satzdatei zu verwenden. Dieses ergibt sich aus dem korrekt verwendeten Farbprofil. RGB-Fotos müssen spätestens bei der PDF-Erstellung entsprechend umgewandelt werden.

Anschnitt-/Beschnitteinstellungen

Die Aufgabe gibt eine Beschnittzugabe von 3 mm vor, welche im PDF berücksichtigt werden muss. Wenn eine Aufgabe die Verwendung von relevanten Marken und Informationen vorgibt, dann bedeutet das, dass Schnittmarken, Seiteninformationen (Dateiinformationen) und ein Farbkontrollstreifen in der Ausgabedatei vorhanden sein muss.

Seitenformat

Das Seitenformat ist mit 210 x 148 mm anzugeben.

Informationen zur Schrift (grundsätzliche Informationen bzgl. der vorhandenen Schriften und Einbettungsmöglichkeiten)

Verwendet werden die Schriften Myriad Pro, Meta Korrespondenz und Windings-Regular. Für eine sinnvolle Schriftmischung sind sich Myriad Pro und Meta Korrespondenz zu ähnlich, weshalb auf eine der Schriften verzichtet werden sollte. Alle Schriften lassen das Einbetten in ein PDF zu. Allerdings handelt es sich um lizenzierte Schriften, die zwar als eingebettete Untergruppe an den Produzenten weitergegeben werden können, aber nicht als separate Dateien zur Installation verschickt oder zur Verfügung gestellt werden dürfen. Sind die Schriften zur Bearbeitung der Aufgabe nicht vorhanden, müssen sie durch ähnliche ersetzt werden.

In der rechten Spalte auf Seite 1 befindet sich Übersatztext. Dieser muss gefunden und wieder in das Dokument integriert werden. Alle Texte müssen auf Satzfehler (Mikrotypografie) und Silbentrennungsfehler überprüft werden.

Druckauflösung und Einstellungen bzgl. Auflösung in den Ausgangsdaten

Die Druckauflösung für das Druck-PDF sollte zwischen 280 und 300 ppi liegen. Daten, die in der Ausgangsdatei eine höhere Auflösung besitzen, sollten auf diese Werte reduziert werden. Daten, die darunterliegen, wie die Titelgrafik auf Seite 1, müssen durch ein höher auflösendes Bild ersetzt werden.

Farbinformationen: Verwendung von Sonderfarben, Kontrolle des Farbauftrags

In der Ausgangsdatei befinden sich CMYK-, RGB- und Sonderfarben, alle Farben sollten einheitlich auf CMYK umgestellt werden. Da es sich bei der Sonderfarbe um keine definierte Farbe handelt, sollte auch diese in eine Prozessfarbe umgewandelt werden. Im Text auf der letzten Seite befinden sich schwarze Buchstaben, die nicht als reines Schwarz eingerichtet wurden, sondern zusätzlich mit CMY vermischt sind. Dieses Problem muss ebenfalls behoben werden (siehe auch Farbauftrag).

Kontrolle der Überdruckeneinstellungen

Auf Seite „Papier, Druck, Mediendienste“ befindet sich ein Farbverlauf, der über dem Foto liegt. Für diesen Verlauf ist die Fläche auf „Überdrucken“ eingerichtet, das galt es zu finden. Der Effekt liegt darin, dass der Verlauf das Foto im Druck nicht überdeckt, sondern das Weiß des Verlaufs ausgespart wird.

Überprüfung von Druckbarkeit bei Transparenzen

Auf der Titelseite befindet sich ein transparentes Objekt, die „Transparenzreduzierung" muss zur Erstellung des PDF mit hoher Auflösung voreingestellt sein. Im Druck-PDF sollte zur Sicherheit geprüft werden, ob ein Problem bei der Umwandlung entstanden ist. Bei Dateien, in denen Transparenzen verwendet werden, bietet es sich an, statt des in der Aufgabe gewünschten PDF/X-3 ein PDF/X-4 zu erstellen. Dies hat den Vorteil, dass, wenn die entsprechende Druckerei es verarbeiten kann, transparente Objekte direkt gedruckt werden können und diese nicht bei der PDF-Erstellung umgewandelt werden.

Kontrolle der Strichstärken

Die Vorgaben für nicht mehr reproduzierbare Strichstärken hängen vom Druckverfahren ab. Hierbei gibt es unterschiedliche Empfehlungen. Insgesamt sollte auf „Haarlinien" oder dünnere Striche verzichtet werden.

Maximaler Farbauftrag

Je nach Druckverfahren und Bedruckstoff ist der maximale Farbauftrag festgelegt. Ein Standard kann in diesem Fall nicht angegeben werden, da dies von den äußeren Umständen abhängt. Für das in der Aufgabe gefragte Offsetverfahren (Bogendruck) gilt ein allgemeiner Richtwert von 330 %. Dieser ist im Farbprofil definiert, kann aber im Satzprogramm überprüft und das Problem behoben werden. In diesem Fall ist der schwarze Text auf der letzten Seite mit einem Farbauftrag von 400 % möglicherweise problembehaftet.

Lösungshilfe Aufgabe 1.35 (Fotokorrektur „Miniatureffekt“)

Abbildung Miniatureffekt – Ergebnis nach der Bearbeitung

Lösungshilfe Aufgabe 1.36 (Projektplanung unter Umweltschutzaspekten)

Einige Beispiele für Einsparpotenzial in Bezug auf Umweltschutz:

- Solange technisch und rechtlich möglich, sollte auf E-Mail-Verkehr zurückgegriffen werden.
- Nur die notwendigen E-Mails sollen, wenn es sich nicht vermeiden lässt, gedruckt werden.
- Projektmappen möglichst digital an einem zentralen und sicheren (Back-up!) Ort führen und auf gedruckte Exemplare verzichten.
- Daten- und Designkontrolle möglichst lange digital durchführen und erst zum Ende des Projekts einen Kontrollbogen drucken.
- Computer nie auf Standby laufen lassen, sondern immer abschalten. Dabei auch die Bildschirme und externen Festplatten mit ausschalten.
- Büroräume nur bei wirklich schlechten Lichtverhältnissen beleuchten (Energiesparlampen).
- Einsparung von Heizkosten durch verantwortungsvolles Handeln (mäßig heizen, geschlossene Türen, kleinere Räume, Stoßlüften).
- Bei Bedruckstoffen auf Umweltkriterien achten. Möglichst Recyclingpapiere verwenden und solche, bei deren Herstellung auf unnötige Belastungen verzichtet wird. Recyclingpapiere sind heutzutage nicht mehr rau und grau, sondern sie stehen auch in moderner Anmutung und Haptik in großer Vielfalt zur Verfügung.
- Bei allen Ausgabegeräten auf geringen Verbrauch und umweltschonende Materialien bzw. Materialverbrauch achten.
- Bei der Wahl eines Produktionspartners (z. B. Druckerei) darauf achten, dass diese ebenfalls möglichst umweltschonend arbeiten (beispielsweise lösemittel- und mineralölfreie Druckfarben, umweltfreundliche Papiere, Nutzung effektiver und verbrauchsarmer Druckmaschinen, klimaneutraler Versand, nachhaltige Abfallentsorgung)
- Recycling von Altgeräten bzw. Austausch von Stromfressern. Das bedeutet auch, dass Altgeräte dem Recyclingkreislauf frühzeitig wieder zugeführt und nicht lange eingelagert werden, obwohl sie nicht weiter funktionsfähig sind.
- Vor der Anschaffung neuer Geräte die Reparaturmöglichkeiten prüfen und sowohl wirtschaftlich als auch umweltschonend abwägen.
- Mülltrennung und fachgerechte Entsorgung, z. B. auch Recycling von Tonerkartuschen und Druckerpatronen, CDs und DVDs.
- Möglichst effektiver Projektablauf (Vermeidung unnötiger Transportwege).
- Versand und Verpackungsmaterial auf Wiederverwertbarkeit und Einsparpotenzial sowie Umweltverträglichkeit hin prüfen.
- Auch in Pausenzeiten umweltverträglich handeln. Möglichst viel Verpackungsmüll vermeiden (z. B. Verzicht auf Kaffeekapseln, Lebensmittel in kleinen Gebinden, Einweggeschir u. v. m.)
- Schreib- und Zeichenmaterial auffüllen und wiederverwerten statt wegwerfen.
- Druckveredelung von Printmedien sparsam einsetzen. Druckveredelungen werden häufig durch Aufbringung einer zusätzlichen Kunststofffolie oder Drucklack erreicht. Dies bedeutet eine zusätzliche Umweltbelastung.
- Die Auflage eines Mediums sollte genau kalkuliert werden, denn oft wird mehr produziert, als benötigt wird, da Druckereien Kleinauflagen ähnlich teuer wie Großauflagen anbieten.
- Sinnvolle Zeitplanung und ganzheitliches Denken im gesamten Projekt. So müssen schon zum Projektstart längere Trocknungszeiten für ökologischen Druck berücksichtigt werden, damit z. B. auf UV-Lack verzichtet werden kann.

- Nutzung von Ökostrom, wobei darauf zu achten ist, dass der Strom tatsächlicher Ökostrom ist. Manchmal handelt es sich dabei um eine Täuschung.
- Wasserverbrauch reduzieren und auch bei der Produktion auf Produzenten achten, die dies beherzigen.
- Umweltschutz sollte in jedem Fall kommuniziert werden, z. B. in der Unternehmensphilosophie oder als Hinweis auf dem entsprechenden Medium.
- Hilfreich ist der Einsatz von Mitarbeitern als Umweltschutzbeauftragte, die immer ein Auge auf Neuerungen haben.
- Weiterhin hilfreich sind externe Berater von Umweltämtern oder Verbänden.
- Insgesamt ist es sinnvoll, eine schriftliche Zielsetzung zu verfassen und regelmäßige Termine (Meilensteine) zur „Umweltbetriebsprüfung" festzulegen.

Tageszettel (Beispiel)				
Name	Datum			
Projektname				
Arbeitsvorgang	von	bis	verbrauchtes Material/Energie	anfallende Kosten
Einsparpotential für dieses Projekt				

Lösungshilfe Aufgabe 3.04 (Englische Übungsaufgabe Werbeagentur „Lütte und Partner“)

Für englische Texte sollte zu Beginn feststehen, ob es sich um amerikanisches oder britisches Englisch handelt, da dort teilweise unterschiedliche Regeln gelten. Im Falle der vorliegenden Übung handelt es sich um „British English“.

Einige Punkte, die beim Satz zu beachten sind:

- Grundsätzlich nimmt ein Text, der ins Englische übersetzt wurde, weniger Raum ein als ein deutscher Text.
- Umlaute, Akzente und Eszett sind im englischen Alphabet nicht vorgesehen, weshalb auf sie verzichtet werden muss. Wenn sich diese Zeichen allerdings in z. B. deutschen Eigennamen befinden, werden sie wie in der Originalsprache verwendet.
- Bis auf wenige Ausnahmeregelungen werden in englischen Texten fast alle Worte, bis auf Eigennamen, klein geschrieben. Eine Ausnahme bilden hierbei z. B. Buchtitel und Schlagzeilen. Diese werden meist mit Großbuchstaben am Anfang des Worts gesetzt, mit Ausnahme von kurzen Bindewörtern.
- Trennzeichen in Zahlen werden im Englischen ebenfalls anders gehandhabt als im deutschen Sprachraum. Im vorliegenden Beispiel bezieht sich dies unter anderem auf das Datum (11 December 2011 oder 11/12/2011), Telefonnummern (z. B. 0044-20-46789120) und Preise (€ 1,250.50).
- Während in der deutschen Sprache mehrere Arten von Anführungszeichen gängig sind, werden in der englischen nur „Anführungszeichen oben“ verwendet. Diese werden in dieser Form angewandt: 6...9 oder 66...99; ‘Beispiel’, “Beispiel”
- Wenn Maßeinheiten zugeordnet werden, enden diese immer mit einem Punkt (15 km.).
- Die Silbentrennung wird im Englischen sparsam eingesetzt, unterliegt aber ähnlichen Regeln wie im Deutschen. An welchen Stellen getrennt werden darf, ist in englischen Wörterbüchern nachzulesen.

Siehe auch:

Zweisprachige Mikrotypografie – Ein Regelwerk für den deutsch/englischen Schriftsatz; http://bmb.htwk-leipzig.de/fileadmin/fbmedien_bmp/downloads/Abschlussarbeiten/Zweisprachige_Mikrotypografie_Amelie_Solbrig_VH-02.pdf; Amelie Solbrig; 7/2011

Lösungshilfe Aufgabe 3.14 (Urheberrechtsprüfung Bildmaterial Bürgerinitiative „Für eine saubere Stadt“)

Die folgenden Anmerkungen sollten bei der Lösung von Aufgabe 3.14 berücksichtigt worden sein.

1. Für die Einladungsseite zum nächsten Vereinstreffen: Anfahrtsskizze mit Karte von „Google Maps Deutschland“

Verwendung ablehnen.

Jegliche Karten und Anfahrtsbeschreibungen, die im Internet zu finden sind, sind urheberrechtlich geschützt. Sie dürfen in keinem Fall ohne Erlaubnis des Erstellers oder Betreibers kopiert, veröffentlicht oder genutzt werden. Eine Ausnahme hierbei bildet die reine Privatnutzung zum Finden eines Wegs oder die Einladung zur privaten Geburtstagsfeier.
Die Einladung zum Vereinstreffen ist keine private Nutzung. Es gibts aber kostenlose Alternativen, für die es aber notwendig ist, die lizenzrechtlichen Hinweise ganz genau zu lesen. Beispielsweise würden sich hier Karten von OpenStreetmap anbieten oder auch die Google Static Maps API.

2. Für einen Bericht zur Stellungnahme des Bürgermeisters: Foto von den Presseseiten im Internet der Stadt oder alternativ ein Foto, das ein Mitglied beim letzten Stadtfest vom Bürgermeister erstellt hat.

Verwendung ablehnen.

Egal auf welcher Webseite und in welchem Zusammenhang eine Fotografie zu finden ist, grundsätzlich dürfen Fotos nicht kopiert und verwendet werden. Das betrifft auch Presseseiten. Die Ausnahme bei Presseseiten kann aber sein, dass die Nutzung ausdrücklich und schriftlich erlaubt wird. Dabei ist darauf zu achten, dass solch ein Foto nicht aus dem Zusammenhang herausgerissen und für beleidigende und kompromittierende Zwecke verwendet wird. Es ist immer ratsam, die Quelle und den Fotografen zu nennen, dabei ist die Art der Nennung mit den entsprechenden Rechtegebern abzustimmen.

Für Alternative: Verwendung zustimmen.

Ein Bürgermeister ist eine Person des öffentlichen Interesses (des „öffentlichen Lebens“ bzw. der „Zeitgeschichte“) und darf deshalb abgelichtet und das Foto weiterverwendet werden. Dabei ist aber immer das Recht auf Privatsphäre zu berücksichtigen. Dieses Foto ist auf einer offiziellen Veranstaltung erstellt worden, weshalb es verwendet werden darf.

3. Für die Erstellung eines Logos: Foto, das bei einer Fotoagentur als Layoutfoto heruntergeladen wurde und nachgezeichnet werden soll.

Verwendung ablehnen.

Wenn aus einem Bild ein neues Kunstwerk geschaffen wird, das mit dem Ursprung nicht mehr viel gemein hat, dann ist das nicht verboten. Das neu entstandene Bild muss aber eigene kreative Impulse beinhalten. In diesem Fall wird eine Vorlage nachgezeichnet, dabei ist es egal, ob es sich um ein Foto oder eine andere Grafik handelt. Die Schaffung eines eigenen Werks ist in diesem Fall nicht eindeutig gegeben, da das ursprüngliche Bildnis weiterhin in gleicher Form erkennbar bleibt.

4. Fotomontage aus zwei Fotografien, die bei einer Fotoagentur lizenzfrei gekauft wurden.

Verwendung zustimmen.

Grundsätzlich ist es eine Frage der Lizenzart und der Nutzungsbedingungen der Fotoagentur, ob solch eine Weiterverarbeitung möglich ist oder nicht. In der Regel ist es möglich, unter Berücksichtigung der Nutzungsbedingungen eine Fotografie weiterzubearbeiten.

5. Für einen Bericht: Schnappschuss einer kleinen Menschengruppe im Park, bei der der Fokus auf einer Person liegt, die gerade Müll ins Gebüsch wirft.

Verwendung ablehnen.

Ohne Einwilligung der abgelichteten Personen dürfen solche Fotos nicht veröffentlicht werden, solange diese erkennbar sind.

6. Für einen weiteren Bericht: Foto einer kleinen Menschengruppe im Gespräch, bei der der Fokus auf einem Vereinsmitglied liegt, die anderen aber unbekannt sind.

Verwendung ablehnen.

In diesem Fall gilt das Gleiche wie bei 5. Haben die Personen ihre Einwilligung nicht erteilt, darf das Foto nicht verwendet werden; auch wenn das Vereinsmitglied im Fokus steht und eingewilligt hat, sind die anderen Personen weiterhin identifizierbar.

7. Für einen Bericht: Foto eines Mitglieds beim Müllsammeln, wobei im Hintergrund zwei Jogger vorbeilaufen, die teilweise erkennbar sind.

Verwendung bedingt zustimmen.

Die Entscheidung hierbei muss anhand des konkreten Bilds getroffen werden. Grundsätzlich sind die Jogger im Hintergrund aber als Beiwerk zum eigentlichen Foto zu sehen, solange das Mitglied seine Einwilligung erteilt hat. Das allerdings muss sichergestellt sein. Die Jogger könnten zudem mit professionellen Bildbearbeitungsprogrammen unkenntlich gemacht werden, ohne den fotografischen Eindruck zu schädigen.

8. Zitat einer Webseite unter Angabe der Quelle.

Verwendung zustimmen.

Wer richtig zitiert und ordentliche Quellenangaben erstellt, hat nichts zu befürchten. Bei Quellenangaben, die sich auf Webseiten beziehen, ist es ratsam, ein Datum mit zu berücksichtigen. Hierbei handelt es sich um ein wörtliches Zitat, das in Anführungszeichen gesetzt werden muss.

9. Text, der angelehnt an Informationen aus einem Zeitungsbericht einen Sachverhalt in eigenen Worten wiedergibt.

Verwendung zustimmen.

Dies ist möglich, aber auch hierbei muss die Quelle ordentlich aufgeführt werden. Es handelt sich um ein sinngemäßes Zitat, dessen Quelle mit „siehe" oder „vgl." eingeleitet wird.

10. Ein abgetippter Zeitungsartikel der örtlichen Tageszeitung, der über die eigenen Aktivitäten des Vereins berichtet.

Verwendung zustimmen.

Hierbei handelt es sich um eine 1:1-Abbildung eines Texts, ähnlich einem Zitat. Auch dies muss deutlich kenntlich gemacht und mit der Quelle versehen sein.

11. In einer Galerie mit Informationen über die Mitglieder: das Foto eines 14-jährigen Kinds, das sein Einverständnis zur Veröffentlichung geben hat.

Verwendung ablehnen.

Bei Minderjährigen ist immer das Einverständnis der Erziehungsberechtigten notwendig.

Info zu allgemeinen Quellenangaben

Die Quellenangaben für Zitate sind durch eine Norm (DIN 1505-2) geregelt, deren Aufbau folgenden Vorgaben entsprechen sollte:
Name, Vorname, Titel, Untertitel, Bandangabe, Auflage, Verlagsort, Verlagsbezeichnung, Jahr der Auflage, ISBN.

Für Zeitungsartikel:
Name, Vorname, Titel, Untertitel, Titel der Zeitung Bandnummer (Jahr, bzw. Datum), Heftnummer, Seite.

Für Webseiten:
Name, Vorname, Titel, Untertitel, URL, Aktualisierungs-/Zugriffsdatum. Ergänzende Angaben, wie z. B. E-Mail-Adresse.

Fotoquelle:
Für Fotoquellen gibt es keine eindeutige Vorgabe. In manchen Fällen kann darauf verzichtet werden, was aber immer von der erworbenen Lizenz abhängt. Wird Wert auf einen Fotonachweis gelegt, ist der immer in der Nähe der Abbildung zu platzieren und in der Form zu verwenden, wie der Lizenzgeber es vorschlägt. Beispielsweise:
Name, Vorname, Quelle (Datum oder Jahr), evtl. Webseite der Fotografen oder E-Mail.

Kapitel 8
Sonstiges

Fotonachweise

Kapitel 1

Aufgabe 1.1 (Seite 12)
Abb.: 1 daboost - stock.adobe.com

Aufgabe 1.2 (Seite 14)
Abb.: 1 chival - photocase.com

Aufgabe 1.3 (Seite 16)
Abb.: 1 Stephanie Olschefski
Abb.: 2 Rüdiger Rebmann - Shotshop.com
Abb.: 3 ArTo - Shotshop.com
Abb.: 4 Lars Büchel - Shotshop.com
Abb.: 5 Ina Bunge
Abb.: 6 Ramona Heim - Shotshop.com
Abb.: 7 boing - photocase.com
Abb.: 8 Stephanie Olschefski
Abb.: 9 danstar - Shotshop.com
Abb.: 10 Ina Bunge

Aufgabe 1.4 (Seite 19)
Abb.: 1 stux - pixabay.com

Aufgabe 1.5 (Seite 20)
Abb.: 1 Stephanie Olschefski

Aufgabe 1.6 (Seite 22)
Abb.: 1 Anemone123 - pixabay.com

Aufgabe 1.7 (Seite 24)
Abb.: 1 REDPIXEL - stock.adobe.com

Aufgabe 1.8 (Seite 26)
Abb.: 1 Robert Kneschke - stock.adobe.com
Abb.: 2 aboutpixel.de - Brett © Robert Marggraff

Aufgabe 1.9 (Seite 28)
Abb.: 1 contrastwerkstatt - stock.adobe.com

Aufgabe 1.10 (Seite 29)
Abb.: 1 bit.it - photocase.com

Aufgabe 1.11 (Seite 30)
Abb.: 1 Nicole Rechmann - rechmann.net

Aufgabe 1.12 (Seite 32)
Abb.: 1 Nicole Rechmann - rechmann.net
Abb.: 2 Nicole Rechmann - rechmann.net
Abb.: 3 Nicole Rechmann - rechmann.net
Abb.: 4 Nicole Rechmann - rechmann.net

Aufgabe 1.13 (Seite 34)
Abb.: 1 Nicole Rechmann - rechmann.net

Aufgabe 1.14 (Seite 36)
Abb.: 1 Stephanie Olschefski

Aufgabe 1.15 (Seite 38)
Abb.: 1 kallejipp - Shotshop.com

Aufgabe 1.16 (Seite 40)
Abb.: 1 Funshooter - Shotshop.com

Aufgabe 1.17 (Seite 42)
Abb.: 1 Nicole Rechmann - rechmann.net

Aufgabe 1.18 (Seite 43)
Abb.: 1 Nicole Rechmann - rechmann.net

Aufgabe 1.19 (Seite 44)
Abb.: 1 Nicole Rechmann - rechmann.net

Aufgabe 1.20 (Seite 46)
Abb.: 1 Nicole Rechmann - rechmann.net

Aufgabe 1.21 (Seite 48)
Abb.: 1 Inna Levcenko

Aufgabe 1.22 (Seite 50)
Abb.: 1 Nicole Rechmann - rechmann.net

Aufgabe 1.23 (Seite 52)
Abb.: 1 aboutpixel.de - Zwei Kumpels im Teich © Evgeni Tcherkasski

Aufgabe 1.24 (Seite 54)
Abb.: 1 denflinkegrafiker - pixabay.com

Aufgabe 1.25 (Seite 56)
Abb.: 1 Stephanie Olschefski
Abb.: 2 Monkey Business - Shotshop.com
Abb.: 3 Monkey Business - Shotshop.com
Abb.: 4 Inna Levcenko
Abb.: 5 Franz Pfluegl - Shotshop.com

Aufgabe 1.26 (Seite 58)
Abb.: 1 Mr.Mockup - Freepik

Aufgabe 1.27 (Seite 60)
Abb.: 1 Nicole Rechmann - rechmann.net
Abb.: 2 Nicole Rechmann - rechmann.net

Aufgabe 1.28 (Seite 62)
Abb.: 1 Nicole Rechmann - rechmann.net

Aufgabe 1.29 (Seite 64)
Abb.: 1 Gabriele Wenske

Aufgabe 1.30 (Seite 66)
Abb.: 1 Nicole Rechmann - rechmann.net

Aufgabe 1.31 (Seite 68)
Abb.: 1 Nicole Rechmann - rechmann.net

Aufgabe 1.32 (Seite 70)
Abb.: 1 Ina Bunge

Aufgabe 1.33 (Seite 72)
Abb.: 1 Nicole Rechmann - rechmann.net

Aufgabe 1.34 (Seite 74)
Abb.: 1 Nicole Rechmann - rechmann.net
Abb.: 2 Nicole Rechmann - rechmann.net
Abb.: 3 Nicole Rechmann - rechmann.net
Abb.: 4 Nicole Rechmann - rechmann.net
Abb.: 5 Ingenium-Design - photocase.com

Aufgabe 1.35 (Seite 76)
Abb.: 1 P.-Kirchhoff - pixelio.de
Abb.: 2 mandalla - photocase.com
Abb.: 3 blindguard - photocase.com

Aufgabe 1.36 (Seite 77)
Abb.: 1 Nicole Rechmann - rechmann.net
Abb.: 2 Nicole Rechmann - rechmann.net
Abb.: 3 Nicole Rechmann - rechmann.net
Abb.: 4 Nicole Rechmann - rechmann.net

Aufgabe 1.37 (Seite 78)
Abb.: 1 Inna Levcenko

Aufgabe 1.38 (Seite 79)
Abb.: 1 Inna Levcenko

Aufgabe 1.39 (Seite 80)
Abb.: 1 Nicole Rechmann - rechmann.net

Aufgabe 1.40 (Seite 82)
Abb.: 1 Monkey Business - Shotshop.com
Abb.: 2 oliver-marc steffen - Shotshop.com

Aufgabe 1.41 (Seite 83)
Abb.: 1 Lukas - stock.adobe.com
Abb.: 2 Verband der Schweizer Druckindustrie - VSD
Abb.: 3 Olga Schleicher - Shotshop.com

Aufgabe 1.42 (Seite 84)
Abb.: 1 dogadakisakal - pexels.com

Kapitel 2

Aufgabe 2.1 (Seite 90)
Abb.: 1 Nicole Rechmann - rechmann.net
Abb.: 2 Nicole Rechmann - rechmann.net
Abb.: 3 Nicole Rechmann - rechmann.net
Abb.: 4 Nicole Rechmann - rechmann.net
Abb.: 5 Sabine Dobre - Shotshop.com

Aufgabe 2.2 (Seite 92)
Abb.: 1 artsvitlyn -123rf.com
Abb.: 2 borisku -123rf.com
Abb.: 3 lutsenko -123rf.com
Abb.: 4 maxbelchenko777 -123rf.com
Abb.: 5 niserin -123rf.com

Aufgabe 2.3 (Seite 94)
Abb.: 1 merc67 -123rf.com
Abb.: 2 nikolaydonetsk -123rf.com
Abb.: 3 kornienko -123rf.com
Abb.: 4 Amarrow - Shotshop.com
Abb.: 5 cve - Shotshop.com

Aufgabe 2.4 (Seite 96)
Abb.: 1 zinkevych - stock.adobe.com
Abb.: 2 danstar - Shotshop.com
Abb.: 3 ISO K° - photography - Shotshop.com
Abb.: 4 tagstiles.com - photocase.com
Abb.: 5 Monkey Business - Shotshop.com

Aufgabe 2.5 (Seite 98)
Abb.: 1 Inna Levcenko
Abb.: 2 Martina Berg - Shotshop.com
Abb.: 3 Marko Greitschus - pixelio.de
Abb.: 4 aboutpixel.de - Vitis vinifera © Michael Grabscheit
Abb.: 5 Nicole Rechmann - rechmann.net
Abb.: 6 marcus - Shotshop.com
Abb.: 7 rokit_de - photocase.com

Aufgabe 2.6 (Seite 100)
Abb.: 1 Monkey Business - Shotshop.com
Abb.: 2 © Verena N. - pixelio.de
Abb.: 3 marcus - Shotshop.com
Abb.: 4 Nicole Rechmann - rechmann.net
Abb.: 5 Monkey Business - Shotshop.com
Abb.: 6 checka - photocase.com
Abb.: 7 ChriSes - photocase.com
Abb.: 8 Lia* - photocase.com
Abb.: 9 © Claudia Brefeld - pixelio.de

Aufgabe 2.7 (Seite 102)
Abb.: 1 Nicole Rechmann - rechmann.net
Abb.: 2 bebasta - photocase.com
Abb.: 3 neelz - photocase.com
Abb.: 4 Elena - Shotshop.com
Abb.: 5 Nicole Rechmann - rechmann.net
Abb.: 6 Nicole Rechmann - rechmann.net
Abb.: 7 Nicole Rechmann - rechmann.net
Abb.: 8 Inna Levcenko
Abb.: 9 marqs - photocase.com
Abb.: 10 aboutpixel.de - HTWK Leipzig - Lipsiusbau © schubix
Abb.: 11 shnipestar - photocase.com

Aufgabe 2.8 (Seite 104)
Abb.: 1 Stephanie Olschefski
Abb.: 2 aboutpixel.de - Towerbridge - London © PoisonedHeard
Abb.: 3 Stephanie Olschefski
Abb.: 4 Wolfgang Ise - Shotshop.com
Abb.: 5 aboutpixel.de - tower bridge II © dommy.de

Kapitel 3

Aufgabe 3.1 (Seite 110)
Abb.: 1 michaeljung - stock.adobe.com

Aufgabe 3.2 (Seite 112)
Abb.: 1 chival - photocase.com

Aufgabe 3.3 (Seite 114)
Abb.: 1 Karolin Kriesch

Aufgabe 3.4 (Seite 115)
Abb.: 1 Carlos G. - photocase.com

Aufgabe 3.5 (Seite 116)
Abb.: 1 Stephanie Olschefski

Aufgabe 3.6 (Seite 118)
Abb.: 1 Nicole Rechmann - rechmann.net

Aufgabe 3.7 (Seite 120)
Abb.: 1 ©fotomek - stock.adobe.com

Aufgabe 3.8 (Seite 122)
Abb.: 1 only4k - 123rf.com

Aufgabe 3.9 (Seite 124)
Abb.: 1 meijii - pexels.com
Abb.: 2 phanthit -123rf.com
Abb.: 3 adiruch - 123rf.com
Abb.: 4 peopleimages12 - 123rf.com
Abb.: 5 gritsalak - 123rf.com

Aufgabe 3.10 (Seite 126)
Abb.: 1 Nicole Rechmann - rechmann.net

Aufgabe 3.11 (Seite 127)
Abb.: 1 Nicole Rechmann - rechmann.net

Aufgabe 3.12 (Seite 128)
Abb.: 1 Nicole Rechmann - rechmann.net

Aufgabe 3.13 (Seite 130)
Abb.: 1 Nicole Rechmann - rechmann.net

Aufgabe 3.14 (Seite 132)
Abb.: 1 Reddogs - stock.adobe.com

Aufgabe 3.15 (Seite 134)
Abb.: 1 Christian Müller - stock.adobe.com

Aufgabe 3.16 (Seite 136)
Abb.: 1 liudmilachernetska - 123rf.com

Aufgabe 3.17 (Seite 138)
Abb.: 1 Jeremy Levin - pexels.com

Aufgabe 3.18 (Seite 140)
Abb.: 1 Patrick Cramer - www.patwalker.de

Aufgabe 3.19 (Seite 142)
Abb.: 1 Open Studio - stock.adobe.com
Abb.: 2 Martina Berg - Shotshop.com
Abb.: 3 Tommy Windecker - Shotshop.com

Aufgabe 3.20 (Seite 144)
Abb.: 1 opolja - stock.adobe.com

Aufgabe 3.21 (Seite 146)
Abb.: 1 Nicole Rechmann - rechmann.net
Abb.: 2 Seleneos - photocase.com
Abb.: 3 nild - photocase.com

Aufgabe 3.22 (Seite 148)
Abb.: 1 sïanaïs - photocase.com
Abb.: 2 Verband der Schweizer Druckindustrie - VSD
Abb.: 3 Monkey Business 2 - Shotshop.com
Abb.: 4 Erwin Wodicka - Shotshop.com
Abb.: 5 danstar - Shotshop.com
Abb.: 6 Nicole Rechmann - rechmann.net
Abb.: 7 Nicole Rechmann - rechmann.net

Aufgabe 3.23 (Seite 150)
Abb.: 1 DC_2 - Shotshop.com

Aufgabe 3.24 (Seite 152)
Abb.: 1 sevalv - 123rf.com

Aufgabe 3.25 (Seite 154)
Abb.: 1 Nicole Rechmann - rechmann.net

Kapitel 4

Aufgabe 4.1 (Seite 160)
Abb.: 1 Sonja Birkelbach - stock.adobe.com
Abb.: 2 Simone Voigt - Shotshop.com
Abb.: 3 Nicole Rechmann - rechmann.net
Abb.: 4 lianem - Shotshop.com
Abb.: 5 Amarrow - Shotshop.com
Abb.: 6 Inna Levcenko
Abb.: 7 Powermind - photocase.com

Aufgabe 4.2 (Seite 162)
Abb.: 1 Nicole Rechmann - rechmann.net
Abb.: 2 aboutpixel.de - rot und beerig © marshi
Abb.: 3 aboutpixel.de - Weintrauben-Serie 13 © Sophie Hensen
Abb.: 4 aboutpixel.de - high-key-splash #2 © mpdrei master
Abb.: 5 aboutpixel.de - Früchtchen © marshi
Abb.: 6 Marko Greitschus - pixelio.de
Abb.: 7 aboutpixel.de - ungedeckelt © Kwiveo Oeviwk

Aufgabe 4.3 (Seite 164)
Abb.: 1 Nicole Rechmann - rechmann.net
Abb.: 2 Patrick Cramer - www.patwalker.de
Abb.: 3 Nicole Rechmann - rechmann.net
Abb.: 4 Nicole Rechmann - rechmann.net
Abb.: 5 maiwald - photocase.com
Abb.: 6 Alfred Nesswetha - Shotshop.com
Abb.: 7 kathi_schüler - photocase.com
Abb.: 8 Stephanie Olschefski
Abb.: 9 Christine Langer-Püschel - Shotshop.com
Abb.: 10 Dagmar Schneider - Shotshop.com
Abb.: 11 Ina Bunge
Abb.: 12 Ina Bunge
Abb.: 13 Inna Levcenko

Aufgabe 4.4 (Seite 166)
Abb.: 1 Stephanie Olschefski
Abb.: 2 picnick - Shotshop.com
Abb.: 3 Stephanie Olschefski
Abb.: 4 Monkey Business 2 - Shotshop.com
Abb.: 5 danstar - Shotshop.com
Abb.: 6 Alexandra Buss - Shotshop.com
Abb.: 7 q-snap - Shotshop.com

Aufgabe 4.5 (Seite 168)
Abb.: 1 marcus - Shotshop.com
Abb.: 2 danstar - Shotshop.com
Abb.: 3 Petra Albers - Shotshop.com
Abb.: 4 Nicole Rechmann - rechmann.net
Abb.: 5 Nicole Rechmann - rechmann.net
Abb.: 6 Nicole Rechmann - rechmann.net
Abb.: 7 Nicole Rechmann - rechmann.net
Abb.: 8 Ingrampublishing
Abb.: 9 Edma - Shotshop.com

Aufgabe 4.6 (Seite 170)
Abb.: 1 Ina Bunge
Abb.: 2 bildbürger - photocase.com
Abb.: 3 Nicole Rechmann - rechmann.net
Abb.: 4 Stephanie Olschefski
Abb.: 5 aboutpixel.de - Mülltrennung © Heidrun Schindler
Abb.: 6 Ina Bunge
Abb.: 7 Stephanie Olschefski

Aufgabe 4.7 (Seite 172)
Abb.: 1 Dieter Hawlan - stock.adobe.com
Abb.: 2 Juha Tuomi - Shotshop.com
Abb.: 3 aboutpixel.de - Einkaufstüten-Sprint © Franziska Kleinschmidt
Abb.: 4 Georg Kludsky - Shotshop.com
Abb.: 5 Stephanie Olschefski
Abb.: 6 Elena - Shotshop.com
Abb.: 7 Sebastian Niehoff - Shotshop.com

Aufgabe 4.8 (Seite 174)
Abb.: 1 Diana Kosaric - Shotshop.com
Abb.: 2 aboutpixel.de - pink lady in love © marshi
Abb.: 3 aboutpixel.de - Herbstzeit © Stephanie Schwärzle
Abb.: 4 aboutpixel.de - Himmelsapfel © Michael Schnell
Abb.: 5 aboutpixel.de - Obst einkaufen... © HB1111
Abb.: 6 aboutpixel.de - Apfel-Serie 05 © Sophie Hensen
Abb.: 7 aboutpixel.de - reiche reife ernte © walter dannehl
Abb.: 8 Nicole Rechmann - rechmann.net
Abb.: 9 Inna Levcenko
Abb.: 10 Nicole Rechmann - rechmann.net
Abb.: 11 aboutpixel.de - rote Perlen © Mosquita
Abb.: 12 aboutpixel.de - Williamsbirnen © Peter Smola

Aufgabe 4.9 (Seite 176)
Abb.: 1 Kai Krueger - stock.adobe.com
Abb.: 2 Nicole Rechmann - rechmann.net
Abb.: 3 Nicole Rechmann - rechmann.net
Abb.: 4 nailiaschwarz - photocase.com
Abb.: 5 Nicole Rechmann - rechmann.net
Abb.: 6 Nicole Rechmann - rechmann.net
Abb.: 7 Nicole Rechmann - rechmann.net
Abb.: 8 Nicole Rechmann - rechmann.net
Abb.: 9 Inna Levcenko
Abb.: 10 Nicole Rechmann - rechmann.net
Abb.: 11 Nicole Rechmann - rechmann.net

Titelbild

weedezign - 123rf.com

Index

E

F

G

H

Abkürzungen

1 C
Abkürzung für einfarbigen Druck

4 C
Abkürzung für Vierfarbdruck

4/4
doppelseitiger Vierfarbdruck

AIDA
Aufmerksamkeit (Attention), Interesse (Interest), Verlangen (Desire) und Aktion (Action)

CD
Corporate Design

CD
Compact Disk

cm
Zentimeter

CMYK
Farbmodell mit den Farbbestandteilen Cyan, Magenta, Yellow und Schwarzanteil (Key) für den Vierfarbdruck

CO_2
Kohlendioxid

CMS
Content Management System

CSS
Cascading Style Sheet

DIN 5008:2019-04, Form A
Norm für die Gestaltung eines Geschäftsbriefs

DIN
Deutsches Institut für Normung

DIN A
Deutsche Norm für Papierformate nach der DIN-Norm 476

dpi
dots per inch (Punkte pro Zoll), Druckpunkt

DTP
Desktop-Publishing

ECI
European Color Initiative

e. V.
eingetragener Verein

EPS
Encapsulated PostScript, Dateiformat

GIULIA
GIULIA-Prinzip: Kommunikationsmodell; Glaubwürdigkeit, Information, Unverwechselbarkeit, Lesbarkeit, Interesse, Aufmerksamkeit

H1
heading 1, 1. Überschriftenebene bei der Webseitenprogrammierung

H3
heading 3, 3. Überschriftenebene bei der Webseitenprogrammierung

HKS
HKS Warenzeichenverband e. V. mit den Firmen: Hostmann Steinberg GmbH, Flint Group Germany GmbH, H. Schmincke & Co. GmbH & Co. KG

HTML5
Hypertext Markup Language Version 5, Auszeichnungssprache, entwickelt vom W3C

HWK
Handwerkskammer

JPG/JPEG
Dateiformat nach einem Standard der Joint Photographic Experts Group

KAT
Verein für kontrollierte alternative Tierhaltungsformen e. V.

km
Kilometer

KUG / KunstUrhg
Kunsturheberrechtsgesetz

LOHAS
Lifestyles of Health and Sustainability

MHD
Mindesthaltbarkeitsdatum

mm
Millimeter

ÖPNV
Öffentlicher Personennahverkehr

otf
OpenType Format bzw. OpenType Font, Schriftdatei

PDF/X
Norm der International Organization for Standardization zur Erstellung von standardisierten Druckdateien im PDF-Dateiformat

pfb
PostScript Font Binary

pfm
PostScript Font Metric

PNG
Portable Network Graphics, Dateiformat

ppi
pixel per inch (Pixel pro Zoll)

px
Pixel

RAL
RAL gemeinnützige GmbH, unabhängige Organisation für Qualitätssicherung

RGB
additiver Farbraum, Grundfarben Rot, Grün, Blau

SWF
Shockwave Flash, Dateiformat

TIFF/TIF
Tagged Image File Format, Dateiformat

ttf
TrueType Font

TXT
Dateiendung für reine Textdatei

UAP
Unique Advertising Proposition, „einzigartige Werbeaussage“

UrhG
Urheberrechtsgesetz

USP
Unique Selling Proposition, Alleinstellungsmerkmal

UWM
Umwelt- und Wasserschutzverein Meisterstadt UWM e. V., fiktiver Verein

W3C
World Wide Web Consortium